多元的吐納

穿梭於　臺灣
文化公共領域

Diverse Inclusion:
Passages in the Public Sphere of
Taiwanese Culture

王俐容━━━━主編

藝術管理與文化政策 06

國家圖書館出版品預行編目（CIP）資料

多元的吐納：穿梭於臺灣文化公共領域/王俐容, 張瑋
　琦, 胡川安, 林果葶, 張春炎, 孫嘉穗, 古淑薰, 林玟
　伶, 李兆翔, 林玉鵬, 蔡蕙如, 羅慧雯作；王俐容主編.
　─初版.─高雄市：巨流圖書股份有限公司, 2022.09
　面；　公分.--（藝術管理與文化政策；6）
　ISBN 978-957-732-667-6（平裝）

1.CST: 文化政策　2.CST: 公共領域　3.CST: 文集
4.CST: 臺灣

541.2933　　　　　　　　　　　　　　　111010144

多元的吐納：
穿梭於臺灣文化公共領域

主　　　　編　王俐容
作　　　　者　王俐容、張瑋琦、胡川安、林果葶、張春炎、孫嘉穗、古淑薰、
　　　　　　　林玟伶、李兆翔、林玉鵬、蔡蕙如、羅慧雯（依篇章順序排列）

責 任 編 輯　林瑜璇
封 面 設 計　Lucas

發 　行 　人　楊曉華
總 　編 　輯　蔡國彬

出　　　　版　巨流圖書股份有限公司
　　　　　　　802019 高雄市苓雅區五福一路 57 號 2 樓之 2
　　　　　　　電話：07-2265267
　　　　　　　傳真：07-2264697
　　　　　　　e-mail：chuliu@liwen.com.tw
　　　　　　　網址：http://www.liwen.com.tw

編 　輯 　部　100003 臺北市中正區重慶南路一段 57 號 10 樓之 12
　　　　　　　電話：02-29222396
　　　　　　　傳真：02-29220464

郵 撥 帳 號　01002323 巨流圖書股份有限公司
購 書 專 線　07-2265267 轉 236

法 律 顧 問　林廷隆律師
　　　　　　　電話：02-29658212

出版登記證　局版台業字第 1045 號

ISBN 978-957-732-667-6（平裝）
初版一刷 · 2022 年 9 月

定價：500 元

作 者 簡 介

王俐容

國立中央大學客家語文暨社會科學學系教授兼通識教育中心主任。英國華威大學（University of Warwick）文化政策研究博士，英國華威大學歐洲文化政策與藝術管理研究所碩士，國立政治大學新聞學研究所碩士與國立臺灣大學社會系學士。出身社會學、歷經新聞學教育、在媒體採訪編輯的任職經驗；後到英國研讀文化政策與藝術管理；學術背景跨越了社會學、傳播學、文化研究、文化政策與藝術管理等學門。在國立中央大學客家學院任教，研究專長包括文化政策（文化公民權、文化平權）；客家與族群關係（平埔客家、印尼客）；跨國社群與遷移（泰國客家研究、臺灣新移民文化與政策）；族群傳播與數位傳播素養等。現為台灣文化政策研究學會常務理事，推動文化政策、媒體識讀、族群主流化、與文化平權政策等。

張瑋琦

日本國立千葉大學人間地球環境科學博士，國立東華大學族群關係與文化研究所碩士。現任國立清華大學環境與文化資源學系副教授。關心原住民社會永續及食農相關議題，認為研究不可與實踐分離，故長期參與原住民部落營造及部落文化復振行動。此外，也是國內首位食農教育的倡議者，推動食農教育立法。

胡川安

大學雙修歷史與哲學，研究所於國立臺灣大學雙修考古學與歷史學，後取得加拿大麥基爾大學東亞系博士。曾任中央研究院歷史語言研究所博士後研究員、「故事：寫給所有人的歷史」網站主編、華文朗讀節策展人。現任國立中央大學中國文學系助理教授。編著十餘本書：著有《秦漢帝國與沒有歷史的人》、《和食古早味》、《食光記憶》、《絕對驚艷魁北克》和《東京歷史迷走》，編有《貓狗說的人類文明史》、《重新思考皇帝》、《關鍵年代》和《故事臺灣史》四冊。

林果葶

英國西敏寺大學媒體研究博士，現任銘傳大學新媒體暨傳播管理學系專案助理教授。阿美族名 Kuing，但還在成為 Kuing 的路上。熱衷觀察流行文化及新媒體與社會互動關係。特別喜歡音樂，在乎各種身分認同。研究領域為當代媒體與社會文化的互動與辯證關係，主要聚焦在新媒體研究、族群傳播、流行文化研究與數位素養。

張春炎

現任國立暨南國際大學東南亞學系副教授。主要研究興趣為傳播社會學研究，近年來發展出兩範疇之系列研究。首先是東南亞範疇之研究，具體成果包括：菲律賓記者安全研究、東南亞文化創意產業研究、東南亞移民／工再現研究、東南亞民粹主義與社群媒體傳播研究等；第二類為臺灣社會範疇之系列研究，具體成果包括：災難新聞研究、環境與氣候變遷傳播研究、社區文化傳播、永續消費文化研究等。

孫嘉穗

現任國立東華大學民族語言與傳播學系教授與公共電視第七屆董事。英國伯明罕大學文化研究與社會學系媒體與傳播組博士，美國奧克拉荷馬大學新聞與大眾傳播學系碩士，國立成功大學外國語言與文學系學士。曾任行政院文化建設委員會研究員、《自由時報》藝術文化版記者、中華傳播學會理事、台灣資訊社會學會理事、女性學學會理事與婦女救援基金會董事。學術專長為傳播與文化、性別新聞學、媒體素養與族群傳播等。

古淑薰

英國里茲大學文化產業與文化政策博士，曾任「2017 年全國文化會議暨文化政策白皮書」專案執行長，主持屏新而論計畫、文化部「吾拉魯滋部落文化見學據點共創計畫」、教育部教學實踐研究計畫「文化政策批判分析與社會實踐」，國立屏東大學搖滾社會力 USR 計畫協同主持人。現任國立屏東大學文化創意產業學系副教授暨大武山學院跨領域學程中心主任。研究興趣為文化政策理論與實務、創意群聚與文化治理的多元實踐。

林玟伶

現職為輔仁大學博物館學研究所助理教授。英國萊斯特大學博物館學博士、國立臺灣藝術大學藝術管理與文化政策博士，長期研究關懷在探究博物館與其社群的關係，博物館如何透過不同政策、機制、價值等取徑，與其服務對象、組織內外部利害關係人溝通，進而促使博物館更加發揮社會影響力。研究領域包含：博物館社群與觀眾研究、文化政策與博物館機制研究等，研究著作多次發表於相關期刊與研討會。

李兆翔

英國伯明罕大學文化資產博士，歷任中國科技大學文資中心副研究員、英國伯明罕大學專案策展人、英國萊斯特大學博物館學院訪問學者與國立臺北教育大學業界教師。現為中國科技大學室內設計系助理教授、國際文化紀念物與歷史場所委員會文化遺產檔案委員會專家會員、亞洲產業文化資產平臺國際通訊員與學術審查委員。關注領域包括文化創意產業、文化空間與數位科技、文化路徑與觀光、文化資產詮釋呈現及創新創業。

林玉鵬

英國諾丁漢大學電視與電影研究博士，目前為國立聯合大學臺灣語文與傳播學系助理教授。長期關注媒體產業和文化與媒體平臺發展，主要研究專長為平臺研究、媒體產業與政策、文化創意產業和媒體素養。

蔡蕙如

英國羅浮堡大學傳播與文化研究博士，目前為國立臺灣大學新聞研究所助理教授、臺灣媒體改造學社成員。研究方向主要以批判政治經濟學取徑分析文化與傳播政策，並且目前特別關注在：批判數位媒介研究、平臺化的新聞與文化產製、與數據公民社會。

羅慧雯

現職為世新大學傳播管理系助理教授。日本京都大學經濟學博士，國立政治大學新聞所碩士，國立臺灣大學經濟系學士。曾任第六屆公共電視董事。現任金融消費評議中心董事、媒體改造學社理事長、台灣日本研究院理事。學術專長為政治經濟學、媒體經濟學、傳播政策與法規、日本影視產業研究。

文化公共領域：
從骨感的現實，走向豐滿的理想

公共媒體是臺灣社會少數有國家專法保障的制度化文化公共領域。根據《公共電視法》，政府給予公共電視臺一定經費支持、維持人事獨立、並彰顯其專業自主。但是從 1998 年開臺的近四分之一世紀以來，公視並未一路茁壯豐滿，反倒是映證了現實與理想之間落差的不如人意。

為了維持董監事的政治獨立性，《公視法》設計了一套相對複雜與「高規格」審查制度，行政院所提名的人選，須經由依國會政黨比例所產生的「審查委員會」四分之三的同意。

原意為維持董事會政治「超然」的法條，反倒成為政治鬥爭熱區。2010 年年底開始的第五屆董事審查，受到當時在野民進黨派任的少數審查委員杯葛，歷經兩年多才產生，第四屆董監事因而延任超過三分之二任期。充滿既視感的場景發生在 2019 年起的第七屆審查過程，在野國民黨相對少數審查委員進行杯葛，第六屆董事在本文寫作時已延任超過兩年半，即將「買一送一」擔任約兩任的工作。[1]

1　公視董事任期三年，第四屆董事 2007 年 12 月 13 日就任，至 2013 年 7 月 28 日才卸任。第六屆董監事 2016 年 9 月 26 日就任，而第七屆董監事至寫作時的 2022 年 3 月底尚未產生。

　　第一次發生是悲劇,第二次就是鬧劇。從 2019 年提名審查過程受挫之後,主管機關文化部屢次在不同場合提出修法解決的路徑圖,到本文寫作時卻始終只是路徑圖,沒有真正推動上路。[2] 治理團隊無法整隊出發,公視的內部管理、社會影響力、熱情與願景等,也屢屢受到質疑。[3]

　　公共媒體的理想很豐滿,但現實很骨感。不僅臺灣如此,世界公共媒體標竿的英國 BBC,不斷遭受保守黨政府的挑戰,特別是 2022 年年初宣布將在 2027 年取消執照費制(licence fee),衝擊有近百年傳統的英國公共廣電體制。[4]

　　遭遇挑戰,並不代表媒體公共領域理想破滅。英國的媒體改革組織發起倡議,希望反向維護與改革執照費制度,進一步鞏固與提升 BBC 的普遍服務能力。[5] 而想望現實與理想同等豐滿,不只限於英國。2021 年年中,跨國傳播學者與改革團體發起宣言,提倡「公共服務媒體」與「公共服務網路」:

2　賴昀(2020)。〈「國際影音平台」爭議凸顯公視困境　文化部長李永得:《公共媒體法》列優先法案〉,《沃草》,取自 https://musou.watchout.tw/read/nJY15ZatdruuHak0dB6G;陳宛茜(2021)。〈公視董事會難產「藍綠都難解」〉,《聯合報》,取自 https://udn.com/news/story/7314/5389116;趙靜瑜(2021)。〈公共電視法將修法解決董事會選任窘境〉,《中央社》,取自 https://www.cna.com.tw/news/firstnews/202109160325.aspx。

3　舉例來說,參見方君竹(2021)。〈公視與納稅人的距離〉,《Medium》(個人網頁),取自 https://medium.com/%E5%85%AC%E8%A6%96%E8%88%87%E7%B4%8D%E7%A8%85%E4%BA%BA%E7%9A%84%E8%B7%9D%E9%9B%A2;劉昌德、張春炎(2022)。〈打爆華視換總 A?藍綠立委角色錯置,公廣高層進退失據〉,《鳴人堂》,取自 https://opinion.udn.com/opinion/story/10124/6056108。

4　BBC (2022.1.16). Nadine Dorries: BBC licence fee announcement will be the last, https://www.bbc.com/news/entertainment-arts-60014514;讀者太太(2022)。〈英國人每年繳 159 英鎊給 BBC 避免被商業綁架,為何強森政府想要砍掉這個制度?〉,《關鍵評論網》,取自 https://www.thenewslens.com/article/162445/fullpage

5　Media Reform Coalition (2022). New briefing on the licence fee settlement. https://www.mediareform.org.uk/blog/new-briefing-on-the-licence-fee-settlement

商業網路平臺⋯⋯創造了由監控、廣告、假新聞、仇恨言論、陰謀論所主導的傳播地景，依據使用者表現的品味及意見，透過演算法量身打造配送特定商業及政治內容。⋯⋯商業內容平臺已然傷害公民、使用者、日常生活以及社會。⋯⋯公共傳播不僅是商業。它具有公共目的。⋯⋯公共服務媒體適合21世紀。我們夢想一個不同的網路及不同的媒體地景。我們展望公共服務網路的創造：公共所有、公共所治、公共所享的網路；一個促進而非威脅民主的網路，可提供新的及動態分享空間以利連結交換及合作的公共領域。[6]

　　公共媒體與網路的理想，僅是文化公共領域的一部分。由王俐容教授邀集的本書作者群，代表了更廣泛的知識界與改革者，描繪各類文化公共領域的理想與實踐。透過本書各篇文章，我們不再只是抱怨現實的骨感，而將能從知識汲取養分，滋潤與創造豐滿的文化地景。

劉昌德
國立政治大學新聞學系教授

---

[6] 參見 https://ia902206.us.archive.org/5/items/psmi_20220127/psmi.pdf，中譯可見：劉昌德、洪貞玲、戴瑜慧、林玉鵬、蔡蕙如（2021）。〈公共服務媒體與公共服務宣言〉，《傳播、文化與政治》，13: 165-174。

編者序

好的書寫可以改變社會！！

　　2020年，台灣文化政策研究學會的吳介祥教授與我，接下有關臺灣文化公共領域議題的專書編輯，我跟介祥寫出以下的徵稿文字：

> 本書論文篇章徵稿的相關議題方向包括：文化公共議題的再現方式；審議式的文化議題決策機制；公／私領域議題的跨越；議題性的戲劇或藝術展演、走向公眾展演行動；任務性的博物館或典藏機關的活動；保留／移除文化資產、地景、景觀、遺址的動機和機制；少數／主流或弱勢／強勢文化的抗衡；公民行動或街頭運動的戲劇化和藝術化；不義歷史與記憶文化、文化景觀與轉型正義、威權符號的轉型議題；紀念日、國定日期和儀式；公共領域的工具、媒介、科技帶動的溝通形態、社群組成的轉型；文化團體及聯盟組織、獨立出版、獨立書店；傳統及新類型的文化消費；從企業社會責任發展的文化經濟；性別文化的表達；街頭技藝的文化公共性等等。

　　當時我們兩個絞盡腦汁想出這麼多的議題，主要擔心「文化的公共領域」似乎不是臺灣社會普遍熟悉的概念，來稿量可能不足。但沒想到來稿量大，除了文化政策與藝術管理領域之外，還包括了傳播媒體、博物館、觀光、文化資產、文化創意產業、空間研究、食農研究、歷史分析、視覺藝術與策展、族群關係、障礙研究、都市規劃、人權研究等等，讓我們意識到，臺灣學術社群能量之豐沛，並下定決心為文化政策與文化治理這個領域，創立新的學術期刊。

　　在此深深感謝本書的作者群，在自己的研究領域內構築與發展文化公共
領域的論述，為臺灣社會的民主深化、多元平權、社會正義而努力，本書盼
望為臺灣文化公共領域的健全發展盡一份力，更期盼這些美好的個案經驗與
書寫可以改變社會！

　　　　　　　　　　　　　　　　　　　　　　　王俐容

Contents

目　　錄

Resume　　│　作者簡介 iii

Foreword │　推薦序
　　　　　　文化公共領域：從骨感的現實，走向豐滿的理想 vii

Preface　 │　編者序
　　　　　　好的書寫可以改變社會！！.............................. x

01 ▸ 緒論：共築多元的文化公共領域　　001

PART I
多元差異與文化公共領域　　013

02 ▸ 東臺灣阿美族野菜文化的公共化　　015

一　前言 016

二　變動社會中的阿美族野菜知識 018

三　野菜知識流動與文化疆域競合 027

四　結論 034

03 ▸ 「牡丹社事件」的頭骨返還與原住民族 文化政策　　039

一　前言 040

二　頭骨追還事件背景 ……………………………………… 042

三　從世界各國返還遺骨經驗發展與分析 ………………… 048

四　當前臺灣原住民族文化政策的思考 …………………… 054

五　結論 ……………………………………………………… 058

04 「在地音樂節」做為公共領域對原住民文化傳承的影響　063

一　前言 ……………………………………………………… 064

二　問題意識 ………………………………………………… 065

三　「Kapanan 部落文化音樂節」的歷史與背景 ………… 067

四　研究方法 ………………………………………………… 073

五　參與和認同 ……………………………………………… 074

六　公共性與文化親密性 …………………………………… 078

七　教育與文化傳承 ………………………………………… 082

八　結論與反思 ……………………………………………… 085

05 臺灣的東南亞族裔地景與媒體再現　091

一　前言：東南亞異鄉人與臺灣街景 ……………………… 092

二　概念與現象：東南亞族裔地景 ………………………… 094

三　族裔地景的多元意義 …………………………………… 101

四　族裔消費地景的媒體再現 ……………………………… 103

五　新公共領域的可能？各種嘗試 ………………………… 107

六　結論 ……………………………………………………… 113

PART II
多元實踐與文化公共領域　　**117**

06 性別文化空間、影像與公共性：以阿嬤家和平與女性人權館與文化產製品為例　　**119**

一　何謂公共性與阿嬤家和平與女性人權館的公共價值與理念.........122

二　性別文化公共議題的再現方式與公／私領域議題的跨越.........124

三　慰安婦博物館與《蘆葦之歌》展現的不義歷史與記憶文化.........125

四　阿嬤家和平與女性人權館公共參與的價值與目的.........130

五　隨著慰安婦的故事巡走 —— 博物館、媒體與公共網絡的串聯.........131

六　公共倡議與性別符碼的再現與創新.........134

七　結論.........136

07 「眷村，不一樣的精彩」：屏新而論的公共參與初探　　**139**

一　前言.........140

二　文化公共領域與文化治理.........141

三　審議民主與文化政策.........145

四　屏新而論 ——「眷村，不一樣的精彩」.........147

五　論壇結束之後…….........153

08　探究審議式決策機制之實踐：以黃金博物館參與式預算計畫為例　161

一　前言 162
二　文獻探討 164
三　研究個案 —— 新北市立黃金博物園區參與式預算 173
四　討論 184
五　結論 188

09　產業文化資產創生初探：地方創生與產業文化空間的公共領域　191

一　前言 192
二　臺灣產業文化資產的文化公共領域之開展 196
三　臺灣產業文化資產的公共領域開展 206
四　臺灣產業文化資產創生模式初探 216
五　結語 226

10　數位時代下的新公共廣電服務：臺灣《公視＋》的發展策略初探　231

一　前言 232
二　文獻回顧 234
三　案例分析：《公視＋》串流平臺公共服務 241
四　結論 250

11 在傳統和數位之間擺盪：
臺灣公視的全媒體轉型 257

一 前言 258

二 文獻檢閱 259

三 研究方法 271

四 研究發現與討論 272

五 結論與建議 287

01

緒論：
共築多元的文化公共領域

—— 王俐容 ——
中央大學客家語文暨社會科學學系教授

　　文化性的公共領域在臺灣較少受到討論。近年來，隨著文化資產保留與否的爭議、文化認同的衝突、多元文化意識的抬頭、差異團體平權的倡議等等，讓文化議題成為公共討論的焦點。因此，闡釋與探討臺灣的文化公共領域；構築包容多元差異的公民社會；強化審議民主與溝通理性，在當前社會實有相當的重要性，也是本書出版的主要目的與基礎。

　　臺灣民主的成果豐碩，受到國際社會的肯定，但我們往往也可以觀察到各種弊端：公共領域欠缺整合、國族認同的衝突與族群政治的動員、極端意見無法理性溝通、媒體惡質化等等（李丁讚，2004；林國明，2009）。在政治學、社會學、傳播學、哲學等領域中，許多學者引用哈伯瑪斯的公共領域、理性溝通、審議民主等等的概念，希望在臺灣構築民主平等、包容多元、運作健全的公民社會。倡議的做法包括：進行臺灣公共領域的理論探索；設計審議民主的運作機制；將理性溝通的主張在大眾傳播或公共媒體中倡議；推動民間組織的壯大並培養更多可以參與公眾討論的成員；優化公共討論的案例與操作；倡導政策支持公民審議的機制來討論爭議性問題，如廢除死刑、代理孕母、基因改造等等。

　　在臺灣學界中，對於公共領域研究較多的學門多分布在政治哲學、社會學與傳播學三個領域。在政治哲學部分，側重於哈伯瑪斯建構的公共領域、溝通理性與審議民主三者理論的探討。例如陳閔翔與黃瑞祺（2013）認為，在 1990 年末期，哈伯瑪斯意識到「現在性」的問題，深入修正康德的自由主義與盧梭的共和主義，強調生活世界的溝通行動，證成以「論辯」為中心思想的審議民主（陳閔翔、黃瑞祺，2013）。兩位學者解釋，哈伯瑪斯一方面以溝通理性來取代傳統的實踐理性；一方面強調民主的正當性並不是來自於政治社群意志，而是來自各種層次上的論辯與溝通過程。因此，語言與行動創造了自由溝通、有效溝通的環境；也可使各個主體產生變化，經由「互為主體性」而有對「他者」的理解；串聯生活世界與公民社會、開放公共領域的關係（陳閔翔、黃瑞祺，2013: 77）。哈伯瑪斯指出：

一個溝通資訊與觀點的網絡，在那過程中，溝通之流以某種特定方式過濾和合成，從而成為特定議題集合成的輿論。像整個生活世界一樣，公共領域也是透過充分掌握自然語言的溝通行動得到再生產的；它適於日常溝通實踐所具有的普遍可理解性……公共領域透過一種溝通結構辨識出它自身（Habermas, 1996: 360，轉引自陳閔翔、黃瑞祺，2013: 80）。

哈伯瑪斯理想的民主為「雙軌的審議政治」：制度性的民主參與（官方、正式的會議管道）；以及非制度性的大眾普遍參與（非官方、非正式的，例如社會運動）（陳閔翔、黃瑞祺，2013: 82），公共領域正是其基礎；公共領域的發展將影響民主的運作與平等的參與。

在社會學領域中，許多學者關注臺灣落實公共領域的結構與困境；以及提出審議民主可能的設計與做法，代表學者有李丁讚、林國明、陳東升等等。林國明（2013）觀察到國際與臺灣社會推動審議民主的熱潮，學者並在實際經驗的積累後，進一步修正審議民主的理論，特別在於弱勢的排除、政治社會環境中既存的權力關係、資源分配不均、文化支配的不平等（陳東升，2006；林國明，2013）。因此，林國明以 Young 的理論來強調公共領域中的差異與權力關係，多樣的溝通方式，例如示威、抗議、抵制；或是以公共化的藝術（從理性的言說論辯到各種修辭、敘事、故事述說、影片拍攝等等），讓多元意見在公共領域中呈現，達成包容與平等（林國明，2013: 143）。

與公共意見表達有緊密關係的傳播學領域，也是公共領域研究的重心，隨著傳播科技的發展、網際網路的無遠弗屆、社群媒體的蓬勃，都使得「公共領域正在強化重建？還是正在衰落？」的論辯沒有停休（林宇玲，2014: 57）。有些學者認為網路科技的民主特性（例如開放、去中心化、匿名與成本低廉），有利於公共領域的蓬勃（林宇玲，2014）。但經過多年傳播科技與社群媒體的發展後，公眾認知到來自科技與權力的操控，透過投放特定訊

息影響輿論、蒐集民眾行為資料數據進行監控、假訊息的生產與傳布、強化同溫層的意見、甚至形成議題極端對立的情形；往往可能影響當代民主制度的健康運作（王維菁、林玉鵬、王俐容，2022: 5-8），也使得公眾之間的理性溝通與對話無法形成。

林宇玲提出弗若瑟（Fraser, 1990）的概念，來補充哈伯瑪斯的觀點。弗若瑟建議公共領域是由多個論述領域組成，圍繞於不同利益之上。她將女性主義「差異」的觀點，帶入公眾概念，提出四個假設：

第一、針對開放近用（open access），哈伯瑪斯強調所有人都可以近用公共領域，但弗若瑟認為女性、無產階級、少數族群等往往被排斥在外；因此，第二個觀點，弗若瑟認為在不平等的分層社會裡，「附屬對抗性」公眾可以聚在一起創造和流動另類論述。在這個「附屬對抗的」公共領域中，一方面可以「做為撤退與重新編製的空間」，一方面可以「朝向更廣公眾的運動基地與訓練」（Fraser, 1990，轉引自林宇玲，2014: 69）。第三、在公共議題部分，許多被列入「私事」（例如家暴）而排除在外者，往往宰制階級為了鞏固其利益所致。第四、在公共領域中會有「強勢公眾」與「弱勢公眾」的區分，「弱勢公眾」需要更多的制度保障，並強化弱勢對強勢的問責制度（Fraser, 1990，轉引自林宇玲，2014: 69）。

因此，弗若瑟提出「多元、競爭的公共領域」，強調結構上朝向多元競爭；在參與上，除了理性的論辯與審議，也關切認同形成和集體行動。將公共領域研究的面向轉為：被邊緣或缺乏資源的參與者如何形成另類論述？如何挑戰既存的權力結構？（Fraser, 1990，轉引自林宇玲，2014: 71）。

回首臺灣民主化的過程，文化公共領域其實曾經扮演重要的角色，社會學家李丁讚描述，1970 年代從大學校園、黨外運動開始發展的政治民主化運動，政治菁英往往以辦雜誌來做為理念的串聯與溝通，例如《大學雜誌》、《台灣政論》、《美麗島》等等，這樣的公共領域也拓展到「雲門舞集」、臺灣民歌運動、鄉土文學論戰、新詩論戰；《雄獅美術》、《人間》雜

誌的出現與發展，都可以視為文化（或文學）公共領域，並提供民主與本土化運動豐厚的養分，滋育一代又一代青年知識分子（李丁讚，2004）。但李丁讚在 2004 年的論文中即指出，臺灣公共領域的發展自 1990 年後遭遇許多的困境與挑戰，民族主義立場的差異，撕裂著臺灣社會；許多重要公共政策的討論，往往迅速被連結民族立場的議題，而在意識形態的標籤下被架空（李丁讚，2004）。在這樣的背景下，審議民主的理念逐漸在臺灣受到重視，公共討論的公民參與模式，逐漸被開創與實踐，像是公民會議、公民預算審議、審議式民調、學習圈等等。在過程中盡量包含不同背景的公民可以發出多元的聲音與主張；也盡可能提供充分的資訊與資料，讓參與者可以判斷、進行對話、相互瞭解溝通、達成解決的集體方案（林國明，2009: 182）。

學界與民間社會團體持續在不同領域角落，為臺灣民主運作與公共領域構築而不斷努力。台灣文化政策研究學會既屬於學術界的學會，但也積極進行政策倡議與對話。本會始終相信，唯有不斷與社會多種層次的議題來發聲、對話、溝通、倡議，才有可能健全文化公共領域與保障文化權利；對話對象既有公部門與政府組織，但民間社會更是不可偏廢。因此，透過對於文化公共領域的論文徵稿，我們希望積累更多個案的立場觀點、理論驗證與政策評估，共同為臺灣文化公共領域的多樣性來努力。

在 2020 年徵稿論文公布後，來文的質量與主題的多元，都令人非常欣喜。經過審查與討論後，決定將這次的主題分為兩本書來出版，本書為第一本：《多元的吐納：穿梭於臺灣文化公共領域》。本書論文的關注將特別聚焦於臺灣文化公共領域的多元表述與實踐經驗，並分為兩個部分：第一部分為「多元差異與文化公共領域」，經由原住民、新住民與慰安阿嬤的案例，來闡述族群與性別差異如何構築新的公共領域論述？對話機制如何形成？利益團體與權力運作的關係為何？第二部分的主題，「多元實踐與文化公共領域」特別關注，臺灣現有社會裡，如何創新實踐新的模式，進行文化公共領域、理性溝通與審議民主的個案分析；詮釋的領域含括了：文化公民論壇、博物館、文化資產創生事業、以及公共電視等。

　　第一部分的論文〈東臺灣阿美族野菜文化的公共化〉為例，作者以阿美族野菜為個案，探討屬於原住民專屬的傳統文化，因應市場機制、農業生物創新科技的投入、食農與環境教育發展而使得媒體公共討論增加，逐漸成為新的文化公共領域：如同公共哲學強調，知識應避免「專門化」與「私佔化」，應公開予社會團體共通利用，推動促進公共對話的可能（張瑋琦，2020）。阿美族野菜知識的「文化公共領域」裡，商業市場的運作模式、原住民文化主權的維護、國家智慧財產權政策的制定、全球生物科技技術的發展、阿美族社群與部落的文化傳承等等不同主體與論述的交互競逐或合作，爭取臺灣社會公私部門資源的配置。透過個案，可以驗證公共領域中可能的弱勢排除機制，以及阿美族人如何在面臨困境中，努力克服文化支配的不平等，且持續強化與其他能動者（agent）公共對話的能力。

　　第三章〈「牡丹社事件」的頭骨返還與原住民族文化政策〉，則是另一個特殊的案例。原住民被殖民與迫害的經驗，在當代有許多的反思研究，頭骨返還是當中很敏感的議題，牽涉到國際原住民人權（個人權與集體權）、在地各國族群治理與相關政策、原有部落歷史記憶與文化的習俗、國與國間的外交與政治操作、自然史與人類學社群、博物館典藏單位、醫學倫理規範等等交錯出來的公共論辯。作者描述此事件連結三個公共領域：學術研究（國際原住民相關研究）；傳播媒體與原住民社會（政治、地方部落社會與家族）。如同弗若瑟所描述，三個公共領域之間，各種「附屬對抗性」公眾可以創造和流動另類論述，一方面可以「做為撤退與重新編製的空間」，一方面可以「朝向更廣公眾的運動基地與訓練」，弱勢公眾與強勢公眾的角色與位置可以不斷流變與組隊；隨著時間的發展，更多有關正義、倫理、公平、歷史、記憶的論辯也可能持續創發出來；特別在臺灣，原住民族和一般大眾勢必會對頭骨返還產生莫大的興趣，近幾年來由於本土語言和歷史的推動，加上大量原住民歷史事件的小說出版，翻拍成影視，像是《斯卡羅》所引起的熱潮，頭骨返還會讓當地的原住民、鄉公所、鄉民代表會、縣政府和原住民族委員，還有一般大眾的討論間，產生大量的意見與溝通。參與者溝通的過程中是否符合公共領域的「理想的言說情境」，或陷入不相等的權力

關係所形成的暴力，最終是否形成共識而讓公部門的決策有所改變，是後續可以觀察的要點。

　　第四章〈「在地音樂節」做為公共領域對原住民文化傳承的影響〉，持續關注臺灣各地原住民部落與社群中，創新文化公共領域的努力。作者以屏東牡丹鄉石門村 2019 年的「Kapanan 部落文化音樂『小』節」為例，闡述石門部落原有傳統的文化在殖民過程逐漸消失，新的移居者進來，不同的族群與人群共居，重組新的公共領域：以在地居民與部落族人為主體的公眾，透過 Kapanan 音樂節的舉辦與參與，討論在地參與認同、公共性與親密性，並達成教育和文化傳承。作者強調，音樂節參與的意義，在於推動參與者與彼此關係的改變，並在此過程中塑造集體意識。再者，透過藝術深入公共生活的實踐議題，更強調對話與社群的溝通行動，構築新的文化公共領域，進一步發展社區認同。

　　第五章〈臺灣的東南亞族裔地景與媒體再現〉，作者論述哈伯瑪斯對於公共領域的觀點，強調大眾媒體是一個建立更廣大公眾對於公共議題討論、交流和形成理性溝通的一項重要機制。因此，作者分別闡述學界研究脈絡所呈現的東南亞族裔地景的意義，與大眾媒體的再現，探索大眾媒體是否提供大範圍而有效的公共討論？如同許多學者所述，公共領域「強調由私人匯集而成一種公共意見，也就是社會中的私人經過理性辯論，相互對焦後所產生的會合和統整，代表著社會的自我反省和轉化，也因此形成類似規範的權威（李丁讚，2004: 13）。作者指出，對於東南亞族裔地景的正視以及文化理解是一個開始，而媒體再現，在此過程扮演重要角色，值得受到檢視與觀察，這也關係到未來臺灣如何發展更進步的接待社會文化。

　　第六章〈性別文化空間、影像與公共性：以阿嬤家和平與女性人權館與文化產製品為例〉，提供「多元、競爭的公共領域」裡另一個重要面向：性別，特別是邊緣的慰安婦議題，如何進入公共領域，形成另類論述，挑戰既存的權力結構？作者同時運用哈伯瑪斯公共領域、溝通理性以及審議民主等概念，關切如何建構具解放意義的溝通模式，分析慰安婦博物館在公共化的

過程中，透過不同的社會脈絡、文化及社會運動的經驗再現慰安婦的生命經驗，如何與公眾溝通：透過個案分析，作者驗證個體或團體間的生活經驗召喚和串聯，何以形成共同經驗和達致公共感受，構連閱聽眾的主動參與和情感共鳴。

第七章〈「眷村，不一樣的精彩」：屏新而論的公共參與初探〉，提供文化政策新的溝通模式：「公民文化論壇」計畫（2017 年開始），地方政府與民間團體如何以審議民主方式，深化民眾參與文化事務，落實文化公民權。作者專注近期歐洲民主與文化政策的脈絡，相關學者如何在哈伯瑪斯的論述下，強調「公民」所代表的「公共理性」更應該在文化政策的決策過程中扮演重要角色；以及文化公共領域如何構築「通過情感（審美和情感）溝通方式，針對政治、公共與個人議題發聲的爭辯場域」，鼓勵公民參與對公共政策有影響的理性批判性辯論（McGuigan, 2010; GeirVestheim, 2012，轉引自古淑薰，2022）。這個政策方向，隨著留歐的學者引進，結合政策倡議與立法推動，在臺灣有了新的實踐機會。「屏新而論」一方面是作者學術的研究個案、更是作者對文化公共領域的具體實作：對於特定議題的理解與培力、審議方式的設計、相互溝通與傾聽的環境經營、討論技巧的學習、換位思考與互為主體的可能等等。經過幾年實驗，「屏新而論」逐漸成為屏東新的文化公共領域：在地居民理解家鄉、歷史與文化；透過對話慢慢發展共同認同；對於相關文化議題形成政策共識；具體以行動參與社區環境照護與管理等等。

參與式預算的審議模式，近年也在臺灣的地方政府（鄉鎮公所）、社區營造等領域，廣被嘗試與使用。第八章〈探究審議式決策機制之實踐：以黃金博物館參與式預算計畫為例〉，作者指出民主審議與公共參與的重要困難，在於操作過程中，往往忽略權力結構不平等的；若沒有權力重新分配，原本被排拒的政治與經濟參與的公民，仍無法共享權力對未來做決策，形成空洞的參與（Arnstein, 1969，轉引自林玟伶，2022）。為了解決權力結構的問題，Fennell、Gavelin 與 Jackson（2009: 11，轉引自林玟伶，

2022）提出參與式預算在藝術的運用，促進人們對於公共預算複雜度的瞭解，促進當地民眾以及民意代表、官員以新的方式共同合作；賦權人民，強化市民對公眾事務的興趣並更可能參與公共事務等。作者以黃金博物館參與式預算計畫做為個案，提供臺灣在地博物館的個案，驗證審議式決策機制實踐的經驗。

第九章〈產業文化資產創生初探：地方創生與產業文化空間的公共領域〉，將文化資產的論辯做為文化的公共領域，透過社會參與及積累對話，共同形塑文化資產的保存意識，社會共鳴與刺激跨世代的多元想像。本文將文化公共領域的概念，重新在臺灣文化資產的歷史發展中加以論述，提供在不同的社會脈絡下，文化資產如何進入「公共領域」中被定位，並如何在「公領域」、「私領域」與「公權力領域」三種層次交錯發展。作者認為，臺灣的產業文化資產已成為一個多元的中介平臺／場域，對政策實踐、商業經濟、社會文化與科技媒體等公共領域所開放，對於工業社群、社會變遷、環境再造、歷史記憶、當代意義和未來願景等面向提供更多溝通的可能性。

第十章與第十一章均以公共電視的變遷與創新做為主題。自從手機與網路相連結後，取得傳播資訊的方式急速改變，社群媒體逐漸成為閱聽者獲得資訊的主要來源，取代傳統報紙與電視。新的傳播與社群媒體運用演算法產生的同溫層效應、精準行銷、不實訊息、帶風向的言論經營等等，都使得公共討論與理性溝通的可能、公共領域的健全受到嚴重的侵蝕，進一步惡化民主的發展。如何在社群媒體時代仍保有閱聽者的關注，成為各國公共媒體服務的重要議題。第十章〈數位時代下的新公共廣電服務：臺灣《公視＋》的發展策略初探〉，關注臺灣公視如何在國際影音與串流平臺的威脅下，一方面維持公共性的角色、但同時符合個人化的需求；貼近閱聽者的收視習慣，創造新的「公共演算法」，提供更多閱聽者的公共參與。

第十一章〈在傳統與數位之間擺盪：臺灣公視的全媒體轉型〉進一步陳述，公共廣電在過去被認為是民主社會的重要工具，提供公眾資訊，促進公共事務討論，實踐公共領域，滿足教育、文化等多元需求。如今網路提供更

多資訊和更多討論空間，是否還需要公共廣電來達成公共領域？許多學者強調，數位時代的公共媒體除了服務範圍擴大之外，還有更深的民主意涵。Bardoel 與 Lowe（2007）則主張公共媒體必須從「供給導向的公共廣電文化」轉型為「需求導向的公共服務媒體文化」。同時，「公共性」的強調也不能忽略，公共服務媒體的責任就是將閱聽人視為公民，鼓勵閱聽人互動參與，以閱聽人為中心（Walvaart, 2019）。在這樣的背景下，公共電視開啟全媒體轉型，是否能讓臺灣公共領域的發展、閱聽者的理性溝通、民主監督的過程更為蓬勃？值得持續觀察。

　　經由以上個案的討論，學者們在不同論述或實踐領域中的深入耕耘，能獲得更多的關注和延伸，建構和整合更有影響力的公共領域互動。也藉本書的出版，懇切期待更多研究者投入文化公共領域的相關研究，持續提供臺灣社會各種面向的政策對話、不同領域的理性溝通議題、保障弱勢權力者的公共參與、重視多樣差異的認知，進一步為臺灣深化民主、落實文化權的執行，積累更多理論與實務的經驗。

參考文獻

王維菁、林玉鵬、王俐容（編）（2022）。《AI 時代的數位傳播素養教育》。臺北：五南。

李丁讚（編）（2004）。《公共領域在台灣：困境與契機》。臺北：桂冠。

林宇玲（2014）。〈網路與公共領域：從審議模式轉向多元公眾模式〉。《新聞學研究》118: 55-85。

林國明（2009）。〈公共領域、公民社會與審議民主〉。《思想》11: 181-195。

林國明（2013）。〈多元的公民審議如何可能？ —— 程序主義與公民社會觀點〉。《臺灣民主季刊》10(4): 137-83。

林國明、陳東升（2003）。〈公民會議與審議民主 —— 全民健保的公民參與經驗〉。《台灣社會學》6: 61-118。

陳閔翔、黃瑞祺（2013）。〈從審議民主到後國族民主：哈伯馬斯民主理論的發展與反思〉。《政治與社會哲學評論》47: 65-118。

PART I

多元差異與
文化公共領域

02 CHAPTER

東臺灣阿美族野菜文化的
公共化

—— 張瑋琦 ——
國立清華大學環境與文化資源學系副教授

一　前言

　　所謂的「野菜」，指的是林野地裡自然生長而非工業化大量生產的可食性植物資源，其使用範圍相當廣泛，包括菌類或植物的根、莖、葉、花、果（張宏志、管正學、王建立，1998）。「野菜」乃民間俗稱，人類學謂「植物性採集品」，較為精準且不帶有階級意味（溫遂瑩，1962）。採集，是許多臺灣原住民族傳統上獲取植物性食物的重要手段，此類知識承載了人與環境的互動關係。特別是居住於山腳平原、河海沿岸的阿美族，生活環境多野生食用植物，「食草」乃成為其飲食文化特色。

　　2008 年起，一連串的食安風暴帶動了健康及養生飲食的風潮，使得「原住民野菜」、「原生野菜」成為健康養生、環境友善食材的代名詞，受到大量媒體報導的關注，而一躍為飲食市場的寵兒（如：劉嘉泰，2009；張存薇，2010；白心儀，2012）。屬於技術部門的花蓮區農業改良場（以下簡稱：花蓮農改場），很快地發現了野菜產業化的潛力，於 2009 年起嘗試將原住民野菜品種改良及推廣，輔導大面積栽培「野菜」，提升產量，並積極出版相關之農業研究成果。繼之，在地的風味餐廳數量迅速成長，不論經營者是否為阿美族，菜單裡總少不了野菜。大面積栽種「野菜」的農場逐年增加，連帶也影響行銷部門，如：地方農會及通路商著手建構以大眾市場為對象的行銷網絡。在「野菜產業化」的推波助瀾下，東臺灣隨之興起野菜知識建構的風潮，並帶動阿美族的野菜知識進入衍生、傳布與創新的高峰期。在百花齊放的「野菜論」中，筆者注意到，不同時空、族群、社會位置的說話者採取了不同的論述視角或論述策略，反映在利害關係人（stakeholders）之間所展開的象徵鬥爭或分類戰鬥，也隱含原住民文化公共化所涉及的知識產權問題。

　　知識公共化是公民社會裡重要的議題，公共哲學強調知識應避免「專門化」與「私佔化」，應鼓勵跨專業領域，公開予社會團體共通利用，以及推動促進公共對話的可能（小林正弥，2006）。但隨著新科技與現代智慧財產

權（簡稱：智財權）的發達，引發了知識公共化與商品化的糾葛及爭議。反對限制智財權立場者認為，人類心靈領域及遺傳性資源等，是屬於「不具競爭性的」（不能被申請專利）及「不具排他性的」（無法區辨原創者）資源，而智財權私有化將使人們創造資源的誘因受限（翁秀琪，2008）。原住民文化有許多此類性質的元素，如：傳統生物智識、藝術及飲食文化等，一旦被專利化或私有財產化，將影響公共利益。公共人類學的研究關心人類知識公共化的樣態、對象以及利益等問題，不同的知識生產方式所衍生的知識觸面與社會效用不同，林文玲（2012）以民族誌電影為例，指出以視覺影像及影展做為知識的傳播媒介有別於文字書寫，能引出特定身分、位置的主體（如：原住民），並吸納不同社會動力、引發參與及更廣泛的辯論。近年來，農食已跳脫出生計活動框架，擔綱起消費社會中文化生產的要角。飲食相關的知識，經常屬於特定族群文化體系的一部分，且又含帶主觀的情感與認同傾向，使得飲食文化的公共化較一般知識的公共化更為複雜。以食農實踐做為知識的傳播媒介，不可避免勾動特定身分、位置的主體之認同意識，但相關討論卻仍不足。前人研究指出，「公共文化」（public culture）不是一種文化現象，而是文化爭論，其資訊是直接面向受眾的，因此，此一公共領域可能類似於一個舞臺，不同形式、類型或領域的文化在此碰撞、攻訐或競爭（Appadurai & Breckenridge, 1988）。本文綜合上述討論，定義文化公共化為文化藉由不同的生產方式、傳播管道，連結其受眾而成為共用的資源之過程。

　　本文以東臺灣阿美族野菜為對象，探討屬於特定族群「私佔性」的文化因市場機制與農食創新科技的介入，而成為公共化的文化資源，其在不同利害關係人之間所引發的競合現象，以及野菜文化公共化為臺灣文化公共領域所帶來的新樣貌。文末並從維繫原住民的文化主權立場，兼論原住民遺傳性資源與生物科研介入的問題。

　　研究方法採內容分析、深度訪談及參與觀察法。內容分析的材料包括與阿美族野菜相關之人類學民族誌研究；阿美族哲人黃貴潮的手稿《阿美族生

物觀》及《阿美族飲食之美》、《蔡中涵大辭典》、農業試驗研究報告，以及食農相關之雜誌與平面媒體報導等。深度訪談進行時間分兩階段，第一階段為 2012 年 11 月至 2013 年 9 月，訪談對象包括有生產野菜之原住民有機農場、花蓮農改場野菜推廣計畫承辦人員、農改場合作之漢族農場、環境教育農場及野菜餐廳等；第二階段為 2020 年 3 月至 10 月，對象包括阿美族耆老、文化工作者及農改場研究員。參與觀察時間比較長，橫跨 2012 年至 2018 年，期間作者透過三個在東部執行的科技部研究計畫，對此一主題的變化進行長期的觀察。本文中所呈現之訪談內容屬民族智慧者，經受訪者同意後公開姓名；屬個人主觀意見者，依受訪者意願採匿名處理。

在研究限制上，本研究深知，東臺灣涉入「野菜經濟」的不限於阿美族，泰雅、魯凱族，甚至漢族也經常在其所推動之觀光活動或社區營造中強調野菜飲食，「野菜」一詞在近十年間臺灣東部的發展，的確出現了超越文化特質與地域性（translocal）的文化資源化現象。但因阿美族野菜知識相關的民族誌及學術研究積累豐厚，方便於對照今昔野菜論述之變化，故本研究對象僅限於阿美族。本文必須承認對於阿美族以外族群之野菜知識考據力有未逮之限制。

二　變動社會中的阿美族野菜知識

臺灣原住民原無文字，其知識體系乃透過生活實踐來維繫與傳承，16 世紀開始有殖民者進行文字記錄，但皆以殖民者的知識體系及利益角度分類與整理。例如：日治時期系統性調查整理原住民文化的官方文書《番族慣習調查報告書》，其第二卷第五節論及阿美族的〈生業〉時，僅記錄農耕活動，而忽略佔阿美族生計中重要地位的採集活動（臺灣總督府臨時臺灣舊慣調查會，2000: 25）。直至 1962 年中研院出版之《馬太安阿美族的物質文化》，在〈飼養與採集〉中「採集品」小節「植物性採集品」段落，以及第九節「飲食」的「採集食物」段落中才略有記載。但一直到 2000 年以前，

阿美族食用野菜知識都僅限於族群內部共用，可說是一種特定族群「私佔性」的知識。

2000 年以降，受消費主義文化及科學知識分類記述形式的影響，原住民強調生活經驗的固有知識體系，亦開始採納不同的生產型式。粗略地歸納近代阿美族野菜知識的發展與變化，可分為兩階段：

1. **野菜做為知識載體**：以野菜承載族群的知識體系，透過整體觀或全知的視野傳達阿美族對天、地、人、神的認識，整合阿美族的宇宙觀及我族觀。

2. **野菜做為知識論述對象**：出現在野菜商品化後，為了促進其商品價值而將野菜視為知識探究的客體，探討其營養價值、交換價值或交易網絡關係等。

（一）野菜做為知識載體

有關阿美族的採集植物知識，以阿美族哲人黃貴潮（未出版：1-30）撰著之《阿美族生物觀》最具系統性，他將阿美族的植物（molengaway）分為樹木類（no kilangan）、灌木雜草類（no semot）、竹類（no 'awlan）、穀類（no 'asadan 或 no caheniay）、豆類（no rara'an）、蔓莖群（cikidatay）、沼澤物群（mosna'an）、菌群（no tagoldan）、蔬菜群（no datengan）等。也依生長地點分類為：家園內植物（no laloma'an）及野生植物（no lotokan），有些植物雖出現在家園內，但不一定皆為人工栽培（黃貴潮，未出版：9）。不論栽培或採集的，只要是菜類都統稱為 dateng，傳統上並沒有特別給「野菜」一個單獨的詞彙，但可以加上地點表示為家園內的菜 dateng no loma'（家），或野外採集的菜 dateng no lotok（山）／dateng no pala（田）（黃貴潮，1998: 82-83）。阿美語也有「栽培作物」這個詞——palengawan（黃貴潮，未出版）／penaloma（蔡中涵，1995）／pinaloma（太巴塑用語）——用以表達人工栽培的蔬菜水果

等。這些植物的知識分類不僅是阿美族對客觀現象世界的認識，同時也承載了阿美族的宇宙觀、我族觀與主觀自我相關的知識。

1 做為宇宙觀的載體

阿美族把人類生活分為靈魂界生活（kahtakawas no tamdaw）及現實界生活（nohkal no orip）。靈魂界生活圍繞著 kawas 概念。kawas 一詞在阿美族的語境中，用來指涉靈魂界的一切鬼神精靈，包括善靈及惡靈，有的 kawas 有名字，有的沒有。

> 採集野果野菜的神亦與農業的神一樣是神譜中第七代的 maavok 和 masriu，若干野果並有專門的神（溫遂瑩，1962: 91）。

人類學的民族誌《馬太安阿美族的物質文化》一書雖指出阿美族認為野菜野果有 kawas，但並未深入探討。直到黃貴潮撰寫《阿美族生物觀》才詳述阿美族口傳文化中對宇宙自然的認識。某些植物被族人認為特別「附有精靈（kawas）」[1]，而大多數「附有精靈」的植物屬於野生植物（no lotokan a molengaway），其中也包括樹木類，例如：

- fata'an 樹豆：昔人副食之一，滋味較苦又栽培佔地費時故一般家庭產量極少。一方，據老人說：這棵 fata'an 最古老食物之一，這個種子（某一家）由古人留下來的，若不種植斷了它的種子，恐怕祖靈 to'as 會找麻煩，所以每逢播種季僅種植十棵內不多，那是只為把種子延續留下而已，而必要的話，年內僅二、三次拿出吃意思意思（形式）為止。又說 fata'an 很可能附有精靈 kawas，因為神話史 kimad 裡有個 fata'an 之名詞，所以它

---

1 「附有精靈」為黃貴潮的用語，他將 kawas 譯為「精靈」，部分民族誌譯為「鬼神」。

是個屬於神祕性的一棵樹之一。fata'an 是男性的名字。也有叫 fata'an 的部落（黃貴潮，未出版：14-15）。

- oway 藤：oway 是與人類接觸得最古老的植物之一，它是生長於深山中的野生物。古人雖然喜愛它，但從不想把它由山中移到人間界（家園或田園內）栽培繁殖，若這麼做恐怕違反它的天性自然律對人無好處。古人認為它是個 kawas no molengaway 植物族之王，及 mama no lotok 山林之長老。依老人的經驗，每次進山採取藤時在每一株（每一處）之周邊發現不知名的 oner 蛇，老人認為它是藤的守護神 sasimaw，由此從古至今老人對 oway 在植物族中特別以神祕看待。則是「caay ka patay a molengaway 不死之物」之稱。又對人的長壽以 oway 來比喻稱「mala'owayay（成藤）a orip（生命）」（黃貴潮，未出版：19）。

- kenaw 薤（火蔥）：有三種 manowan、hafay、lakkiyo。據老人說，manowan 和 hafay 是屬於古老本族作物，相當於魚族（飛魚 kakahag）附有精靈，和小米 hafay 相尅 ma'ades 的植物。所以昔人為這些 kenaw 的置存處特別設之為避免接觸小米。sikawasay 施法之前禁止進食。它怕人尿，觸了人尿犯者得病瞎眼。它是同窮困鬼神之化名 fakenaway。雖然如此有禁忌 lisin 的食物，但人人喜歡吃，家家皆種植，平日少不了的副食品。皆以沾鹽生吃。又據老人家說：kenaw（其中的 manowan）與人的生活（食）歷史悠久，相當於 hafay 小米、koga 地瓜、fata'an 樹豆、naniwac 綠豆等屬於古老的農作物之一，這種 kenaw（hafay 在都市市場內不見）大約二十年前絕種不見了，因為懂得守的農家才保留它的種子（黃貴潮，未出版：24）。

- talod 芒草：隨時隨地可看到的雜草是蘆葦之類。水牛最喜歡吃的草之一。talod 是附精靈之物，阿美族從古至今為驅邪作法器之用。它的莖穗（tigtig）可製作女用的遮日防雨之具（黃貴潮，未出版：26）。

「十心菜」[2] 是阿美族 ilisin 祭典期間重要的蔬菜食物，其中，芒草、山棕、月桃可做為法器；檳榔是重要祭品；而黃藤則是附有 kawas 的植物，性質上即木佐木哲朗（2008）所謂的具有象徵意義的食物，透過「人神共食」[3] 可以獲得祖靈的祝福。一般而言，主食作物或獲取不易的肉類，因為是主要熱量或蛋白質來源不可缺的食物，因此在生產、加工與貯藏中佔有優位，是文化的超級食物（cultural superfood）[4]，經常被賦予象徵意義以確保其優位。由於葉菜類被阿美族視為世俗食物，於祭典神聖期間禁食，因此一般認為野菜在象徵上的重要性不如小米這類神聖作物。然而，有著祭司家族背景的報導人徐妍花強調：

> 在族人的觀點，因為阿美族信仰海神，而海祭品有綠色植物是不敬的，故用嫩心（白色）與鳥肉、樹豆烹煮來誠心敬拜神明後共食，當然在狩獵時祭山神也是如此。所謂誠心敬拜，就是祭祀時表達在祭品的精緻化加工，使得與神共鳴、共食。（2020 年 5 月 21 日訪談徐妍花）

2　十心菜指黃藤心、林投心、芒草心、月桃心、檳榔心、山棕心、甘蔗心、鐵樹心、椰子心及臺灣海棗心等。

3　木佐木哲朗（2008）以日本的「直會」說明，其意謂以具有象徵意義的食物敬拜神靈，表達人與神之間的互酬性，並透過食用這些祭品獲得靈力或名譽。

4　「文化的超級食物」（cultural superfood）日文為「文化的卓越食物」，由於日文漢字意義與中文解讀略有不同，故不直接挪用原文。該詞出自：和仁晴明（1995）。〈象としての食・禁忌（タブー）〉。載於石毛直遵、鄭大聲（編），《食文化入門》。講談社。轉引自：木佐木哲朗（2008）。〈文化的卓越食物と料理・共食の文化〉，《県立新潟女子短期大学研究紀要》45: 262, 266。

　　植物的嫩心需要特別處理才能夠變成食物，其加工的過程，可以類比為把主食米粟搗成麻糬或米糕時精緻加工的象徵意義，顯示其地位並不低於粟米。如同諺語所示，野菜植物在阿美族的宇宙觀中具有重要的地位：

Ano awa ko molengaway o maan ko sakaorip no tamdaw.

（如果沒有　植物　　　　如何　　生存　　的 人類）

譯：如果沒有植物，人類無法保命生存（黃貴潮，未出版：1）。

2 做為我族觀的載體

　　我族觀是由與主觀自我相關的知識構成，某些物質，特別是食物，經常被用做為表現社會集體性和傳達群體意識的主要媒介，例如宗教祭儀中「共食」的食物。人類學者 Weiner 認為因為這些物質資源（material resources）與宇宙真實性（cosmological authentication）關係密切，「可超越時間和肉體死亡的威脅，合法獲得來自祖先的力量重複建構與再建構社會價值；因此這些物可說是『記憶的焦點』和『認同的資源』（轉引自胡家瑜，2004: 174）」。上節所述有 kawas 的野菜，正是扮演此一角色。族人常自詡為「吃草的民族」（吳雪月，1999: 22），諺語中也直接將野菜與「血」連結，傳達了人與野菜間血濃於水的關係：

Alengelay a dateng, sisa siremes ko pangcah.

（苦澀　　　菜類　　因此有血　　　阿美族）

譯：苦澀的野菜，因此 pangcah 有血（帝瓦伊‧撒耘，2005：237）。

認同的一體兩面性包括我族的血緣連結及與他者的關係區辨，因此，野菜也被用做為區辨我族與他者的疆域象徵物。例如老人家說不知道山萵苣（sama）的人，不算真正的阿美人（黃貴潮，未出版：25）。也說：

Ano o hafay ko hemay, o tatokem ko sikaen. Ora ko Amis hananay.
（如果 小米 是 飯　　龍葵　是菜　　此才是 阿美人 謂之 ）
....
譯：若吃小米飯，該吃龍葵。這才是真正的阿美人（帝瓦伊·撒耘，2005：237）。

這種認同關係不僅應用在族群的分類上，也反向投射在植物的分類上，來表達阿美族對異族傳來的植物品種之認識。例如阿美族把荖葉分為三種：阿美族的荖葉（fila no Pangcha）、一般的荖葉（fila）及山上的荖葉（fila no lotong）（表1）[5]。祖先傳承下來古老的、「真正的」品種（包括未與外來種雜交的野生「山寨」種），被視為具有與祖靈或神靈溝通的力量，而做為祈雨的儀式象徵物；山上的荖葉也稱山猿之荖葉，極可能是指風藤，是一種普遍生長於低海拔林下的荖葉近親，植物學分類上與荖葉同歸屬於胡椒科屬，阿美族只在不得已時，會用之做為荖葉的替代品，因而被視為是「山寨」種。而商品化的外來種不論如何都不具法力或 kawas，不可用於祭儀。

5　筆者曾就教於在花蓮東昌跟隨阿美族祭儀田野多年的黃啟瑞先生及馬太鞍人蔡義昌先生，雖然南北部阿美人的用詞略有不同，但確認黃貴潮先生提及的 tdah no lotok，應是 ta'angay papah a fila（大葉型荖葉）之筆誤，而這在花蓮稱為 kipalaay fila 或 fila no pangcha（阿美族的荖葉）；黃貴潮文中稱 fadafila（小葉型荖葉），花蓮直接稱它為 fila；第三種為 fila no lotong（山上的荖葉、山猿之荖葉）。進一步分析，荖葉的葉片會因栽培環境或施肥緣故而有大小之改變，因此和黃啟瑞討論後覺得分類的關鍵應不在葉型大小，而在故有種及外來種的差異。故後文捨棄葉片大小之說法，採用 fila no pangcha、fila 和 fila no lotong 之品種分類。

表 1：阿美族三種荖葉分類及象徵意涵之比較

阿美族名	品系	栽培方式	風味	象徵意義	儀式用途
fila no Pangcha	在來種、古老品種	家院栽培	香氣及辣味佳	傳承的	儀式有效
fila no lotong	野生種	自然生長	風味最淡	山寨的	儀式中，情非得已之替代品
fila	外來種、改良品種	設施栽培	風味稍淡	輸入的	儀式無效

資料來源：本研究訪談整理。

　　以命名區分本土種與外來種，不僅表達此一民族對植物品種的區辨能力，更表達「我族」與「他者」的認同投射。特別是涉及阿美族內在關係連結強烈的祭儀植物時更明顯可見，本土的「真正性」（authenticity）直接影響祭儀的「有效性」，透過儀式的實踐，而成為一種來自文化根底的對「他者」的抵抗。

　　綜合上述，本研究發現，野菜在阿美族做為知識的載體，展現人與植物間互為指涉、相互依存的深厚情感。在野菜的辨識上「在來種」、「外來種」與「野生種」族群的知識疆域性，不只反應人與人、人與自然的關係，甚至連結向人與超自然的互動關係。

（二）野菜做為知識論述對象

　　1965 年代左右，隨著臺灣工業化發展，阿美族人（特別是男性）開始向工廠及都市尋找工作機會。梧桐木外銷事業及網球拍外銷工廠的成立等，促進花蓮市的都市化，也鋪就了野菜商品化的道路，花蓮縣吉安鄉黃昏市場、光復鄉市場的阿美族野菜區，滿足了都市化的生活形態下阿美族人的傳統飲食欲求（吳雪月，2002）。

　　1996 年原住民族委員會設立，臺灣原住民逐漸擺脫污名化形象，原住民的文化與經濟振興有了專責的補助機構，原住民向主流社會發聲的機會大為增加。在原運成果發酵、本土化風潮興起、社區營造政策及週休二日政策等綜效下，原住民集體性文化自覺運動與自由主義經濟市場趨勢合流，「原味」成為一種「差異政治」的身分認同的表徵，也做為進入市場的武器（葉秀燕，2009）。野菜做為一種經濟資源，吸引了不同背景的行動者涉入野菜經濟體系，包括研究與輔導野菜生產的部門、搜集與展示野菜知識的部門，以及行銷與推廣野菜的部門等。1997 年，農委會編列「原住民地區農業綜合發展計畫」，同年，原住民族委員會亦跟進。花蓮農改場在此一政策補助下，針對原住民之特色作物如山蘇、山苦瓜、野菜、箭竹筍等進行研究、示範及推廣（林泰佑、張光華、張聖顯、施清田、葉育哲、黃鵬，2015）。《花蓮區農業專訊》自 1997 年起即陸續針對場內所推廣之野菜，如：番杏、山萵苣、西洋菜、赤道櫻草、臺灣山蘇花、糯米糰、紫背草等，發表專業研究報告介紹植株之生育特性、食用價值、料理方式及栽培管理等（如：全中和，2001；林文華，2015），成為雜誌及媒體報導的參考資料來源。此外，野菜的耐貧瘠土壤、耐水性、耐極端氣候及可連作等生物特性，亦不斷被農改場發掘與推廣（如：全中和，2012；全中和，2013；全中和，2016）。

　　受到園藝科學知識的影響，阿美族人撰寫之野菜專書亦開始廣泛採納植物學、中醫藥學的知識，使用學名或「清熱解毒、補中益氣」等概念，例如：

樹豆（Cajanus cajan）豆科、豆屬。別名白樹豆、木豆、番仔豆，阿美語稱 vataan。產季為每年 12 月至隔年 3 月，雖然沒有大量栽種，但許多阿美族家都會種植。食用部分為豆莢內的種子，可料理成樹豆湯、排骨樹豆湯等。有清熱解毒、補中益氣、清熱消暑、止血止痢之功效（吳雪月，2006）。

為了提升野菜的商品價值，不論原漢都將野菜視為知識探究的客體，有關野菜的營養價值、交換價值或交易網絡關係等文章大行其道。因著現代人渴望回歸自然與健康，野菜成為異族餐桌上的珍饈，吳雪月（1999: 23）將之稱為「野菜的再造」。此一消費文化促使原本屬於阿美族內部流通的文化資產，成為商業市場共用的文化資源，從而開啟野菜知識的跨界流動與文化競爭現象。

三　野菜知識流動與文化疆域競合

在追求養生或異族風情的消費風潮引領下，野菜產業化的潛力受到重視，野菜知識進入了詮釋權的白熱化競爭階段。與野菜商品化利害相關的阿美族農場、休閒農場、農改場、漢族農場及野菜通路商等，基於不同的利益及各自所擁有的社會／文化資本或特質層級，進而對野菜採取不同的詮釋角度。

（一）野菜的再符徵化

前文提到，野菜在阿美族文化中被賦予人神關係或族我關係的象徵意義。本文認為，當代阿美族「野菜的再造」流行現象，不只是單純的文化商品化之轉譯，而是跨族群的知識流動引發文化疆域張力，致使各方利害關係人透過再符徵化的象徵意涵操作（如：族群、環保、健康等），來進行知識產權鬥爭的現象。受限於篇幅，以下僅以阿美族農場、漢族經營的休閒農場及農改場為例說明之。

1 阿美族農場

在原住民的農場裡，多多少少都可發現一些對「原生種」的執著傾向，他們常以「爸爸媽媽教的」來區辨什麼是或不是「原住民的野菜」。諸如此類強調世代的傳承關係或族群生活記憶，是原住民在後殖民階段，透過社區營造重建其知識體系最常採取的形式。此類論述強調野菜在族群生態觀中所扮演的仲介者角色 —— 將文化與生態連結成難以分割的整體，並將自身種植（或採集）野菜的實踐，詮釋為既是文化永續（不會斷掉傳承），也是生態永續的（比較天然）：「野菜是不用特地去種，它自己會長出來（2013.03.09 訪談蘇秀蓮）。」《臺灣新野菜主義》作者吳雪月（2006）也提供了類似的印證：

> 只要土壤整地過，它自然會依季節長出不同的野菜，種子也會依季
> 節長出來的⋯⋯採集是必要的，透過採集它才會再生長出來。

阿美族的論述主要借由植物的種源、使用者的血緣、地理空間與文化行為等，強化「族群」的象徵連結。但他們也會引用現代環保主義的概念，主張「野菜對殺草劑缺乏抗藥性，不易在使用農藥的環境中存活，因此可做為生態指標（2013.03.09 訪談蘇秀蓮）」，來與現代的環保價值對話。

2 漢族經營的休閒農場

相對於原住民強調野菜就是「野生的」、「野外採集」與「原生種」，漢族經營的環境教育休閒農場則基於對環境污染的認識，而對原住民的野菜論述抱持著懷疑的態度，他們認為原住民的野菜知識需要經過更嚴謹的科學檢證：

> 花蓮的原住民他們認為野外採的就叫做有機，以他們的採法反而會
> 扼殺了野菜的存活機會⋯⋯我們的員工是經過教育的，但如果叫原
> 住民去採，他們會去有殺草劑的地方。（2013.02.03 訪談 X 農場）

　　休閒農場散布於花東各鄉鎮，經營者的知識多來自西方社會，包括各種獨立且完整的「門派」，擁有各自的理論（如：樸門永續設計、自然農法）及實踐技術（如：生態復育法則、環境解說教育）。這些「門派」具有全球化的推廣能力，透過永續知識傳播者的全球移動而成為當代普遍被認同的理論。其共通特色是認為永續理論或技術具有跨文化應用性，他們落地生根、推廣生態教育之時，雖然也強調在地環境及在地物種，但未必特別強調文化的本真性，所以野菜未必要在野外採集。他們認為乾淨的土地才是最重要的：

> 野菜就是要在自然的環境中成長，可是臺灣這樣的環境太少了，過度酸化、鹽化，所以長出來都不健康，所以不要說野菜只有野地才有，因為野地都是殺草劑，應該是經過人工照料的土壤，長出來才是健康的野菜。（2013.02.03 訪談 X 農場）

　　這種將野菜與環保、健康劃上等號的概念，正好搭上食安消費的潮流。而為達到乾淨、健康的目標，他們認為，適當的人為介入管理（如：生態園區的建置）是必要的。在野菜市場中，休閒農場所強調的技術介入論述與阿美族的原生論述，擦出了「什麼才是真正的／健康的野菜」的知識詮釋權競爭火花。

❸ 農業改良場

　　農業改良場前身為農業試驗場，成立於日治時期，為國家設置，目的為協助農民進行經濟作物的大規模工業化生產。目前全國有七座農改場，負責各地方經濟作物改良及農業技術推廣任務，協助各地區農民取得品種種原與適當的農業技術。具體方式主要為：自各地區取得作物品種，針對地方氣候、作物性狀、生產技術進行雜交育種及改良，以取得新品種。新品種作物通常具有更適合大規模生產、更符合消費社群喜好的特色。例如花蓮農改場 A 研究員表示：

不同農改場還是要針對當地的條件，發展自己的農產品特色。像我們花蓮有很多原住民，我們就會去找原住民吃什麼，去蒐集各種品種。像臺東那邊吃樹豆，我們就找回來培養，找到比較好的品種，然後找農民種，輔導開發做成餅的餡料。我們還要輔導地產地消，現在產量都還不夠做餅用。像山蘇，因為它只有孢子，不好做雜交，我們就用篩選的。找到一個品種可以長得快，又不太怕什麼蟲害。現在這裡（大量種植）的山蘇都是用這個種。（2020.03.27 訪談 A 研究員）

農改場會依據所決定的新價值進行推廣作物的品種篩選與改良，以便在推廣時，讓食物的生產端意識到新價值所能帶來的商業利益而選擇種植新品種。例如花蓮農改場從非洲引進赤道櫻草，輔導在地農民種植，一方面將食物訴諸現代消費者所重視的健康（營養性）或醫療保健效果等意象（image），一方面以「野菜」之名行銷包裝：

這個赤道櫻草本來是非洲的野草。亞蔬（亞洲蔬菜中心）發現它對養生很好，就推廣食用。我們就拿來輔導農民種，教餐廳怎麼煮。反正它本來也是野草，就跟我們原住民吃野菜一樣啊！現在你去我們這邊的餐廳都可以吃到啦！（2012.11.02 訪談 B 研究員）

大面積生產野菜需要較高的資本及密集的勞力成本，農改場在輔導初期曾詢問原住民的意向，但原住民不認為這有何可為，反而是漢人較感興趣，配合農改場建置示範田（2012.11.02 訪談 B 研究員）。因此，花蓮目前大面積栽培的農場多為漢人經營，以 2013 年採訪龍鬚菜的種植為例，採收工資 1 公斤 10 元，批發價 1 公斤 30 元，對種的人而言產值很高，收成的時候，原住民被雇來當臨時工，形成了資本與勞動的族群階層化的現象。漢族農場的加入，提升了野菜的產量，使得野菜得以由「野」入「市」，成為觀光客趨之若鶩的地方特色商品。在農業技術團體與觀光產業的共伴效應下，

「原住民野菜」的定義範圍開始擴大，外溢出阿美族的知識疆域，朝向一種「普遍的」或「農業專業的」認定。有趣的是，這類「外來野菜」的推廣在漢族農場不會遇到文化意義的衝突，但在阿美族群內卻不受認可，他們對改良場推廣的某些野菜相當不以為然：

> 改良場推廣的赤道櫻草和巴蔘菜等，不能說是原住民野菜，我們沒有這種菜，那是外來種。（2013.03.09 訪談蘇秀蓮）

農改場的知識，有時候也會採集自原住民智慧，當發現具有醫療效果的時候，合作對象就可能外溢出農民社群，而流向生技公司。花蓮農改場表示：

> 我們在做這個之後會包括加工產品的開發，產品開發之後才會發覺說，比如說還有這個筋骨的像關節炎或者是痛風，有這些保健作用。這個說法也是有時候，也是原住民他們透露出來，說喝這個可以怎麼樣？或者是說吃這個可以降血壓。他吃這個可以做怎麼樣，然後我們再回去找加工廠，做出一些餐點給他們喝試試看，才會去找生技公司去驗它的那些成分或者是給食品工業研究所他們去驗。
> （2020.03.27 訪談 B 研究員）

作物的品種種原，原本存在於各生產社群中，與之相關的知識也在生產社群中代代相傳。農業生產社群內本就會進行作物育種雜交，但規模甚小，多以自然馴化方式取得新品種。但為了因應工業化生產，必須取得不同種原進行品種改良，過去農改場除了從農民社群取得種原以及相關知識，也透過農業研究社群之間的交流取得種原與知識；當農業進入大規模生產模式之後，農民也會向農改場尋求品種及技術之協助。反之，農改場自其他社群所取得的知識與作物品種也會尋求農民試種。在農改場與農民的互動模式中，其農業知識與種原的交流為雙向性的，彼此為公益服務及互惠性質。然而，近年來政策偏向鼓勵農改場透過技轉獲利，其結果是否能堅持優先照顧原住

民的傳統族群利益？特別是不同的知識社群介入原住民野菜知識的開發與應用，已有報導指出有企業靠原住民傳統知識獲利，但原住民族無法分享利益；當原住民傳統知識成為顯學之際，族群利益理當受到保護，但吊詭的是，一度在立院提出的《原住民族傳統生物多樣性知識保護條例》之討論卻悄然而止（立法院，2019 年 5 月）。本研究認為，原住民較無法反擊的恐怕不是在文化資源領域，而是在生物／農業科技領域中所捲動的規模化供應鍊及其相關之商業化開發。世界已有許多研究指出，這些品種的改良與技轉的專業利益，有可能完全排除原住民世代傳承的生物知識貢獻，終極發展將威脅小農的自尊，造成文化創造力的喪失（Pottier, 2007; Vandana Shiva, 2009）。

（二）文化公共化與文化創新

當阿美族文化進入公共領域，引發了文化疆域間的張力，原住民的野菜知識同時面臨來自環境教育知識體系和工業化農業知識體系的夾擊，為避免被邊緣化，原住民也伺機回擊。阿美族一邊採取鞏固族群疆域的方式，強調野菜的根源性及文化性，一方面也借工業化農業知識體系的商業邏輯、保健知識與大眾行銷系統，增強其攻佔市場的競爭力，例如，阿美族農夫到臺北展售野菜時，會採用醫療保健的修辭，如：「樹豆的鈣質是蠻高的，熬雞湯、排骨湯相對的膠質釋放，對我們的健康很好。」（2013 年 1 月 29 日訪談徐妍花）。或借永續食農知識體系的慢食、保種或食農教育等價值觀，提升傳統文化與當代社會的對話能力，如：洄瀾灣文化協會吳雪月理事長2016 年起以原住民野菜連結「慢食」概念；2019 年，該協會向國際慢食組織申請，在花蓮舉辦國際慢食論壇（ITM Taiwan in Hualien）暨亞洲及環太平洋原住民慢食論壇（Indigenous Terra Mader Asia and Pan Pacific in Ainu Mosir 2019）系列活動，獲得花蓮縣政府及行政院原住民委員會支持（Slow Food, 2019），藉由慢食的新價值，讓東臺灣的野菜文化走進國際舞臺。

　　Chang（2011）指出，文化元素可以透過指認資源（resources identifi-cation）、意義賦予（meaning-giving）及社會還原（social reduction）三個步驟進行「資源化」，而成為符合新時代價值或用途的「文化資源」。在本研究的案例中，原住民向母土探索養分的自覺運動，發展成以「原汁原味」的小型的、在地的文化實踐進入市場；在健康飲食及有機農業風潮的推波助瀾下，農業推廣體系看見商機，讓野菜知識成為一種跨族群的公共資源。然而，它同時也引發了文化跨域現象，帶來了文化疆域緊張與利害關係人競合的變化。

　　在文化公共領域，本研究也發現當代臺灣原住民的能動性與韌性，他們在競爭中不但能高揭族群文化旗幟來鞏固文化之所從出的「真正性」，也能彈性地借用健康、環保的主張，甚至串聯全球化的創新價值來跨越文化藩籬，成為既能掌握文化的食物主權，又能共用文化價值，具有公共對話能力的「超級文化」[6]。此一超級文化具有吸磁性，能吸引更多公共資源投注，例如 2017 年起，林務局花蓮林區管理處舉辦阿美族傳統食材多樣性保種與分享活動——「飲食護生態～慢食享健康」；2020 年花蓮縣府提供美崙山公園生態展示館空間，聘請吳雪月規劃「原住民野菜學校」並擔任校長等。阿美族的農食文化進入公共領域，更多的資源及人才投入，活化了阿美族的文化資源，讓「私佔性」的文化資源成為臺灣共用的文化資產，但也同時白熱化了隱藏於其後的、攸關族群智識的知識所有權問題。

---

6 「超級文化」一詞為本文所創，概念衍生自「文化的超級食物」，意謂具有不可或缺的重要性，故被賦予象徵意涵，而因此使其發展出強勁的傳播能力及文化生產性。

四　結論

　　阿美族是臺灣原住民族中最擅長食用野菜的族群，野菜採集亦是阿美族代表性的飲食文化實踐。當屬於特定族群的文化跨出族群疆域而成為創新資源，甚至衍生出商品化價值時，不同的利害關係人之間的競合關係為何？對原來的族群及整體社會的文化公共領域可能產生什麼影響？過去國內的研究較少討論。

　　本文以東臺灣阿美族野菜文化公共化的案例呈現具有「私佔性」的文化，在公共化過程中所衍生的論述競爭與合作關係。本研究欲從維護原住民文化的立場指出，特定族群文化的公共化並非皆能如本案例一般，發展成既能掌握文化主權，又能共用文化價值且具有公共對話能力的「超級文化」。本研究彙整東臺灣野菜個案經驗，認為其至少應具備四個必要條件：（一）族群人才的投入與串聯新價值的能力；（二）族群人才對商品化必要知識、技術與資金的掌握能力；（三）商品化過程中必要的族群智慧財產保護；（四）公私部門資源的挹注。而第三點是本研究在文末希望進一步強調的。

　　本文欲喚起注意的是，在現今農業工業化的生產模式下，品種改良的知識逐漸從生產社群轉移至研究社群（如農改場、農業試驗所），對生物研究社群而言，品種的特異性只存在於基因等生物特性之中，地區生產知識與文化屬性上的差異不在考量之列。而且無論是早期開始發展的農業改良機構，或是晚近的生物技術改良企業，其知識的建構皆來自於生物學的發展。因為生物學領域全球研究社群使用相同的語彙，甚至其分子資料庫也近乎全球無償共用，故而生物學的發展，使得植物相關知識得以跨越地區。而對農業推廣機構而言，其知識創新的資金來自國家，知識需求是對應整體社會而提出的，且其亦堅信透過科學產生知識的創新者具有知識權力（蕭崑杉、陳尚蓉，2002）。可想而知一旦原住民傳統農業知識進入生物相關的研究領域中，其知識流動與轉移將比在傳統生產社群中更無疆域性，也更無須考慮文化疆界，而變成只著重其工業化生產利益，甚至專利權的轉移亦無需顧慮原

住民族的文化權。

　　筆者認為，產業化的發展雖然有益於強化原住民的文化主體性，然而在商業市場上資本與通路的大小往往是決定生存空間的關鍵，特別是在技術社群也介入的場域，若不特別考慮技術與文化脈絡之間的關係，而放任自由的競爭，最後被邊緣化的經常是資本與技術薄弱的原住民事業體。另一方面，儘管 1993 年《生物多樣性公約》（CBD）即要求各國應對遺傳性資源暨傳統知識制訂法律，以保障其利益分配，但國內的《原住民族傳統生物多樣性知識保護條例》只聞樓梯響，不見佳人來。以致我國農政單位對植物品種權與生物技術專利權等相關政策，一直停留在模糊的空間。近年來，國家逐漸鼓勵農改場的角色由公益性質轉向營利與技轉，放長遠看，本研究建議未來仍應積極從法律層面檢討原住民族植物知識產權保護，避免商業壟斷，以保障族人的文化權。此外，也應積極鼓勵傳統知識再造，以及互惠互利的原漢合作，提升原住民文化活力及傳統知識的再生產力。

誌謝

　　本文初稿曾於 2018 年 10 月 20 日以〈東臺灣阿美族「野菜論」考〉為題，口頭發表於「臺東縣阿美族學學會 2018 Misafalo 第一屆阿美族學術研討會」，感謝科技部計畫 NSC 101-2410-H-134-028 及 MOST 106-2420-H-007-005-MY2 經費支持。衷心感謝阿美族友人吳雪月、徐妍花、蔡義昌、蘇秀蓮提供珍貴的民族植物知識；農改場研究員全中和、孫正華及長期研究阿美族野菜的故人黃啟瑞先生傾囊相授；友人李宣萱提供生物學領域之思辨。謝謝臺東大學張育銓教授，以及兩位匿名審查人提供修改建議。本文的靈感來自已故之阿美族哲人黃貴潮老師（1932-2019），感謝他相贈《阿美族生物觀》手稿及引領我走在學術的路上。2018 年研討會時，86 歲高齡且行動不便的他特來聆聽我的發表，師恩深重，僅以拙文表達追思之情。

參考文獻

Vandana Shiva（著），楊佳蓉、陳若盈（譯）（2009[1997]）。《生物剽竊：自然及知識的掠奪》。臺北：綠色陣線協會。

Slow Food（2019）。臺灣首屆「原住民大地之母（Indigenous Terra Madre Taiwan）」即將展開！。Slow Food，取自 https://reurl.cc/7r7Kr5（檢索日期：2021 年 6 月 23 日）

白心儀（2012）。〈花蓮養生的野菜鍋 青菜大口吃 她用力推廣〉。《臺灣 1001 個故事》，東森新聞臺，取自 https://www.youtube.com/watch?v=Liw_ffPAnbE（檢索日期：2021 年 3 月 1 日）

立法院（2019）。〈強化原住民族傳統知識保護之法制研析〉。立法院第十屆第三會期議題研析，取自 https://reurl.cc/yEvj58（檢索日期：2021 年 6 月 28 日）

全中和（2001）。〈花蓮地區原住民常用民俗植物簡述〉，《花蓮區農業專訊》36: 2-4。

全中和（2012）。〈海灘野菜 ── 番杏〉。《花蓮區農業專訊》80: 18-19。

全中和（2013）。〈耐水性佳的野菜 ── 糯米糰〉。《花蓮區農業專訊》86: 13-14。

全中和（2016）。〈適合連續採收之野菜栽培〉。《花蓮區農業專訊》95: 24-25。

吳雪月（1999）。〈吃草的民族 ── 阿美族飲食文化的認識〉。《中國飲食文化基金會會訊》5(2): 21-25。

吳雪月（2002）。《從交換到交易 ── 花蓮縣吉安鄉「黃昏市場」阿美族野菜區的民族誌研究》。慈濟大學人類學研究所碩士論文。

吳雪月（2006）。《臺灣新野菜主義》。臺北：天下文化。

張宏志、管正學、王建立（1998）。〈中國山野菜資源開發利用研究〉。《資源科學》20(2): 53-58。

林文玲（2012）。〈人類學學識、影像的展演／介入與公共化策略：民族誌影展在台灣〉。《文化研究》14: 53-100。

林文華（2015）。〈原民野菜 ── 西洋菜〉。《花蓮區農業專訊》93: 16-18。

林泰佑、張光華、張聖顯、施清田、葉育哲、黃鵬（2015）。〈花蓮區農業改良場原住民農產業輔導研發成果〉。《花蓮區農業專訊》93: 2-5。

帝瓦伊・撒耘（2005）。《阿美族群諺語》。臺北：德英國際。

胡家瑜（2004）。〈賽夏儀式食物與 Tatinii（先靈）記憶：從文化意象和感官經驗的關連談起〉。收錄於黃應貴（主編），《物與物質文化》（頁 171-210）。臺北：中央研究院民族學研究所。

翁秀琪（2008）。〈知識商品化浪潮下學術知識公共化的省思：以台灣的學術期刊出版爲例〉。《中華傳播學刊》14: 3-30。

張存薇（2010）。〈南部原住民野菜 健康新食潮〉。《自由時報》，取自 https://reurl.cc/En4vXn（檢索日期：2021 年 3 月 1 日）

黃貴潮（1998）。《阿美族飲食之美》。臺東：交通部觀光局東部海岸國家風景區管理處。

黃貴潮。《阿美族生物觀》。未出版手稿。

溫遂瑩（1962）。〈飼養與採集〉。收錄於李亦園等（編），《馬太鞍阿美族的物質文化》（頁 91-94）。臺北：中央研究院民族學研究所。

葉秀燕（2009）。〈從原「汁」原「味」到原「知」原「衛」：反思原住民風味餐／廳的文化社會意涵〉。《臺灣人文生態研究》11(1): 29-60。

臺灣總督府臨時臺灣舊慣調查會著，中央研究院民族學研究所（編譯）（2000〔1915〕）。《番族慣習調查報告書第二卷》。臺北：中央研究院民族學研究所。

劉嘉泰（2009）。〈部落野菜 保健養生的新選擇〉。《大紀元》，取自 https://reurl.cc/KA4oXm（檢索日期：2021 年 3 月 1 日）

蔡中涵（2015）。《蔡中涵大辭典》，取自 https://amis.moedict.tw/#:demedemetan（檢索日期：2021 年 3 月 1 日）

蕭崑杉、陳尚蓉（2002）。〈鄉村社區知識流動之論述〉。《農業推廣學報》19: 31-60。

木佐木哲朗（2008）。〈文化的卓越食物と料理・共食の文化〉。《縣立新潟女子短期大學研究紀要》45: 261-272。

小林正弥（2006）。〈公共哲學の概念 ── 原型、展開、そして未来〉。《千葉大學公共研究》2(4): 8-56。

Appadurai, A. & Breckenridge, C. A. (1988). Why public culture? *Public Culture* 1(1): 5-9.

Chang, Wei-Chi (2011). Rethinking resource identification and utilization: The reconstruction of indigenous ethnoecological knowledge in Fata'an Wetland. *Taiwan, Management of Environmental Quality: An International Journal* 22 (2): 187-199.

Pottier, Johan (2007). *Anthropology of Food: The Social Dynamics of Food Security* (1st published in 1999). Cambridge: Polity Press.

CHAPTER

「牡丹社事件」的頭骨返還
與原住民族文化政策

—— 胡川安 ——

國立中央大學中國文學系助理教授

「牡丹社事件」對臺灣帶來相當重大的影響，可說改變了這座島嶼的命運。但事件發生至今，已經將近一百五十年，對於一般人而言已不在記憶中。然而，2019 年，筆者擔任「牡丹社事件再造歷史場域」計畫的主持人，發現 1874 年 6 月「牡丹社事件」日本軍帶回日本的頭骨。當初日本軍帶走十二顆頭骨，大概全世界的人都認為這些頭顱找不到了，不是被埋藏就是被丟棄。透過團隊的努力，有四個牡丹社族人頭顱藏在愛丁堡大學博物館，讓人頭重見天日。2019 年 12 月底筆者與陳耀昌醫師、原民會的副主會鍾興華、回臺述職的愛丁堡總領事，還有總統府轉型正義小組代表一起商討頭骨返還事宜。2020 年歷經幾次與部落的商討，希望凝聚部落內部的共識，一起透過原民會，促成頭骨返還的事宜。

透過本篇論文筆者將梳理整個頭骨發現的過程，並且討論新史料的發現如何讓我們重新認識牡丹社事件？還有世界上是否有類似的案例，讓我們做為此次行動的參考？更進一步，如果能夠透過行動，藉由頭骨返還的過程，協助原住民族，還有政府單位的幫忙，是否可以成為原住民文化政策擬定的參考？

一　前言

文化部為落實「厚植文化力，帶動文化參與」之核心理念，打破過去單點、單棟的、個案式的文化資產保存，提出以「再造歷史現場」為「重大公共建設投資計畫」，透過結合文化資產保存與地方空間治理，整合地方文史、文化科技，並跨域結合各部會發展計畫或各地方政府整體計畫，重新「連結與再現土地與人民的歷史記憶」、「深化社區營造，發揚生活『所在』的在地文化」、「以提升文化內涵來提振文化經濟」，建立從中央到地方的文化保存整體政策，落實文化保存於民眾生活。

屏東縣的族群深具多元性，自 18 世紀初期開始，漢人自中國福建、廣東遷移至屏東拓墾。於此之前，屏東平原已經有平埔族原住民活動，大武山脈則有排灣族、魯凱族等原住民族。1874 年，恆春半島爆發一系列涉外事件，促使清帝國一改長久以來消極經營臺灣的政策，將長久被視為「化外之地」、自成一方天地的恆春半島設縣治理，並建造以軍事防禦功能為主的恆春城。

2019-2020 年筆者主持「牡丹社事件再造歷史場域」計畫，以 19 世紀臺灣重要涉外事件「羅妹號事件」與「牡丹社事件」為主，透過歷史研究及場域調查，分析與此歷史事件相關之有形及無形自然、歷史、文化、產業等資源，研擬「羅妹號事件」與「牡丹社事件」歷史範圍及歷史場域點之再造方案，修護並活化歷史場域風貌，再現歷史記憶。

「牡丹社事件」對臺灣帶來相當重大的影響，可說改變了這座島嶼的命運。但事件發生至今，已經超過一百四十年以上，對於一般人而言不僅難以存在其記憶中，甚至歷史課本上對於此重大歷史事件的敘述亦是簡單帶過，更遑論提及之前「羅妹號事件」以及之後「獅頭社事件」。屏東縣文化資產保護所經過盤整、考證等相關工作後，發覺對於本案之相關的場域或事件客觀的理解，都需要進一步的釐清及修護。遂以歷史場域再造精神為核心理念，讓淹沒於歷史洪流中場域空間再現並客觀的還原事件真相，讓發生在臺灣島上關鍵的歷史能被清楚解讀，使得臺灣文化的主體性得以彰顯。

1874 年 5 月及 6 月，日本軍和牡丹社激戰，雙方都有人被砍下頭顱。當初日軍帶走了十二顆牡丹社族人的人頭，據傳有頭目阿祿骨的人頭。透過「牡丹再造歷史場域」計畫，筆者和團隊成員找到了四顆頭骨，目前藏在愛丁堡大學博物館（Anatomical Museum, The University of Edinburgh）。發現的過程是找到了 Dr. Stuart Eldridge 1877 年在日本發表的論文及 Dr. William Turner 在 1907 年發表的論文，其中詳細記載了頭骨流傳的經過。後經團隊成員向愛丁堡大學博物館致信詢問，得到證實。臺灣駐愛丁堡總領事經由原民住民族委員會（以下簡稱原民會）告知，

前往愛丁堡大學博物館，證實了該大學的解剖學博物館仍然保存了這四顆頭顱。2019 年 11 月透過「牡丹歷史場域再造計畫」的經費，屏東縣政府召開「南國與萬國的交會：全球視野下的羅妹號、牡丹社事件與 19 世紀琅嶠地方社會」國際研討會。牡丹人頭顱在愛丁堡的訊息，透過公開發表，還有前《朝日新聞》記者野島剛的報導，造成一連串的迴響。[1] 2019 年 12 月底筆者與陳耀昌醫師、原民會的副主任委員鍾興華、回臺述職的愛丁堡總領事，還有總統府轉型正義小組代表一起商討頭骨返還事宜。[2]

接下來筆者就人頭的發現，還有對於正在進行中的頭骨返還相關文化政策做探討。

二　頭骨追還事件背景

執行「歷史場域再造計畫」時，透過向愛丁堡大學解剖博物館（The University of Edinburgh Anatomical Museum）接洽，確定館藏中確實有四具頭骨，但館方所掌握的相關資訊極少，不過已經可以證實是來自牡丹社事件。博物館資料庫中所記錄的資訊如下：

四顆人頭由美國海軍軍官在牡丹和日本人的戰場上收集，其後交給 Stuart Eldridge 醫師，接著再交給 John Anderson 醫師（皇家學會院士）。後來 William Turner 爵士（解剖學教授）在《愛丁堡皇家學會會刊》（*Transactions of the Royal Society of Edinburgh*）Vol. XLV pt III 有提及。

1　野島剛（2019）。〈野島剛專欄：飄洋過海到英國的原住民頭顱與牡丹社事件〉。《蘋果日報・蘋評理》，取自 https://tw.appledaily.com/forum/20191128/OQ6TJA6ZBWQ3EULF5BGEYEIXYM/

2　陳耀昌、胡川安（2020）。〈漂泊 145 年的牡丹社四頭顱能回家嗎？〉。《思想坦克》，取自 https://www.voicettank.org/single-post/2020/05/22/052204

The four skulls were collected on a battlefield between the Botans and Japanese by an American naval officer who presented them to Dr Stuart Eldridge by whom they were presented to Dr John Anderson (FRS). Described by Sir William Turner (Professor of Anatomy) in the *Transactions of the Royal Society, Edinburgh* Vol. XLV pt III

換言之，可以確知的是，這個頭骨是由 Stuart Eldridge 轉交給 John Anderson，而進入館內。館方亦向臺灣學者表示，可出借頭顱展覽，但一般須在六到十二個月前提出計畫申請，以便後續安排。臺灣學者進一步透過文獻查考，希望釐清頭骨從牡丹社事件一路流轉，最終抵達愛丁堡的過程。所能掌握的文獻極為零碎，其中提及這四具頭骨的資料有二：

1. **Eldridge, Stuart (1877).** Notes on the crania of the Botans of Formosa. *Transactions of the Asiatic Society of Japan* 5(1): 158-169

2. **Turner, William (1907).** A contribution to the craniology of the natives of Borneo, the Malays, the natives of Formosa, and the Tibetans. *Transactions of the Royal Society of Edinburgh* 45(3): 781-818

第二篇文章即愛丁堡大學解剖博物館館藏資料中所提及的文章。透過這兩篇文章、搭配相關的文獻，從中可以拼湊出頭骨流傳之大致過程。

目前沒有看到任何文獻明確講出是誰把這個四個頭骨給 Stuart Eldridge，文獻中僅宣稱是美國軍官。當時隨日軍赴臺灣的美國人主要有 Douglas Cassel、James Wasson 與一名美籍翻譯。William Turner 稱這四具頭骨是由一名跟隨日軍前往臺灣的海軍軍官（American naval officer）所蒐集，若他所掌握的資訊正確，則此人很可能是任職於海軍

的 Douglas Cassel。[3] 不過，依照相關資料研判，此人也可能是 James Wasson，因為 Stuart Eldridge 曾經在北海道的開拓使任職，擔任醫師，而 Wasson 在牡丹社事件前也是派駐在北海道工作，雙方可能因此結識。[4] Wasson 在日本時，主要工作是測量跟機械工程，不過他也曾參與南北戰爭，而且赴臺時也是軍官的角色。

Stuart Eldridge 是這個事件中的關鍵人物，他在 1877 年所寫的報告，也是關於這四具頭骨最早的文獻，文中並附有頭骨的照片。（如下）

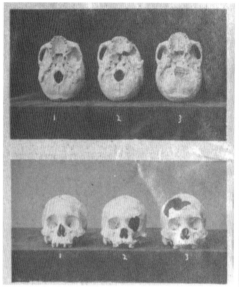
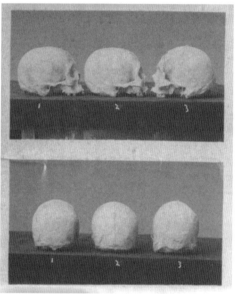

3 Roger D. Cunningham, "Conspicuous Ornament: The Short, Eventful Life of Lt. Cdr. Douglas R. Cassel, U.S.N," *Journal of America's Military* Past 30.3 (Winter 2004-2005), 17-26.

4 Roger D. Cunningham, 'Recreant to His Trust:' the Disappointing Career of Major James R. Was-son. *Army History* 60 (Winter-Spring 2004) Wasson 也曾留下一篇關於牡丹社事件的重要文獻：James R. Wasson, "Report from James R. Wasson to Okuma Shigenobu," *Foreign Adventurers and the Abrigines of Southern Taiwan, 1867-1874.* 另見 Robert Eskildsen (2010). An Army as Good and Efficient as Any in the World: James Wasson and Japan's 1874 Expedition to Taiwan. *Asian Cultural Studies* 36.

　　Eldridge 出生於 1843 年，畢業於喬治城大學，獲得醫學學位，而後曾留校任教。1871 年，他以醫生身分，跟著美國傳教士到了日本橫濱，並開始行醫。隔年他被日本政府任命為北海道開拓使的總醫師，往後便一直在日本工作，直到 1901 年於橫濱逝世。他在日本擔任過許多不同的職位，為日本現代醫學發展貢獻良多，也接受明治天皇贈勳。不過目前並未看到他曾經造訪臺灣的證據。[5] 他在北海道期間所留下的書信被整理為《御雇醫師エルドリッジの手紙》一書。[6]

　　另一個關鍵人物 John Anderson（1833-1900），早年在愛丁堡大學研讀動物學與醫學，1862 年獲得醫學博士學位，1864 年赴印度，並在當地設立博物館，館內收藏主要來自「孟加拉亞洲學會」（Asiatic Society of Bengal）。而後他也曾經率領團隊前往中國西南和緬甸等地，進行田野調查。換言之 Anderson 對於收藏亞洲文物一直都有相當興趣，這可能是 Eldridge 會將頭骨交給他的原因之一。Anderson 在 1879 年入選英國皇家院士。[7]

　　至於撰寫另一篇頭骨研究論文的 William Turner，則是愛丁堡大學解剖學教授，也是「解剖學與生理學期家人類學檔案」（National Anthropological Archives）也有收藏來自 Stuart Eldridge 臺灣頭骨的照片。[8]

5　Eldridge 的曾孫為他整理了詳細的生平資料 http://www.henrytegner.com/stu-eld.htm

6　大西泰久編著，《御雇医師エルドリッジの手紙：開拓使外科医長の生涯》（札幌：みやま書房，1981）。

7　D. T. Moore, Anderson, John (1833-1900). *Oxford Dictionary of National Biography* (Oxford: Oxford University Press, 2004), https://doi.org/10.1093/ref:odnb/489(accessed May 3, 2006)

8　Dr. Stuart Eldridge photograph collection of skulls from Taiwan and the Philippines, circa 1877-1881 (https://sova.si.edu//record/NAA.PhotoLot.6B)(accessed May 3, 2006)

　　牡丹四顆人頭發現後，除了在牡丹族人之間引發熱議，也受到中央的原民會高度注意。透過 2019 年 12 月 27 日所召開的「愛丁堡大學返還我原住民遺骨諮商會議」決議：

(一) 本案涉及原民會、文化部、文資局、屏東縣政府和牡丹鄉公所等各級單位，且須提報文化部合作平臺會議協商；請外交部駐蘇格蘭辦事處先洽愛丁堡大學申請返還是否有相關文件或格式可供參考。

(二) 牡丹社事件涉及部落為牡丹部落及高士部落，返還程序及後續處理涉及部落傳統慣習，須以族人意見為依歸。[9]

　　2020 年 4 月原民會主任委員夷將·拔路兒在立法院報告時指出，與文化部召開會議討論返還事宜，共同研商後續辦理步驟與方式。然而，牡丹族人雖然欣喜知道這個消息，但部落當中擔心人骨的真實性，希望先在英國做頭骨的 DNA 測試，然後再跟當下的部落成員做 DNA 比對，確認頭骨確為族人的祖先，再行迎回。[10] 透過原住民立法委員伍麗華 2020 年 5 月 1 日召開第一次協調會，決議請原民會協助牡丹鄉公所於兩個月內召開部落會議以組成跨部落委員會，並提供委員會成員名單供伍委員參考外，同時討論是否遺骨要先在愛丁堡當地完成 DNA 鑑定，若屬實確定為牡丹社族人遺骨後，再討論迎回臺之後續作業。

　　召開第二次協調會議之前，原民會副主任委員鍾興華覺得有必要在專業的層面先行討論，再召開第二次的協調會，於是，會同排灣族的族群委員古英勇、筆者、關心原住民的醫師作家陳耀昌（國立臺灣大醫學院退休教授、國立臺灣大學法醫學研究所創所所長）、臺大法醫所的李俊億教授先行於原民會開會前會，嘗試解除族人的疑慮。

9　原住民族委員會內部會議。

10　楊綿傑（2020）。〈愛丁堡大學藏牡丹社事件原民頭骨原民會：校方有意願返還〉。《自由時報·生活》，取自 https://news.ltn.com.tw/news/life/breakingnews/3142163

　　會前會中陳耀昌醫師指出，四顆牡丹頭顱即使沒有確認 DNA，也可以證實和臺灣的歷史有高度連結。不論 DNA 檢測為何，都值得迎回臺灣之後再進行 DNA 鑑測。會中筆者主張從愛丁堡大學的前校長，也是解剖學教授的 William Tuner 的醫學論文中，已經是透過專業證實此四顆人頭與牡丹人之間的連結，如果族人有疑慮，我們可以採取兩階段式的迎回程序。第一階段先由部落授權原民會，以政府的立場向愛丁堡大學校方提出返還頭骨的程序。按照國際最近的慣例，返還先民遺骨是重要趨勢，應該不會有太大的困難。相關的例子，筆者將在下一節討論。第二階段，頭骨迎回臺灣之後，可以先暫厝在博物館中，然後採集頭骨的 DNA，再跟當下的族人做比對。如果可以找得到頭骨的後代，由後代家屬決定人頭的處置方式。如果無法證實與當下牡丹族人的關係，這四顆人頭也與臺灣的歷史密切相關，應該委由博物館做相關的典藏，讓臺灣人知道牡丹社事件的意義。[11]

　　關於 DNA 的鑑測，參與會前會的國立臺灣大學法醫學研究所的李俊億教授指出，從四顆頭骨上可以採集到 DNA。然而，如果在英國當地採集頭骨的 DNA 會相當昂貴，而且愛丁堡大學校方不一定會同意。如果人骨返還後，在臺灣進行鑑測。原民會以公函請求臺大法醫所協助，僅會用材料費加以計算，成本會降低很多。

　　經過會前會的專家討論，2020 年 8 月 12 日在牡丹鄉公所的會議室，部落代表一同與專家商討牡丹人頭返還的事宜。當日由筆者、陳耀昌醫師和李俊億教授做專題報告。會議中確認成立「愛丁堡返還原住民遺骨計畫工作推動小組」，討論事項分為兩項：

(一) **案由一**：是否同意由工作推動小組授權原民會辦理後續與愛丁堡大學返還相關事宜。

(二) **案由二**：針對牡丹社事件遺骨後續返還工作事項之推動，提請討論。

---

11 原住民族委員會內部會議。

案由一工作推動小組授權原民會辦理後續與愛丁堡大學洽談返還事宜。案由二，現場的工作小組希望原民會在 2020 年年底前能夠提出遺骨返還計畫，計畫內容必須包含「遺骨參訪及返還洽談之規劃」、「遺骨返還後 DNA 鑑測執行方式與內容」及「鑑測結果之因應措施」。

後續的計畫，2020 年 11 月原民會委託筆者進行撰寫「愛丁堡返還原住民遺骨工作項目撰述計畫」，希望透過相關的規劃，使存放於愛丁堡大學博物館的牡丹社事件遺骨能返回臺灣，並且妥善安置，以落實原住民族歷史正義，此案同時成為原住民族歷史的重大關鍵議題。臺灣在 1970 年代，有將原民遺骨返還部落的案子，當時國立臺灣大學人類學研究所將所收藏的「霧社事件」領袖莫那・魯道的遺骨返還部落，歸葬於霧社事件紀念碑旁。然而，國際返還遺骨的案例在臺灣仍未有過。

下一節我們將討論目前國際返還的一些案例，這將有助於我們理解後續在原住民文化政策的重大意義。

三　從世界各國返還遺骨經驗發展與分析

愛丁堡大學博物館收集了來自全世界不同民族和人種的頭骨，為什麼他們會將人類的遺骨做為收藏，並且進行科學實證的測量和解剖呢？本段落將進行歷史分析，加以釐清收集人類遺骨的不同階段。第一階段為 19 世紀前期顱骨學發展階段；第二階段為 19 世紀到第二次世界大戰之後的發展；第三階段為當代（1990 年之後）反思人類遺骨與收藏的問題。19 世紀前期顱骨學（Craniology）是用來做為頭骨測量的學問。在學科的演進過程裡，發展出了六百種的測量工具和流傳下來大量的資料。[12] 顱骨學透過頭顱的

---

12 姜可佑、涂豐恩（2020）。〈從南國到萬國──牡丹社事件與十九世紀人類學知識的全球交流〉。收錄於《「南國與萬國的交會」國際學術研討會論文集》）（頁 241-302）。屏東：屏東縣政府。

大小，還有長度和寬度的比例，並且分化出各式各樣的頭型標準來說明種族差異與智力上的不同。

我們對於其他族群的理解往往透過身體、服飾和習俗來解釋彼此的不同，在很多歷史悠久的文明中都可以看到相關的記載。但是，現代西方文明對於亞洲與非洲的征服與殖民，建立在優越感的基礎上，並且發展出「種族」的概念。透過人種的差異可以解釋歐洲人為什麼先天上優於其他的人種。[13] 從戴麗娟的研究可以知道，當時的「人類科學」藍圖包含解剖學、生理學、生物學、考古學等不同的學科，透過外在的形貌的測量、調查和分析，分類出了不同的人種。[14]

從涂豐恩和姜可祐的研究中指出，19 世紀的人種學可以放在兩個脈絡中進行考察。第一個脈絡首重「異族」、「原始」人種的概念，在西方世界是如何從寰宇獵奇成為一種科學事實；另一個脈絡則側重 19 世紀歐美自然史領域知識生產與實作如何可能。以前者著重「原始」人種在西方社會文化中呈現的質變為主，屬於一種歷時性的思考；同時也輔以後者探討自然史操作面上表現出來的結構性基礎和特徵，兼及一種共時性的思考。以期兩者將所涉及的種種面向，視為一環環相扣、交引纏繞的整體來看待。[15] 在這樣的學術脈絡中，我們知道在西方人種學的知識基礎下，同時在殖民主義的背景中，為什麼牡丹戰場上日軍所帶走的人頭，會輾轉流落到愛丁堡大學博物館。關於顱骨學、人類學和帝國主義的討論，涂豐恩和姜可祐的文章有更為細緻的分析。

---

13 戴麗娟（2004）。〈馬戲團、解剖室、博物館 —— 黑色維納斯在法蘭西帝國〉。《台灣社會研究季刊》54: 188。

14 戴麗娟（2004）。〈馬戲團、解剖室、博物館 —— 黑色維納斯在法蘭西帝國〉。《台灣社會研究季刊》54: 188。

15 姜可祐、涂豐恩（2020）。〈從南國到萬國 —— 牡丹社事件與十九世紀人類學知識的全球交流〉。收錄於《「南國與萬國的交會」國際學術研討會論文集》（頁 241-302）。屏東：屏東縣政府。

　　以第二階段 19 世紀後期到第二次世界大戰之後而言，我們可以舉鄰近日本的例子。日本政府在 1928-29 年間，由當時京都大學助教授金關丈夫所主持的「百按司墓」發掘調查。金關丈夫將遺骨寄贈京都帝國大學 26 具、臺北帝國大學 33 具。拿走遺骨一事，得到警察與行政機關的許可，但親族團體、當地居民並不知情。其中也有琉球人協助發覺與調查。京都帝國大學清野謙次教授與學生三宅宗悅在 1933-34 年間於奄美大島、沖繩島等地蒐集 160 具遺骨；1935 年三宅與中山英司於喜界島、德之島等地蒐集 150 多具遺骨。這些遺骨以「清野收藏品」（清野コレクション）為名收藏於京都大學。「清野收藏品」共約有 1,400 具遺骨，其中沖繩島的 72 具以及奄美大島 263 具遺骨做為人骨標本並列冊。除了琉球人遺骨以外，京都大學仍保有愛奴、中國、朝鮮半島、俄羅斯、東南亞、南美等地人類遺骨，象徵著日本帝國的掠奪性格。[16]

　　除此之外，北海道大學（以下簡稱北大）到 1970 年代為止，都在進行愛奴人遺骨的發掘工作。1980 年身為愛奴民族的海馬沢博向北大提出公開質詢書，要求公開遺骨相關情報。1984 年，應北海道ウタリ協會的要求於北大設立愛奴納骨堂，其後日本政府開始正視這個問題，提出方案解決。

　　第三階段 1990 年之後進入到反思人類遺骨收藏與研究的問題。1990 年美國制定《美國原住民墓葬保護與歸還法》（*Native American Graves Protection and Repatriation Act*, NAGPRA），以北美洲、阿拉斯加、夏威夷的原住民為對象，規定接受聯邦政府補助金的博物館與研究機關，應將所蒐集之相關遺骨及陪葬品歸還這些原住民。違法進行遺骨買賣及輸送者處以罰款，由聯邦政府補助歸還遺骨的費用。美國政府制定相關法律的原因在於彌補「西部開拓」的過程中，以「科學研究」而正當化歧視、排

---

16 松島泰勝（2019）。《大学による盗骨：研究利用され続ける琉球人・アイヌ》。東京：耕文社。

除原住民族的行為。美國最大的史密森尼美國藝術博物館（Smithsonian American Art Museum）至 2010 年年底為止，一共歸還 4,330 具遺骨（佔全體藏品的 3/4），995,550 件陪葬品（佔全體藏品的一半）。美國政府的法律和行動，與 2007 年聯合國制定的《關於原住民族權利之國際聯合宣言》精神相符合，當中第 12 條將「宗教傳統與習慣權利、遺骨返還」等明文化。「原住民族擁有表現、實踐、發展、教育自身精神與宗教傳統的權利；擁有維持、保護，並且私下進入這些宗教、文化遺跡的權利」、「國家應致力於與有關的原住民族合作，透過具公平且透明效果的措施，將儀式用具及遺骨的返還變為可能」。[17]

　　南非總統尼爾遜・曼德拉（Nelson Mandela）在 1995 年要求法國大使館歸還莎拉・伯特曼（Sarah Bertmann）（1789-1815）的遺體。19 世紀初期這位非洲女性的遺體成為歐洲博物館展示的對象，並且引發熱烈的討論。戴麗娟曾經指出展示背後的學術氛圍和社會意涵，可以分為兩個部分：其一是性別差異和女性性慾的問題；其二則是人類在自然世界中的位置、人／獸劃界以及人種分類的問題。至於性別歧視的問題，基於當時學界有從器官外在形貌探索內在功能的傾向，霍騰托人（Hottentot）女性特殊的性器官外型，引起學者對其功能上的好奇。而這背後還涉及女性性慾問題，霍騰托女性性器官的特殊形狀，被認為是一種行為放蕩的傾向或結果在生物器官上的體現，甚至是她們接近動物性的一種證據。[18] 透過南非官方的要求，在 2002 年返回故鄉。

---

17 National Park Service. 2006. "National American Graves Protection and Repatriation Act, 25 U.S.C. 3001 et seq (Nov/ 16, 1990)." In http://www.nps.gov/history/local-law/FHPL_NAGPRA.pdf.Latest update 20 May 2018.

18 戴麗娟（2004）。〈馬戲團、解剖室、博物館——黑色維納斯在法蘭西帝國〉。《台灣社會研究季刊》54: 186-187。

　　日本從學界到原住民族也熱烈討論遺骨返還的問題，其中浮上檯面的就是北海道愛奴遺骨返還，還有琉球人的遺骨返還。根據 2017 年 4 月文部科學省所發布的調查，可確定為愛奴民族的完整個體遺骨 1,676 具（藏在北海道大學有 1,015 具），無法確定的有 382 箱，以上保存於全國 12 所大學內。日本政府的愛奴遺骨歸還方針，可以從 2012 年公布之「民族共生象徵空間」的構想中看見，目標於 2020 年完成於北海道白老町設立存放愛奴遺骨的慰靈設施、國立博物館、體驗交流設施等。過往盜掘遺骨的大學不用道歉，但應協助將遺骨集中存放於國立設施當中。相關辦法也規定可從該設施中取出遺骨進行 DNA 分析等研究，政府認可確認個人身分的遺骨，可交還做為「祭祀承継者」的愛奴民族。[19]

　　有學者指出，將全愛奴人遺骨的 99% 集中保存於「民族共生象徵空間」中，這是基於大和民族「家制度」的方法，可以說是新的同化政策。愛奴人對於日本政府的做法並不認同，他們希望日本政府公開情報，而且要求遺骨返還回部落。愛奴人陸續針對北海道大學進行返還遺骨的司法訴訟，訴求將遺骨歸還愛奴人的部落。2016 年 7 月日本政府和愛奴的代表們首次達成訴訟和解，將 1934-35 年間，北海道大學兒玉作左衛門教授從浦幌町的墓地取出的愛奴人遺骨 63 具，以及人數不明遺骨 82 箱，訴訟和解後進行歸還與再葬。愛奴人不僅透過訴訟展開遺骨返還的運動，學界對於運動也加以支持。北海道愛奴協會、日本人類學會和日本考古學協會 2017 年共同提出告訴，其中指出蒐集愛奴民族遺骨一事是殖民地主義下所進行的學術或政治研究。報告並且充分理解到嚴守愛奴人遺骨及陪葬品的尊嚴，及實行慰靈及歸還等，是優先於學術研究的。[20]

---

19 黃之棟（2018）。〈原住民族的遺骨怎麼還？ —— 以日本愛奴遺骨返還政策為檢討核心〉。《臺灣民主季刊》15(4): 57-94。

20 松島泰勝（2019）。《大学による盗骨：研究利用され続ける琉球人・アイヌ》。東京：耕文社。

　　除了愛奴的遺骨歸還問題，針對京都大學收藏琉球遺骨，龍谷大學的松島泰勝提出強烈的批評，指出京都大學為「學術知識殖民地主義」。京都大學甚至以「基於體質人類學的專門知識」做為可以實際看到遺骨的條件。但在這個情況下，對於「專門性」做恣意的解釋是有可能的，對於「專門的知識與能力」也沒有明確的規定與定義，變成京都大學拒絕外人實際看到遺骨的藉口而已。而且也存在著為何只有專家才允許實際看到的問題。從京都大學對歸還遺骨的態度來看，松島泰勝指出他們明顯對於琉球人遺骨是抱著「絕對的所有意識」。但這些遺骨原本就不是京都大學的所有物，而是琉球人的。究明真理，並將之歸還社會是大學的責任義務。竊盜遺骨是犯罪，而不面對這些事實，還持續隱匿贓物者則是共犯。對於研究對象與自己研究成果的欲望，以及指導教授的忠誠心，可說是藉由大學保管遺骨的動機。這樣的研究者的心態，明顯表示出對於琉球人信仰與習俗的缺乏敬意，也可說是對於琉球人自尊心的攻擊。京都大學拒絕遺骨有關的詢問，意味著不將琉球人放在有對話可能的平等地位上，可說是歧視琉球人。與無視琉球人訴求，強行建立美軍基地的問題是共通的。遺骨歸還問題與琉球人意識有深刻的聯繫，琉球獨立論者也主張歸還遺骨。遺骨問題將琉球的過去呈現在現在，也與脫殖民地化的琉球人未來直接連結。

　　學問與知識的產生如果優於人權，就是殖民地主義發生之時。無視琉球人人權，視近代學問知識與所有權為優先、絕對的大學與研究者們，與守護自己生活、信仰、權利的琉球人是對立的，這就是殖民者與被殖民者的支配關係。透過遺骨返還的行為，對於這些前殖民地獨立後的脫殖民地化運動而言，有相當重要的意義。返還原住民族在帝國主義影響下所蒐羅的人類遺骨，為當前世界的趨勢。牡丹人頭為臺灣第一件跨國返還的案例，引起國內各界的注意，做為「愛丁堡返還原住民遺骨工作項目撰述計畫」撰寫者，以下的想法可以提供當前臺灣原住民族文化政策思考。

四　當前臺灣原住民族文化政策的思考

從前述的討論中，這一節我們針對未來牡丹人頭骨返還的相關問題，思考當前原住民族的文化政策，從《聯合國原住民族權利宣言》中可以清楚見到：

（一）原住民族有權展示、從事、發展及傳授其精神與宗教傳統、習俗及典禮祭儀；有權維持、保護及不受干擾地使用其宗教性及文化性場所；有權使用及控制典禮祭儀物品；並有權要求返還遺骸。

（二）國家應透過其與原住民族共同形成之公平、透明及有效機制，確保原住民族得使用目前為國家所持有的典禮祭儀物品、遺骸，或將該典禮祭儀物品、遺骸返還。[21]

國際的主流很明確主張頭骨應該返還，原住民族委員會在此積極地促成中央各部會的協調與合作，同時和地方的族人協調。然而，返還遺骨由於牽涉到與愛丁堡大學的交涉。經由愛丁堡總領事諮詢愛丁堡大學校方，愛丁堡大學校方指出申請返還無相關文件或格式限制，為須滿足兩項條件：

（一）須由可正式代表牡丹社群（部落）之單位提出，並可透過我國政府相關單位撰擬及轉致。

（二）應盡可能提供完整之遺骨及遺族等相關人士姓名、事涉地點及佐證資料。

返還申請文件送達後，須經校務委員會討論。

---

21 轉引自黃之棟（2018）。〈原住民族的遺骨怎麼還？ ── 以日本愛奴遺骨返還政策為檢討核心〉。《臺灣民主季刊》15(4): 69。

從前述 William Turner 的論文中，可以清楚的知道四顆人頭從臺灣的牡丹社戰場帶出去，但戰場上的四顆人頭是否為現在牡丹族人的祖先呢？遺骨帶回臺後，是否能證實愛丁堡大學博物館的四顆人頭是否與當下牡丹族人之間的關係，成為此案最大的關鍵。

除此之外，從黃之棟的研究中指出，原住民族的祖先遺骸與當代部落族人間的對應關係是相當複雜的議題。尤其是牡丹社事件距離現在已經將近一百五十年，族群遷徙和通婚讓親緣關係更加難以證實，也讓 DNA 的鑑定容易產生困難。黃之棟指出：「『祖先』除了親緣、親屬上的意義之外，還牽涉到部落認同、情感連結、文字傳承等面向。美國的 NAGPRA 在立法的過程裡，不僅強調科學的證據，也強調文化意涵的族群認同。」**22**

遺骨的返還還牽涉到牡丹社事件的歷史與文化意涵，因此相關社群的意見也很重要。此案的相關族群並非一同質團體，應以遺骨所涉及的群體，像是如部落、家族等為主體。行政機關、典藏單位與學界都宜擔任諮詢的角色，促成遺骸所屬家族、部落、族群在充分的訊息下，自行做出遺骸安置的安排。遺骸返還是一倫理與歷史正義的議題，務必要積極支持可能耗時長久的討論與多方協調。除此之外，因為此次歸還牽涉到國際的高度，遺骨本身會成為一種文化資源，除了牽涉到歸還的倫理外，也會涉及到各方政治與經濟的角力。尤其牡丹社事件是首例，更應該與部落密切的討論。

由此案的推動過程，我們可以見到由文化部推動的「歷史場域再造計畫」，由專業的團隊加以執行時，間接性的發現牡丹人頭。後續的公眾討論主要分為三個部分：

---

22 黃之棟（2019）。〈帶祖先回家的法律？美國原住民族墓葬保護暨返還法的困境與啟示〉。《政治科學論叢》79: 69-98。

(一) 國際研討會所延伸出的學術討論。2019 年 11 月 23 日筆者做為計畫協同主持人所召開的「南國與萬國的交會：全球視野下的羅妹號、牡丹社事件與十九世紀琅𤩝地方社會」國際研討會，公開了牡丹人頭的消息，會場上學者和參與的一般民眾討論相當熱烈；[23]

(二) 媒體所帶動的討論。除了在學術場合公開新的材料，記者野島剛、陳耀昌醫師與筆者在公共媒體上也撰寫文章，引起了不少報導。報導之後，在部落產生相當多的聲音，2020 年 6 月原住民族電視臺專訪筆者，討論牡丹人頭發現的意義；[24]

(三)「撰述計畫」案執行與部落族人的討論，原民會委託筆者執行「愛丁堡返還原住民遺骨工作項目撰述計畫」。執行期間，筆者與立法委員伍麗華、牡丹鄉長、牡丹代表會主席、各部落頭目等進行座談會，具體瞭解部落的聲音與族人對於此事的看法。牡丹社的頭目在會議上具體表示：「如果能讓我們的祖先回家，族人應該會很高興吧！」牡丹人頭的返還雖然是個案，然而此案為臺灣第一例國際返還原住民頭骨的案例，所以引起的注意與公共參與會比其他案例更具影響力。

　　未來隨著規劃的三年計畫展開，所牽涉到的公共參與更大。除了中央部會的彼此協調，還會牽涉到頭骨返還後的暫厝地點和執行 DNA 鑑測的方式。後續也會推動「牡丹社事件 150 週年國際研討會」和紀念碑的設置。紀念碑的設置由於關乎地方建設，鄉長和代表會主席特別關心此事。加以牽涉到預算的編列，還有中央與地方級民意代表爭取相關建設時的政績，都會讓返還人頭的過程產生權力與資源上競逐，此為後續計畫擬定與執行時可以仔細觀察的面向。除此之外，原住民族和一般大眾勢必會對頭骨返還產生

---

23 請參見註腳 1 和 2。

24 請參見原觀點部落瞭望台第 85 集 https://www.youtube.com/watch?v=5lz5yAntGwg

莫大的興趣，近幾年來由於本土語言和歷史的推動，加上大量原住民歷史事件的小說出版，翻拍成影視，像是《斯卡羅》所引起的熱潮，頭骨返還會讓當地的原住民、鄉公所、鄉民代表會、縣政府和原住民族委員，還有一般大眾的討論間，產生大量的意見與溝通。參與者溝通的過程中是否符合公共領域的「理想的言說情境」，或陷入不相等的權力關係所形成的暴力，最終是否形成共識而讓公部門的決策有所改變，是後續可以觀察的要點。

　　透過此案，可以思考是否要用立法的方式推動相關的法律？或是用個案的方式，傾聽部落的聲音之後，詳細的爬梳歷史資料，然後以各方可以認同的方式進行。就筆者目前的觀點，1990 年《美國原住民族墓葬保護暨返還法》進一步擴及至所有受到聯邦資助之機構、博物館與文學，對於原住民族文物返還制定更詳盡之法定程序。[25] 而我國的《文化資產保存法》、《原住民族文化資產處理辦法》、《博物館法》與《原住民族傳統智慧創作保護條例》等，皆未對原住民族文物或考古遺址出土人體遺骸返還議題追索途徑、歸還程序及典藏原則有所規範。未來或可參照上述國際法與美國等國相關法律，制定相關法規。尚未立法之前，經查屬文化資產身分者，依個案性質評估檢視現行《文化資產保存法》及《博物館法》有關規定辦理，倘有不足之處，再啟動訂定注意事項或辦法等修法程序；非屬文化資產身分者，回歸各目的事業主管機關辦理。

---

25 參見黃之棟（2019）。〈帶祖先回家的法律？美國原住民族墓葬保護暨返還法的困境與啟示〉，《政治科學論叢》79: 69-98。

五 結論

　　人骨是近百年來人類學者收藏研究的目標，許多人類學者和博物館都有涉及人頭的收藏。目前國際的共識很明顯建議要尊重原住民族自身對人體、遺骸、死亡方式等的概念與後續歸葬或其他處置的意願。臺灣的《文化資產保存法》並無涉及到此一層面，在筆者之後提案給原民會的報告中，考量到此議題牽涉性廣，議題需要漫長的時間去滾動，讓更多豐富的討論可以在返還過程中加以討論。

　　目前此案仍在進行中，筆者認為此案的核心原則與精神是在尊重牡丹人群的傳統與意願下，透過筆者做為中介者，媒合牡丹人和中央的原住民族委員會，還有相關的行政機關、典藏單位與學界都宜擔任諮詢的角色，在充分的訊息下建立起良性的協商與溝通平臺，讓遺骨可以做出妥善的安排。遺骨的返還牽涉到倫理與歷史正義的議題，未來除了與牡丹人，還會諮詢體質人類學者、博物館學者、歷史學者和政策制定者，讓此案成為臺灣推動國際遺骨返還的重要案例。透過此案，後續在原住民文化政策的推動上，應該思索其對頭骨和遺骸等與漢人有不同的思考。政策的推動者和法規的制訂時，都要考量特殊的文化和認同。目前國內還有不少典藏單位擁有原民遺骨，透過牡丹人頭的歸還，後續或許會引起更多的討論，透過政府與公共參與，彙整更多的意見，以為後續法規和政治訂定時的參考。

參考文獻

又吉盛清（1997）。《日本殖民下的臺灣與沖繩》。臺北：前衛。

大西泰久（編著）（1981）。《御雇醫師エルドリッジの手紙：開拓使外科醫長の生涯》。札幌：みやま書房。

大浜郁子（2010）。〈「牡丹社事件」の発生原因についての一考察 —— パイワン族と客家系漢族との交渉を中心に ——〉，收錄於《第四屆臺日原住民族研究論壇論文集》（頁 77-86）。臺北：政治大學原住民族研究中心。

大浜郁子（2007）。〈「牡丹社事件」再考 —— なぜパイワン族は琉球島民を殺害したのか ——〉。《臺湾原住民研究》11: 203-223。

吳玲青（2017）。《界外之人：瑯嶠地方的歷史與人群》。高雄：麗文。

吳密察（1990）。《臺灣近代史研究》。臺北：稻鄉出版社。

林呈蓉（2003）。〈1874 年日本的「征臺之役」：以從軍紀錄為中心〉。《臺灣風物》53(1): 23-49。

林呈蓉（2006）。《牡丹社事件的真相》。臺北：博揚文化。

松島泰勝（2019）。《大学による盗骨：研究利用され続ける琉球人・アイヌ》。東京：耕文社。

姜可祐、涂豐恩（2020）。〈從南國到萬國 —— 牡丹社事件與十九世紀人類學知識的全球交流〉，收錄於《「南國與萬國的交會」國際學術研討會論文集》（頁 241-302）。屏東：屏東縣政府。

高加馨（1998）。〈從 Sinvaujan 看牡丹社事件〉。《史學》24: 50-85。

陳耀昌、胡川安（2020）。〈漂泊 145 年的牡丹社四頭顱能回家嗎？〉，《思想坦克》，取自 https://www.voicettank.org/single-post/2020/05/22/052204

紙村徹（2014）。〈「パリジャリジャオ首長国」大首長の贈与交換形態の典型とその変形と屈折・転倒（前篇）：1867 年から 1872 までの年臺湾南部恒春地方の歴史人類学的考察〉。《臺湾原住民族研究》18: 38-74。

紙村徹（1997）。〈「恒春下蕃」首長制の性格 —— 前＝日本領有期臺湾南部山地のコスモロジーの変貌〉。《南方文化》24: 101-122。

紙村徹（2005）。〈なぜ牡丹社民は琉球漂流民を殺害したなか？ —— 牡丹社事件序曲の歴史人類学的素描〉，收錄於山本春樹等（編），《臺湾原住民族の現在》（頁 149-161）。東京：草風館。

野島剛（2019）。〈野島剛專欄：飄洋過海到英國的原住民頭顱與牡丹社事件〉，《蘋果日報・蘋評理》，取自 https://tw.appledaily.com/forum/20191128/OQ6TJA6ZBWQ3EULF5BGEYEIXYM/

華阿財（著）、宮崎聖子（譯）（2006）。〈「牡丹社事件」についての私見〉。《臺湾原住民研究》10: 38-52。

黃之棟（2018）。〈原住民族的遺骨怎麼還？── 以日本愛奴遺骨返還政策為檢討核心〉。《臺灣民主季刊》15(4): 57-94。

黃之棟（2019）。〈帶祖先回家的法律？美國原住民族墓葬保護暨返還法的困境與啟示〉。《政治科學論叢》79: 69-98。

楊綿傑報導（2020）。〈愛丁堡大學藏牡丹社事件原民頭骨原民會：校方有意願返還〉，《自由時報・生活》，取自 https://news.ltn.com.tw/news/life/breakingnews/3142163

戴麗娟（2004）。〈馬戲團、解剖室、博物館 ── 黑色維納斯在法蘭西帝國〉。《台灣社會研究季刊》54: 177-212。

戴寶村（1993）。《帝國的入侵 ── 牡丹社事件》。臺北：自立晚報。

藤井志津枝（1983）。《日本軍國主義的原型：剖析一八七一－七四年臺灣事件》。臺北：三民。

Eldridge, Stuart (1877). Notes on the crania of the Botans of Formosa. *Transactions of the Asiatic Society of Japan* 5(1): 158-169.

Henry Tegner, My Great Grandfather, Stuart Eldridge - an American doctor working in Japan in the late 19th century, in http://www.henrytegner.com/stu-eld.htm

James R. Wasson (2005). Report from James R. Wasson to Okuma Shigenobu. In Robert Eskildsen (ed.), *Foreign adventurers and the aborigines of southern Taiwan, 1867-1874: Western sources related to Japan's 1874 expedition to Taiwan* (pp. 91-113). Taipei: Institute of Taiwan History, Academia Sinica.

National Park Service (2006). "National American Graves Protection and Repatriation Act, 25 U.S.C. 3001 et seq (Nov/ 16, 1990)." In http://www.nps.gov/history/local-law/FHPL_NAGPRA.pdf.Latest update 20 May 2018.

Roger D. Cunningham (Winter 2004-2005). Conspicuous Ornament: The Short, Eventful Life of Lt. Cdr. Douglas R. Cassel, U.S.N. *Journal of America's Military Past* 30(3): 17-26.

Roger D. Cunningham (Winter–Spring 2004). Recreant to His Trust:' the Disappointing Career of Major James R. Wasson. *Army History* 60.

Robert Eskildsen (2010). An Army as Good and Efficient as Any in the World: James Wasson and Japan's 1874 Expedition to Taiwan. *Asian Cultural Studies* 36: 173-204.

Turner, William (1907). A contribution to the craniology of the natives of Borneo, the Malays, the natives of Formosa, and the Tibetans. *Transactions of the Royal Society of Edinburgh* 45(3): 781-818.

04

CHAPTER

「在地音樂節」做為公共領域對原住民文化傳承的影響 *

—— 林果葶 ——

銘傳大學新媒體暨傳播管理學系專案助理教授

* 本文初稿曾於 2021 年 6 月 25 日以〈「在地音樂節」對原住民文化傳承影響之探討〉為題，口頭發表於「中華傳播學會 2021 年會」，感謝研討會主持人與評論人的建議，以及兩位匿名審查人的修訂意見。特別感謝戴曉君小姐於田野和寫作期間的協助與鼓勵，並協助社群媒體圖片授權。感謝戴國璋先生、察瑪璋先生和周吳賜美阿姨於訪談和寫作期間的幫助。

一 ▶ 前言

　　探討在地的節慶文化活動，時常面向文化交流與旅遊經濟，強調吸引國際連結的特殊活動，與遊客共享歷史、飲食、音樂與舞蹈的特殊文化觀點。在地文化的特殊性促進了文化的表現形式，塑造了當地人對區域的重新認識，原因在於節慶旅遊發展刺激了就業和收入，另一方面，透過活動類型的安排和選擇，節慶組織者有機會在其中提升在地的文化意識，並深化文化價值，進而使當地傳統文化活躍起來（Stankova & Vassenska, 2015: 126）。

　　然而，筆者於撰寫博士論文田野訪談期間，觀察原住民音樂人參與音樂節發現，臺灣部分在地音樂節並非以旅遊經濟收益做為目的，而是為了促進當地社群的對話與交流而形成的。因此，希望透過重視在地溝通與對話形態的音樂節，探查「在地音樂節」做為公共領域對原住民文化傳承的影響。本文中「在地音樂節」的意涵使用的是「社區音樂節（community music festival）」所指涉的，一種在具特色場合所舉行的音樂節，無論是依據地理位置還是所涉及的社區（Duffy, 2000: 51），但因為中文的「社區」較不適用於形容當地舉行的活動，因此本文使用「在地」做爲中文譯名。

　　當代對於「原住民音樂節」多有想像，許多研究聚焦原住民與非原住民透過音樂節的文化交流與溝通。然而「原住民音樂節」的籌辦過程中，深厚對話產生於部落族人和在地居民，因此，文化的傳承在溝通過程中得以實踐。2019 年大年初三，於屏東牡丹鄉石門部落石門國小舉辦的第十二屆「Kapanan[1] 音樂『小』節」田野現場，發現當年度所稱「小」節，意義在於工作人員為國中小生，甚至是年紀更小的孩子，雖然並非完全由小朋友們完成，但小朋友是主要決策和意見提供者，父母、長輩、青年會等往年音樂

1　Kapanan 石門部落。排灣族部落名，位於屏東縣牡丹鄉石門村 3 至 8 鄰（原住民委員會，2020）。石門部落舊地名，意思是沿河而居的部落（Kapanan 部落文化音樂節 Picuki 網站）。

節的主要工作人員，只協助必要部分，如行政、會計等。因此，當年度與音樂節內容相關的活動，如 T 恤圖案設計、節目編排、主持等，都以小朋友們的意見和行動參與為主，這正是文化傳承中重要的教育過程體現。

　　因此，本文將透過田野時的觀察與文化音樂節相關人員的訪談，試論在地音樂節做為公共領域對原住民文化傳承的影響。由於尚未有研究爬梳「Kapanan 部落文化音樂節」的歷史，因此，本文將從音樂節的歷史談起，並以「在地居民參與」、「公共性與親密性」與「教育與文化傳承」為觀察與分析面向，探討石門部落是如何透過在籌辦部落文化音樂節過程中的對話、溝通和教育來傳承與復興原住民文化。

二　問題意識

　　表演的文化目的，正從做為再現或社會生活的描繪轉變成日常生活構成的語境和詞彙（Chaney, 2002: 163），而節慶（festival）的概念是與公眾分享當地社群日常生活的價值觀。原住民節慶提供了一個社會政治空間，讓獨立部落與傳統領域上的原住民族能夠以文化經驗實踐來建立認識論，原住民節慶做為文化公共領域，是一種賦權和抵抗的象徵（Chakravarty, 2017: 35）。因此，在觀察以部落年紀較小的成員為主要決策者的 2019 年「Kapanan 部落文化音樂節」時，可以發現當代音樂節在石門部落做為公共領域的場域，在籌備音樂節過程中的溝通行動，展現了文化公共領域包容性擴展的面向（Ibid），涵蓋了教育與文化傳承的脈絡。

　　2019 年大年初三於 Kapanan 舉辦的音樂「小」節，以「讓你的回來被祝福」為主軸，相較於青年會籌辦的音樂節，以「用音樂找到回家的路」，音樂「小」節以在部落的孩子為邀請人，邀請不在部落生活的族人們能夠回家被祝福，並透過孩子來聽見家鄉正在改變的事。被邀請者可從當年度的主題曲歌詞中的三句話發現，「部落裡有兩種年輕人，一種是有勇氣離

開部落的人，一種是用決心留在部落的人」。透過部落的孩子分享日常生活經驗，音樂節因此形成團結、社區和紐帶等機會的場域，豐富了在地居民、當地族人與出外族人共同參與公共領域的能力。

在當地基本宗教共識瓦解，且國家權力失去神聖的支持程度時，集體只有做為一個傳播共同體才能建立和維持，也就是說，只有透過在公共領域中以傳播達成共識的方式（Habermas, 1979: 81）。以此為概念來探查石門部落，可以發現一方面將部落放置於臺灣殖民歷史影響的脈絡中，原住民文化因殖民而瓦解，另一方面由於石門為移居型部落，並沒有傳統祭典儀式的框架，因此，在地音樂節則形成了擁有溝通與傳承的重要功能的公共領域。

「Kapanan 部落文化音樂節」歷經十三年的過程，儘管仍有對外售票的多次經驗，但與主要邀請他人參與的觀光型音樂節之間的差異，即在於目的性質不同。雖然公眾（the public）可以抽象詮釋為一個由論述建構並形成的空間，且來自與陌生人的關係（Chakravarty, 2017: 34），然而本文在「Kapanan 部落文化音樂節」做為公共領域的場域脈絡下，「公眾」則以在地居民與族人為主，並以和當地組織關係的探討為範疇，以討論在地參與認同、公共性與親密性，以及教育和文化傳承的觀點。

哈伯瑪斯（Habermas, 1989: 36）提出公共領域核心概念的標準為平等、透明與包涵。在地音樂節做為一種文本和實踐，增強了對原住民族文化的構成和公共領域本質的理解。原住民族的文化於在地音樂節的脈絡中，是公共領域的關鍵概念，特別是在部落中的溝通過程，私人和公共之間的界限逐漸消失，更不能脫離其運作所在的文化背景來看待原住民文化與身分認同。因此，本文探討在地音樂節如何塑造在地居民與部落族人在公共領域中的角色切入，並透過教育的觀點看待在地音樂節對原住民文化傳承所產生的影響。

三 「Kapanan 部落文化音樂節」的歷史與背景

「ari ari

qinacapi sema gade

gaugavu asu turivecan

uljana maligu atja qimang

satja malevaleva

tua isacemel

tja si alevan

atja qimang aya itjen

ulja na maligu

走吧出列

我們一起上山狩獵

請求上天祝福

賜予豐收

並獻祭感恩」

(一) 音樂節的核心概念

　　這首〈出列〉是「Kapanan 部落文化音樂節」創辦團員之一的排灣族音樂人戴曉君所創作，並收錄於專輯《裡面的外面》的一首歌曲，創作源自於部落中所缺乏的「勇士舞」，傳統中所沒有的，反而在當代因著歷史的脈絡，產生了回應傳統的當代創作。這個創作來由不只顯示了文化傳承的意涵，更帶出了一種傳統與現代相互影響的「當代性」。因此，這首歌曲可被視為探索「Kapanan 部落文化音樂節」重要核心價值的一首歌曲。

　　戴曉君在不同的訪談都聊過這個故事，為避免創作故事引用有誤差，本文引用 2020 年 1 月 23 日她於自己 Facebook 粉絲團所發的文（圖 1），以避免不當詮釋。從圖中的敘述文字可以觀察出幾個議題，首先做為石門部落青年會會長的戴曉君為了回應部落青年的要求，與排灣族長者對話溝通，而創作了一首〈勇士舞〉。根據文末石門部落前青年會會長對傳統的詮釋，認為這首全新創作的〈勇士舞〉經過一定的時間，也會成為一種傳統。這是一種傳統與現代相互辯論和影響的「當代性」，正好也是筆者透過觀察音樂節與訪談相關人員時，在地團體相互溝通所呈現的樣貌。再者，還有文化傳承上性別的議題。由於〈勇士舞〉在傳統上常被認為是屬於男性的歌舞，當戴曉君以女性的身分對排灣族長輩提出〈勇士舞〉歌曲創作合作邀請時，她在第一時間仍不免產生性別議題的疑慮。此外，面對面的對談當然是最好的溝

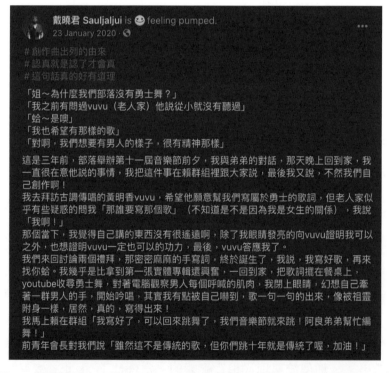

圖 1　戴曉君於自己的 Facebook 粉絲團講述〈出列〉歌曲的創作由來

通，但文中亦顯示出新媒體在當代的對話與溝通中的便利性與滲透性，例如在 YouTube 搜尋〈勇士舞〉來觀察，以及溝通時使用 Line 的群組，這也是在研究音樂節時所觀察到的現象。

戴曉君是石門村青年會的會長，也是石門社區發展協會理事長，更是一名深耕自己家鄉多年的音樂人和重視音樂與文化傳承教育的老師，透過她所創作的〈出列〉和歌曲背景故事來闡述「Kapanan 部落文化音樂節」關於「傳承」的核心概念，可以讓音樂節的價值透過音樂而傳遞得更遠。

(二) 音樂節的名稱與轉變

2021 年夏天於屏東牡丹鄉石門村舉辦的「Kapanan 部落文化音樂節」即將迎來第十四屆。從名稱回顧音樂節的歷史，2007 年的「Makady 新年音樂派對」到 2021 年「Kapanan 部落文化音樂節」，可以發現音樂節在十多年間的轉變與成長，尤其近年除了強化與在地社群的溝通之外，也致力深耕於各年齡層的文化教育，期望能在傳承原住民文化上有更多的貢獻。

2007 年「Makady 新年音樂派對」因一群熱愛音樂的青年成立「MAQADY 音樂工作團隊」而起。2008 年籌組團隊決定一人出資新臺幣 1,000 元，做為音樂節正式的官方第一屆。2011 年 MAKADY 音樂工作團隊滿五週年，海報上列出音樂節的英文名稱「Festival of Tribal Tune」（圖 2）。雖然 2007 年時音樂節就以在地傳統音樂與青年搖滾和電音等同時列為主要表演項目，但從名稱上的觀察，2011 年確實更為積極地將音樂節定位成「以部落聲響為主」的活動，節目安排上亦將「祈福儀式」與「部落古調傳唱」列為主要活動之一，另外海報最下方 slogan 寫著「山上精神欲傳承，愛護土地好孩子」，都可發現「傳承」的概念逐漸在音樂節中核心化。

圖2 2012年Makady五週年音樂節海報

　　2013年開始音樂節的中文名稱正式變更為「Makady部落音樂傳承祭」（圖3），舉辦地點在牡丹社事件紀念公園，將音樂傳承的核心概念直接放入名稱，表現出音樂祭對傳承價值的重視。2016年則將Maqady正式更改拼音為Maqati。2018年，即將邁入第十一年的音樂祭，為呈現音樂祭過去十年的成長歷程，MAQATI音樂工作團隊特別邀請牡丹鄉內其他部落一起擴大舉辦，並將十年的音樂祭獻給部落，而正式更名和轉型為「Kapanan部落文化音樂節」，對團隊而言，透過音樂節，除了能夠以音樂交流來連結不同音樂人，更重要的是能夠完成與部落族人共同復興傳統文化的使命（原住民族電視臺，2018）。

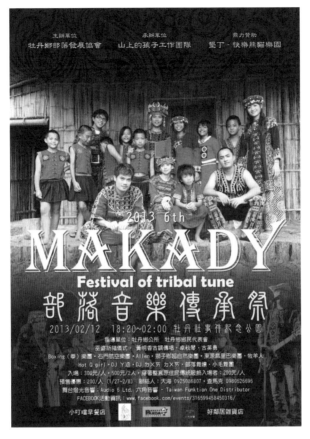

圖3　2013年「Makady 部落音樂傳承祭」海報

　　「用音樂找到一條回家的路」的標語，是轉型成為「Kapanan 部落文化音樂節」後，以部落為主體出發的價值展現。然而在十年的過程中，音樂節做為部落青年與不同世代對話的場域，仍在溝通的路途上。圖4為一封 MAQATI 音樂工作團隊寫給部落長輩的信，可以觀察信中所提及的概念，希望這個音樂聚會能成為青年世代的音樂成年禮。當然財務狀況通常都是音樂節最必要的溝通範疇之一。

給敬愛的長輩一封信：

MAQATI 音樂祭十年了！

這十年，大多數長輩們不知道我們在做什麼？

我們每年透過音樂來記憶自己的成長，讓自己變得更有自信，也透過音樂去祝福家鄉和身邊的人，我們學習做弟弟妹妹們的模範，我們希望透過音樂聚會，讓在外的年輕人有一個想回鄉的理由，從 maqati 長大的晚君說：『當一個模範本來就會有壓力，我也是學習來的，希望每個人來 MAQATI 和我一起勇敢，透過舞台學習祝福，挑戰自己的音樂成年禮』

每一年，我們廣邀各鄉鎮原住民音樂創作人來分享，約有 500 位青年朋友參與，我們彼此交流，希望更多長輩能認同我們，給予我們鼓勵，我們靠自己的經費延續了十年，我們單純的一顆心，每年成就出一位小巨星獻給部落，這樣的概念，創造好多美好的記憶，黃明香 vuvu、吳賜美 vuvu、古英勇長老、卓秋琴、少妮瑤、阿 von 老師們，每年都蒞臨指導我們，見證我們的成長。

親愛的長輩，你們願意來看看我們嗎？看看一群努力的孩子們，看看家鄉成就出的輪廓長什麼樣子！

今年，我們需要一些資金，我們特別邀請到台東賓茂 VASA 青年歌謠團隊、榮獲台灣原創流行音樂大獎的台東青年高偉勛，還有今年出專輯的戴晚君，她一直希望可以請到她的音樂夥伴，從台北回來部落做分享。我們知道您收到這封信會有壓力，如果您不方便贊助，也沒關係，我們在這裡也跟長輩說抱歉，用這麼直接的方式，因為這是我們唯一想到最快速也不尷尬的方式，但如果您願意支持，歡迎與我們聯絡，我們會親自與您碰面感謝您！謝謝您～看完這封信，知道我們有這樣的活動，也歡迎您到場支持～瑪莎露！

MAQATI 音樂工作團隊 敬上

圖 4　音樂祭十年，一封 MAQATI 團隊給長輩的信

　　原訂於 2021 年的「Kapanan 部落文化音樂節」因疫情延期，將顛覆傳統，除了音樂節，還將舉行 3 天 2 夜的青年山訓，以「讓彼此的樹根在土地裡手牽手」為主題，並將時間由每年的大年初三改為 7 月進行。透過與音樂節人員的訪談，他們認為這個音樂節雖然沒有所謂的最終目標，但希望能使部落族人，自然而然地融入儀式，更重視環境、教育、語言和文化。

圖5　2021年「Kapanan部落文化音樂節」和青年山訓的海報

本文將音樂節視為石門部落討論文化傳承與教育的公共領域，因此透過名稱與節目編排等內容，爬梳整理建議取得主辦方授權「Kapanan部落文化音樂節」十三年的背景，期能以音樂節的過程和訪談對象的內容來探索居民參與的集體認同、教育與文化傳承、以及私領域至公領域的相關議題。

四　研究方法

本文以音樂節現場的田野與深度訪談為主要研究方法。現場的田野觀察以2019年「Kapanan音樂『小』節」為主，訪談則以2019年至2021年期間與主創者的訪談，以及以滾雪球抽樣方式，與近幾個月與音樂節相關之參與人員的訪談為主，訪談對象列表如表1。

表 1　研究訪談對象資訊列表

訪談對象	時間	訪談	音樂節工作團隊
受訪者 A	2019 年 2 月 28 日 2021 年 1 月 13 日	個人	主創者
受訪者 B	2021 年 1 月 21 日	個人	主創者
受訪者 C	2021 年 1 月 21 日	個人	參與者
受訪者 D	2021 年 1 月 21 日	個人	參與者

資料來源：本研究整理。

五　參與和認同

原住民節慶景觀（festivalscape）的觀察研究發現，節目內容編排與現場設施品質顯著地影響了參與者的情感與真實性體驗，並且也發現情感和真實性體驗會影響原住民節慶活動中參與者在活動中的身分認同（Lee & Chang, 2017: 465），確實給予活動籌辦團隊明確地資訊和建議，但本文旨在以原住民族的認同和其所處的位置為主體，探討籌辦部落文化音樂節過程對原住民文化傳承的影響，而非以行銷面向的角度來探究，因此，本文所欲討論的參與和認同，是以原住民族主體性為出發點，進行關於文化傳承的對話與溝通。

參與的意義在於推動參與者與彼此關係的改變，並在此過程中塑造集體意識，除了在地居民的參與之外，音樂節組織者也透過參與者的改變而深化了認同（Wates & Knevitt, 1987）。如同藝術深入公共生活的實踐議題，藝術實踐的新典範強調對話與社群的溝通行動（吳慎慎，2007: 85）。

「Kapanan 部落文化音樂節」並非如前述所說，由專業的藝術家介入公共生活的實踐概念，但因為 Kapanan（石門部落）是移居型的部落，而非傳統在地的部落，以 Kapanan 的整個生活形態而言，這個部落文化音樂節是重新建立起的儀式性慶典，而不是傳統形式上所理解的復興過去的祭典。

現代性思維的轉換過程中，應著眼於被決定程度較低的轉化過程（Clifford, 2013: 35）。以 2019 年「Kapanan 音樂『小』節」為觀察的特定場域，在探討音樂節參與和身分認同之間的關係時，「新（newness）」在實踐過程中銜接、差異和同一的翻譯、詮釋和表演（ibid），是討論的核心概念。因此，儘管音樂節是由幾位深耕於部落的青年創始的，卻是以一種新典範的態度，在部落中實踐對話與社群的溝通行動，尤其對長輩而言，這並不是傳統祭典，對話與溝通行動確實需要長期的經營和累積。受訪者 A 以累積做為對「新」在實踐文化過程中銜接與非移居型部落之間差異的詮釋。

> 「其實我們不是很傳統的部落。是整個牡丹鄉最大的，可是比較是移居型的，因為以前 Kapanan 的土地是很適合種稻的，所以很多人移居到這邊生活，形成了一個部落。當然青年會也是有，可是都不同類型，所以要進行活動的時候，通常是以家族為單位，而不是用第幾鄰第幾鄰這樣。我們沒辦法像其他部落那樣深耕在土地裡，用一種傳統祭典的方式進行，加上是移居型的大雜燴部落，這個音樂節比較像是累積型的。」（受訪者 A，2020 年 1 月 13 日）

對話和溝通行動的核心價值是希望能夠產生對部落的集體認同，特別是相較其他傳統在地部落，移居型部落的文化認同感比較弱，因此，當在地青年發現其中的斷裂需要靠溝通彌補，以讓長輩和年輕世代都能夠瞭解自己的家鄉，以及在地的部落文化，音樂節的籌辦則成為文化傳承的實踐。受訪者 B 則更近一步提出對於部落社會中文化斷裂與世代傳承的關聯。

「我看到別人的部落就是，年輕人都對自己的文化，都蠻認真在
做這一塊，但因為我們的部落是，跟別的比起來，算漢化蠻嚴重
的，而且我們是很多外來的人組成的部落。像我們自己也不是
Kapanan 的人，大概三四代以前移居過來的，所以在文化這塊，
跟其他部落比起來，我們當然就是沒有那麼被重視，你說老人家
都不重視，我們這一代再不重視，那後面根本沒了。」（受訪者 B，
2020 年 1 月 21 日）

　　人們對公共領域等事物的強烈參與往往採取一種主要的情感模式，與生
活關注的即時性有關，而不是與以遙遠經驗，且較無法控制的認知模式系
統有關，而文化公共領域的概念在某種程度上解釋了這些正在發生的事情
（Mcguigan, 2005: 435）。因此，以青年參與的狀況而言，透過音樂節不
僅強化在地居民對部落與其族群文化的情感關聯，也企圖藉由每年發生一次
的音樂節來連結與部落情感連結度較低、在外求學或工作的族人。受訪者 B
認為音樂節確實產生了正面影響，尤其是凝聚力的提升，使部落文化音樂節
如同部落的節慶一樣，讓大家共同分享與參與。

「我覺得有好的影響，因為年輕人可以音樂這件事彼此認識多一
點，也可以就好像部落的節慶這樣，大家會因為這樣就很主動來幫
忙，一個拉一個。」（受訪者 B，2020 年 1 月 21 日）

　　音樂節做為文化公共領域場域，除了能邀請青年世代彼此溝通之外，與
部落長者的連結也是重要的溝通行動。儘管邀請長輩參與，溝通與對話上實
為較為困難的部分，但對受到邀請而參與音樂節的長輩來說，就算節目安排
只是唱唱古謠，也因為能和不同部落的人一起唱歌，仍然能夠產生認同感，
因此，溝通仍然是有效的。受訪者 C 亦認同音樂節做為公共領域所產生緊
密連結。

「我非常的高興，想到曉君那麼年輕就有這個心，從開始起步到現在已經邁入十四年了活動，年年進步。她都會說阿姨，來幫我的活動，來唱唱古謠。不是只有我，會邀請各村會唱的，都請出來唱歌，慢慢學，把我們好幾個部落總合在一起。」（受訪者 C，2020年1月21日）

哈伯瑪斯（1979: 41-42）認為社會主體之間的相互理解是溝通行動的主要目的，並且形成可為大家所接受的共識。這樣理性的溝通達成具有合理性基礎的共識，即可創造理想的溝通情境。如同受訪者 A 所描述的累積與受訪者 B 所感受的連結性，在音樂節的籌備過程中，每個溝通環節都以達成共識為主要目標，顯示出部落文化音樂節在石門部落對公眾的公共性。

理想的溝通情境難以輕易達成，在當代環境中，多數大眾彼此孤立，並在媒體產製中異化（alienated）（Stevenson, 2002: 51）。而在臺灣人口佔少數的原住民族文化遺產需要仰賴社群實踐與傳承來進行保存，只是在涉及身分認同時，仍會產生對於國家、族群與部落的認同想像，並爭論歸屬於誰（林芳誠，2018: 143）。本文並未針對國家與族群的想像認同做深入的探究，只是在談及籌備音樂節的理性溝通與對話過程中，難免碰觸關於文化傳承所希冀產生對部落的認同是如何建構，又是誰建構的。如同音樂人與家鄉土地的連結，不僅標誌著音樂人的根，而且還標誌著一種個人與社會和文化空間的認同感（Gibson, 1998: 171）。

相較於「阿米斯音樂節」，該音樂節處理公共事務的人員，是由都蘭的阿美族人經過文化復振與權益抗爭而重新組成的年齡組織產生的，年齡階層透過日常運作學習長輩階級所擔負的社會責任，而音樂節創辦者 Suming 為其中年齡階層的成員，因此音樂節的籌備和文化與生命經驗連結的認同，創造出音樂節文化的能動性與延續性（林芳誠，2018: 181）。

然而，「Kapanan 部落文化音樂節」的基礎並非建立在排灣族傳統的基礎上。從受訪者的談話內容，移居型部落的認同倚靠的是 Kapanan 這個土地上的居住歷史，多數居住在這個區域的排灣族人都能理解，Kapanan和非移居型部落有著根本上差異的認同建構。部落文化音樂節可被視為一個具有加強與深化功能的在地活動，包括連結和所處地區的內外聯繫，而參與「在地音樂節」則是體現這種認同感的一種方式（Duffy, 2000: 52）。因此，在沒有可追溯的既定儀式下，「Kapanan 部落文化音樂節」所要傳遞的認同，即是這些長期生活於此的族人與居民所共享的文化，這也是這個音樂節做為公共領域，在其中產生的對話與溝通之所以如此重要的原因。

六　公共性與文化親密性

在政治與經濟操弄的意識形態與新媒體介入的當代環境中，私人化溝通的個人進入公共領域談話時，公共領域和私人領域反而是明顯的區隔（Stevenson, 2002: 62）。然而從筆者於田野現場的觀察，由於「在地音樂節」的溝通行動與現場的重疊，反而模糊了私人領域與公共領域的界線。

容邵武（2013: 67-68）以赫茲菲德（Herzfeld）所提出的文化親密性（cultural intimacy）理解其所觀察的桃米社區，在探查哈伯瑪斯與赫茲菲德對於公共領域中私領域與親密性的差異時，指出公共性和親密性會不斷相互影響、增加或削弱。本文藉此概念做為前提觀察音樂「小」節現場，發現公共性與親密性的連結產生於私領域和公領域界線模糊的特性。

2019 年於石門國小舉辦的音樂「小」節的現場，可以發現對部落的孩子而言，原是生活中固定空間的「操場」，在音樂節籌辦期間成為各式舞臺的表演場域，使得原本在操場只有一種行動的狀態轉向。跑道邊的樹蔭下進行的是不同青年分享自己生命經驗的「青年講堂」，一側的跑道是各種美食與手工藝術品買賣市集的「太陽廚房」，另一側則可見到戴曉君正在組織穿

著族服的青年會成員，圍成圓圈進行夜晚祈福與節目內容前的會議。這正是生活場所的創造，而形成的行動上的轉變，以藝術進入的角度來看，這不只是一種私有空間的公共領域化，也是公共領域的公共空間化的過程（林文浹、黃俊豪與陳昱良，2007: 197）。

公共領域呈現出趨向「對話（dialogic）」模式，在此模型中，公共領域被視為一個空間，而原住民公共領域不只是媒體空間，而是指整個符號空間，原民性的圖像和概念存在其中，且在各種（原住民和非原住民）的媒介中傳播（Latimore, Nolan, Simons, & Khan, 2017: 3）。在音樂節場域中的空間中，音樂節工作團隊與部落族人和居民的參與，如族服、個人經驗分享等，形塑了音樂節做為公共領域的對話傳播模式。

除了音樂節的現場之外，另一種私領域的公共領域化則是讓生活中的聚會空間成為溝通與對話產生的空間。只是空間創造有時也需要和時間的配合來創造出有利於對話和溝通的環境。部落中文化親密性和音樂節的公共性的相互影響，則是透過石門部落在地居民與族人主動地生產、傳播、接受與創新，儘管這個過程需要各種動機促成，但原住民族已不是媒體陳述的一個被動接受群體，而是積極參與者（Hartley & McKee, 2000: 6）。如受訪者 D 展現了做為連結青年與長輩的音樂節工作人員的主動性。

「讓年輕人先聚集起來吧！我覺得年輕人聚的時間太少，幾乎聚在一起的時候活動雛形已經差不多了，參與的真的變少的，如果我們要讓這個活動更有意義，更能打到傳承這一塊的話，我覺得年輕人先聚集起來，好好去討論音樂節的部分，不管討論出來是文化上，有哪些有缺失的，或者他覺得過程中可以再學習更多的，我覺得我們這一輩的角色，可以幫他們找資源，找老人家來跟他們對話。」（受訪者 D，2021 年 1 月 21 日）

　　當然，公共領域的形成是在於不特定場所，而「在地音樂節」看似固定在一個場域發生，但籌備的溝通過程並非只是實體的空間，也包含了各種具有文化傳承意涵的對話。在音樂與表演的意義上來說，音樂節所賦予的意義是深遠的，因為得以在特定的框架策略中執行並得到詮釋（Duffy, 2000: 63），使音樂節籌備過程的工作人員與音樂節的參與者都能夠將自己放置於某個位置並重新附著而感受歸屬感和自信感，這正是公共性與文化親密性互動所建構的認同感。受訪者 A 的觀察，點出了音樂節中公共性與文化親密性建構的空間帶給參與者的影響。

> 「音樂小節當天其中一個主持人，在另外一個活動的時候，當著大家的面也包含他的父母，直接說出他的性向，我們現場都很感動哭的，我覺得這就是文化長成，給予他們的自信，讓他們很有勇氣。」
> （受訪者 A，2020 年 1 月 13 日）

　　年近 70 歲的長者則擔負了傳承古謠的責任感，進行許多學習的準備和努力，部落文化音樂節就是將這些私人領域中所完成的溝通公共領域化，來傳承給更多的青年，讓大家能從中學習，提升認同。

> 「以前都有聽過前輩在唱，記在腦海裡都還記得歌怎麼唱，我都有 CD，因為當我們政府重視原住民文化，要給我們發揚起步的時候，我就跟我的先生田野，去錄那些老人家還在的，還來得及的，那個時候還不知道我們的文化，政府那麼重視，但老人家也一個一個走了，有幾個有錄到的，古謠歌曲是這樣出來的。」（受訪者 C，2020 年 1 月 21 日）

　　「在地音樂節」做為文化公共領域確實對原住民的文化傳承有一定程度的影響，而公共領域的概念也不再受限於具體的展示現場，本文一再強調的是概念中關於社群之間的對話與認同，也就是說每個參與其中的個體都從自我主體開始，在過程中與無法事先預期的其他主體互動交流，形成更大的溝

通實踐社群。對話最基礎的理念是實踐，人與人、與社會和世界的辯證關係（Freire, 1970）。為呈現差異的觀點，參與的溝通必須維持互為主體的原則，才能相互理解對話而形成有效的溝通（吳慎慎，2007: 86）。在傳遞原住民族的智慧與知識體系時，不同世代的溝通更是需要相互的理解，文化的傳承才能透過對話而傳承傳遞，即便只是音樂節過程中的一個細節，在音樂節這個公共領域的脈絡中，受訪者 B 所闡述的更是文化親密性對於部落傳承的必然性。

> 「以前我們做舞臺都是手工在做，自己去找板模釘，這時候我們就會去請教老人家，聽他們的意見，問他們怎麼做。有時候做一些音樂節的入口，都要用部落的素材去做，經驗來說，老人家都知道怎麼做，就要問他們怎麼做。如果不太會的話，就要請媽媽幫忙。」（受訪者 B，2020 年 1 月 21 日）

受訪者 C 能夠理解當代創新模式，其實也是青年會因著音樂節所需要的公共性，透過長時間於私領域的累積與溝通。

> 「古謠應該要收集起來，讓曉君用創新的方式來，怎麼講，用創新的，但是又沒有離開古謠的聲音去顯示，她現在已經進步了，我們不能太那個，要跟著潮流走，人家才會喜歡聽我們的歌。但那個母的部分（意指傳統古謠）還是要有，要存檔。」（受訪者 C，2020 年 1 月 21 日）

在原住民族的語境中，並沒有「公共領域」這樣的概念，更不用提「公民參與（civic engagement）」和「社會網絡（social network）」的概念，即便深入探究社會參與時，這些概念都與其密切相關（Lin, 2001）。因此，探討在地音樂節做為公共領域的觀點時，在原住民文化與社會的脈絡下，反而較著重於基礎教育與文化傳承的價值。這也是本文在連結原住民部落文化音樂節與文化公共領域時，認為必要且具有一定重要性的概念。

七 教育與文化傳承

本文以 2019 年「Kapanan 部落文化音樂節」為例，討論音樂節對教育與文化傳承的影響。儘管未針對觀光旅遊形態，探討原住民族刻板印象與文化商品化的相關議題，但如前所述，當公共性與文化親密性的互動構成了一個論述空間時，原住民族的另類主動參與，反而可被視為對抗原住民典型觀光旅遊業的一種方式（Coronado, 2014: 12）。

節慶社交在本質上構建了屬於自己的文化公共領域，在這個場域中，藝術和遊戲被用來表達反身性（Costa, 2002）。原住民族是原住民文化的主體，也是文化的傳承者（劉煥雲，2007: 16），「Kapanan 部落文化音樂節」的核心價值，在於音樂節組織、籌辦和實踐過程中，強調原住民族個人的重要性，並強調個人與個人之間的對話、溝通、教育和傳承。受訪者 C 即是因為音樂節的行動過程，無論是傳統意義或現代意義上，都理解文化傳承的重要性，並且將超越只是一個空間，進而傳遞整個文化。

> 「我很開心，我所會的都會傳給曉君。我不會捨不得，因為很感動這個小孩那麼年輕，要把我們的文化傳出去，不然會沒落。我把曉君看做我女兒一樣的看待，我所會的，我所看到的，我從老人家所聽到的，都會傳給她，我是這樣的心意。」（受訪者 C，2020 年 1 月 21 日）

在音樂節籌辦過程中，為了連結更多青年遭遇到一些困難，不過這個行動卻使得傳承實踐的年齡範圍擴大，並開始重視國中小的文化傳承教育，這也正是 2019 年音樂「小」節現場可觀察到的實踐力量。一般來說，音樂節基本是透過青年會，也就是 20 至 30 歲的世代，但受訪者 B 則在多年音樂節的籌辦經驗後，發現教育扎根的重要性。

「一開始其實年齡設定是二、三十歲，那時候效果不是很好。還是會有人好奇進來，但曉君後來就說，我們應該把投資放在小朋友、國小跟國中生，要從小開始建立他們觀念這樣。」（受訪者 B，2020 年 1 月 21 日）

另外逐漸建立起與其他單位合作，尤其是學校，所以當活動移至石門國小舉辦時，石門國小的教師都能一起共同分享與參與在音樂節的溝通論述中。筆者在田野的過程中，於音樂節現場的「青年講堂」觀察到一位由 Teach For Taiwan（TFT）資助而來到石門部落的老師，她在實踐教育的過程中，透過小朋友的回饋獲得了對於教育理念的支持與反思。這也是在觀察音樂節籌辦過程中，受訪者 A 提到的成就感來源，以及能更理解教育對於文化傳承的重要性。

「我自己的表妹，她現在考上臺師大，在寫自傳的時候說這個文化給她很多的改變，我這個表妹本來都是喜歡聽韓國音樂，看那個穿著什麼的，化妝，出去玩打卡，沒想到她會在自傳這樣寫，我自己覺得這就是教育能夠做到的事。」（受訪者 A，2020 年 1 月 13 日）

在特定實踐脈絡下，族群語言透過媒介產生作用，而原民性更是媒介中介傳遞後，形塑成一個社會的樣貌（何東洪，2007: 176）。因此，在談論音樂節的教育與文化傳承時，語言更是核心，尤其透過音樂節的表演節目安排，祈福儀式、古謠吟唱與部落明日之星[2]等活動，使得部落族人開始在家中教孩子母語，並試著創造家中的母語環境，讓孩子能夠在族語環境成長。

2　每年透過工作團隊選出一位石門村熱愛音樂的青年，做為當年的 Super Star，鼓勵他們能繼續熱愛音樂，更能透過音樂來傳承部落文化。2019 年選出的音樂節 Super Star 是國小六年級的石門國小學生。

「還有部落有一些長輩開始自動自發地教小朋友族語，我真的看到了覺得很感動，他們開始認為文化傳承、語言傳承是重要的。在家中創造母語環境，想說試試看從小開始講母語。這也是我覺得音樂節和教育可以做成這樣真的很好。」（受訪者 A，2020 年 1 月 13 日）

「Kapanan 部落文化音樂節」在文化傳承的目標上，其實是希望能夠成為如同傳統祭儀式的存在。在音樂節剛開始籌辦時，多數部落的長輩所認為的音樂節，應該是規模很大、有很多媒體採訪，甚至會有相當程度外地人的參與，但後來他們漸漸發現，音樂節的實踐是為了文化傳承而存在的，是為了生活在 Kapanan 石門部落土地上的居民，這也正是音樂節工作團隊和在地居民、族人和社群的長期累積的對話和溝通成果。

「其實以前讓老人家來參加的時候，他們不知道要做什麼，很像觀光客。但我覺得我是希望音樂節可以自然一點，自然的存在就好。會多久也不是說會多久，如果可以好像祭典儀式一樣，以後大家每年都願意來參加，這樣就可以了。」（受訪者 A，2020 年 1 月 13 日）

概念化在地身分認同的轉變為文化和經濟的現象其實是重要的（Gibson & Davidson, 2004: 401）。也就是說集體認同的產生並不只是表面上所能觀察的而已，還包含了族人與在地居民溝通過程的展現，本文所希望呈現的正是音樂節的溝通細節，並與現場觀察的相互呼應來回答在地音樂節做為公共領域所產生的現象。

八 結論與反思

　　觀察與研究正在進行的在地音樂節，是相當適切於探討當代文化公共領域議題。原住民文化亦是臺灣文化公共領域的研究中較為缺乏的，本文認為傳統與保存的相關議題，反而應該將當代的現象觀察納入其中，如此才能理解當代原住民族看待原住民文化傳承的觀點，並觀察過程中所產生的對話與溝通行動。

　　本文以「Kapanan 部落文化音樂節」為案例，從「參與與認同」、「公共性與文化親密性」、以及「教育與文化傳承」為主要範疇，透過受訪者的對談來理解音樂節所呈現的樣貌，並觀察音樂節籌辦過程中的對話與溝通行動。結果發現在移居型的石門部落中，籌辦創新的音樂節所產生的溝通與對話，確實深化了在地居民的文化認同感，儘管這個認同是來自居民的共享和在地社群的參與合作，例如石門社區發展協會、石門國小、牡丹鄉公所等。而私領域所帶來的文化親密性，使得個人帶著自己所承接的文化進入 Kapanan 的公共領域進行傳承，不同世代的互動，以及青年之間的相互理解與尊重，確實形成了有效地溝通。

　　從一開始只是熱愛音樂的青年們聚集，到邀請長輩參與祈福、古謠吟唱等文化活動，直到疫情後將在音樂節前籌辦的青年山訓，都顯示了一個更包容、更具傳播性與公共性的活動安排。開放一個具有包容性，卻又特定於當代文化表現形式的文化公共領域，有可能使意義主題化而不只是純粹的認知和理性溝通，而是多面向的社會經驗結果（Sassatelli, 2011: 25）。在地音樂節做為文化公共領域，持續讓公共性與文化親密性互動所產生的影響，將是公共領域中平等、透明與多元形成的關鍵因素。

　　「Kapanan 部落文化音樂節」的受訪對象皆期許自己能持續溝通與對話，並貢獻於音樂節，期盼能完成儀式性的參與目標，讓音樂節能自然地存在於土地之中，使得青年得以在每年的某個時期回家，如同臺灣各個族別與多元部落的慶典祭儀一樣。本文觀察到的參與認同確實是朝著這樣的方向前進，而且不斷地產生新的可能。雖然在文化傳承上，移居型部落仍有青年投入性強度的疑慮與音樂節未來走向的反思，但 2019 年「Kapanan 部落文化音樂『小』節」在建立音樂節成為教育與傳承扎根概念的空間時，正是對於這個反思具實踐性的回答。

　　本文雖然在訪談中試圖納入新媒體與網路的探討，但由於「Kapanan 部落文化音樂節」所使用新媒體的範圍較小，多位受訪者表示社群媒體的使用，只有 Facebook 粉絲團與 LINE 群組較常被使用於面對公眾與內部溝通，因此，本文並未多加著墨於新媒體科技的影響。然而「志願結社」和「日常接觸」形態易隨時代和社會脈動而轉變，網際網路的崛起，使得網路上的各種參與和接觸愈來愈普遍（傅仰止，2014: 216）。在新媒體逐漸滲透日常的當代臺灣社會，接續的研究也該從新媒體的文化公共領域繼續探究，尤其「Kapanan 部落文化音樂節」的傳承，或許將以 Z 世代 [3] 為主力。在生活中的對話與溝通行動，各種新媒體的對話框與日常滲透，不只是文字、語言，甚至是影像與各種創新的形態。因此，在地音樂節與新媒體之間的連結，確實也是不能忽視的可能性。

3　雖然以 Howe 與 Strauss（2000）在研究千禧世代時，定義為 1982 到 2004 年，並將 2005 年後出生的一代稱為家鄉世代（The Homeland generation）而不是 Z 世代，但研究普遍以和數位時代一起成長，善於使用社群與數位媒體的世代為 Z 世代（Cagle, 2018）。本研究為強調數位日常，而 Z 世代幾乎是與蘋果公司伴隨成長的，而蘋果公司 2001 年推出 iPod（鄭志凱，2017），故以 2000 年後為 Z 世代的標記年分。

參考文獻

吳慎慎（2007）。〈藝術介入公共生活 —— 藝術實踐的社群學習〉。收錄於吳瑪悧（編），《藝術與公共領域：藝術進入社區》（頁 82-105）。臺北：遠流。

何東洪（2007）。〈Art of Telling：論林生祥與鍾永豐的客家性與現實性〉。《客家研究》2(1): 173-178。

林芳誠（2018）。〈文化遺產的束縛或護衛？以阿米斯音樂節的文化實踐與創造能動性為例〉。《民俗曲藝》200: 137-200。

林文浹、黃俊豪、陳昱良（2007）。〈土溝聚落藝術改造行動 —— 以竹仔腳為例〉。收錄於吳瑪悧（編），《藝術與公共領域：藝術進入社區》（頁 170-206）。臺北：遠流。

容邵武（2013）。〈文化親密性與社區營造：在地公共性的民族誌研究〉。《臺灣社會學刊》53: 55-102。

原住民族委員會（2020）。原住民族委員會核定並刊登公報之部落一覽表。原住民族委員會官方網站，取自 https://www.cip.gov.tw/portal/docDetail.html?CID=70BB33E603A72F50&DID=2D9680BFECBE80B621E821E9EF31577E（檢索日期：2021 年 2 月 27 日）

原住民族電視臺（2018）。10 年有成！更名 KAPANAN 部落文化音樂節。臺灣原住民族資訊資源網官方網站，取自 http://www.tipp.org.tw/news_article.asp?F_ID=83320&FT_No=1（檢索日期：2021 年 2 月 20 日）

傅仰止（2014）。〈公民意識的社會參與效應：志願結社及日常接觸〉。《臺灣社會學刊》55: 179-226。

劉煥雲（2007）。〈全球化、民主化與本土化 —— 二十一世紀台灣原住民文化發展方向之研究〉。收錄於行政院原住民族委員會，《2007 台灣原住民族教育新思維專輯論文》。臺北：行政院原住民族委員會。

鄭志凱（2017）。Z 世代來了！對抗的代間差距可能變小嗎？。《獨立評論》，取自 https://opinion.cw.com.tw/blog/profile/60/article/5574（檢索日期：2020 年 10 月 29 日）

Cagle, Kurt (2018). Rethinking Millennials and Generations Beyond. *Forbes*, https://www.forbes.com/sites/cognitiveworld/2018/08/22/rethinking-millennials-and-generations-beyond/#2f728d041893(accessed 29 October 2020)

Chakravarty, Devpriya (2017). Reading Popular Music Festivals through the Lens of Public Sphere. *JurnalKomunikasi: Malaysian Journal of Communication* 33: 32-42. 10.17576/JKMJC-2017-3301-03.

Clifford, James (2013). *Returns: Becoming Indigenous in the Twenty-First Century*. Cambridge, MA: Harvard University Press.

Coronado Suzán, Gabriela (2014). Selling Culture? Between Commoditisation and Cultural Control in Indigenous Alternative Tourism. Pasos: *Journal of Tourism and Cultural Heritage* 12(1): 11-28. Retrieved from http://www.pasosonline.org/articulos/661-selling-culture-between-commoditisation-and-cultural-control-in-indigenous-alternative-tourism

Duffy, Michelle (2000). Lines of Drift: Festival Participation and Performing a Sense of Place. *Popular Music* 19(1): 51-64.

Freire, Paulo (1970). *Pedagogy of the Oppressed*. New York: Continuum.

Gibson Chris (1998). We Sing Our Home, We Dance Our Land: Indigenous Self-Determination and Contemporary Geopolitics in Australian Popular Music. *Environment and Planning D: Society and Space* 16(2): 163-184. doi:10.1068/d160163

Gibson, Chris & Davidson, Deborah (2004). Tamworth, Australia's 'country music capital: place marketing, rural narratives and resident reactions. *Journal of Rural Studies* 20 (4): 387-404.

Habermas, Jurgen (1979). *The Theory of Communicative Action* (Vol. I). Boston: Becon Press.

Habermas, Jurgen (1989[1962]). *The Structural Transformation of the Public Sphere –An Inquiry into a Category of Bourgeois Society*. Cambridge: Polity Press.

Hartley, John & McKee, Alan (2000). *The Indigenous Public Sphere: The Reporting and Reception of Aboriginal Issues in the Australian Media*. Oxford: Oxford University Press.

Howe, Neil & Strauss, William (2000). *Millennials Rising: The Next Great Generation*. Knopf Doubleday Publishing Group. ISBN 9780375707193.

Latimore, Jack, Nolan, David, Simons, Margaret, & Khan, Elyas (2017). Reassembling the Indigenous Public Sphere. *Australasian Journal of Information Systems* 21. 10.3127/ajis.v21i0.1529.

Lin, Nan(2001). Building a Network Theory of Social Capital. In Nan Lin, Karen Cook and Ronald S. Burt (eds.), *Social Capital: Theory and Research* (pp.3-29). New York: Aldine de Gruyter.

Sassatelli, Monica (2011). Urban Festivals and the Cultural Public Sphere: Cosmopolitanism between Ethics and Aesthetics. In Gerard Delanty, Liana Giorgi and Monica Sassatelli (eds.), *Festivals and the Cultural Public Sphere* (pp. 12-28). London: Routledge. ISBN 9780415587303 [Book Section]

Stankova, Mariya & Vassenska, Ivanka (2015). Raising Cultural Awareness of Local Traditions Through Festival Tourism. *Tourism & Management Studies* 11(1): 120-127.

Stevenson, Nick (2002). *Understanding Media Cultures: Social Theory and Mass Communication*. SAGE Publications Ltd, https://www.doi.org/10.4135/9781446221310

Lee, Tsung Hung & Chang, Pei-Shiang (2017). Examining the Relationships Among Festivalscape, Experiences, and Identity: Evidence from Two Taiwanese Aboriginal Festivals. *Leisure Studies* 36(4): 453-467. DOI: 10.1080/02614367.2016.1190857

Mcguigan, Jim (2005). The Cultural Public Sphere. European Journal of Cultural Studies - EUR J CULT STUD. 8. 427-443. 10.1177/1367549405057827.

Wates, Nick & Knevitt, Charles (1987). *Community Architecture (Routledge Revivals): How People Are Creating Their Own Environment* (1st ed.). Routledge. https://doi.org/10.4324/9781315885957

CHAPTER

臺灣的東南亞族裔地景與媒體再現 *、**

—— 張春炎 ——
國立暨南國際大學東南亞學系副教授

* 本文為作者科技部研究計畫《東南亞移工「族裔消費群聚」的發展歷程、意義轉變與倫理反思：臺灣、香港與馬來西亞的比較研究》研究成果之一（計畫編號 107-2410-H-260 -018 -MY2）。感謝兩位匿名審查委員提供寶貴建議。

** 本章論文曾於《傳播文化與政治》第 15 期（2022 年 6 月）刊登。頁 87-112。感謝《傳播文化與政治》授權刊登。

一　前言：東南亞異鄉人與臺灣街景

> 多數人到臺中旅遊，可能會到火車站前的新潮冰淇淋店宮原眼科，
> 卻不會踏入對街殘舊的第一廣場。一棟被社會遺棄的大樓，卻意外
> 承接移工流浪的心情。每個星期日，他們一週中唯一的休息日，聚
> 會在大樓裡吃飯、唱歌、泡妞、做愛，唯有這些時刻，讓他們重新
> 感受自己像個人，而不是一枚無差異的勞動力。[1]

　　這已經是許多臺灣人熟悉的經驗，在南來北往的島內交通中，在都市的
漫遊裡，我們越來越常與東南亞移工在街頭擦身而過、看見他們在車站的身
影。尤其是到了假日，各大城市的火車站內外，多能看見東南亞移工聚集的
景象。我們是否想過，這群不論是沉默坐在一處，或用著異國語言放聲聊
天，又或者是席地吃食的異國勞動者們，是如何出現並重構臺灣的社會風
景？若你曾經注意過他們，那是在哪裡？當時你又是怎麼看待眼前所見的這
個景象？

　　本章開頭引用了一小段新聞內容，被報導的地點是臺中東協廣場，原名
臺中市第一廣場，就是一個假日會聚集大量東南亞移工的地點，也是近年
來特別受到矚目的東南亞族裔消費地點。在 1990 年代初期，這個地方原本
是中部地區年輕族群常會去消費和休閒的綜合百貨，1990 年代中期因為種
種因素不再吸引臺灣人前往。故事如同其他東南亞族裔消費聚集地的發展一
般，當臺灣人不去了，原本以服務當地人為主的商業或公共空間開始沒落、
蕭條，建築空間就開始逐步衰敗，直到東南亞移工走進、填補了這個空間，
才又活絡。

1　簡永達（2016）。〈第一廣場，移工築起的地下社會〉。《報導者》，取自 https://www.
twreporter.org/a/taichung-first-square。

　　換言之，東南亞移工的聚集，是讓被遺棄的地理空間又有了新生命。故事不同點在於，從閒置、衰敗，直到移工進入才又重獲生命力的第一廣場，不僅是中部最大的東南亞族裔地景（Southeast Asian ethnoscapes），它更有著劃時代的意義。因為 2015 年第一廣場被正式更名為東協廣場，做為地方政府一項重要的文化政策，東協廣場這個空間被標舉出一個新的空間意義，是力求實踐文化多元主義理想的新文化公共領域，藉此呼應臺灣做為移民社會應有的文化價值。

> 偉大的城市要善待新移民，成為可以築夢、圓夢的新故鄉，市府有責任把他們當做兄弟姐妹與家人，「臺中之美在於多元共榮，彩虹之美在於多色並存」，臺中因為他們而豐富。[2]

　　根據哈伯瑪斯的看法，公共領域是一種「私人會合成為公眾，並隨時準備迫使公共威權在輿論的合法性基礎上運作（Habermas, 1989; 轉引自李丁讚，2004: 1）」，是強調由私人匯集而成一種公共意見，也就是「社會中的私人經過理性辯論，相互對焦後所產生的會合和統整，代表著社會的自我反省和轉化，也因此形成類似規範的權威（李丁讚，2004: 13）」。如此，則臺中市政府打造東協廣場成為多元文化主義的空間，或許相當程度是面對臺灣市民社會的一種文化政策的反映。反映了東南亞族裔地景，不僅僅是一種東南亞移民／工為主體的族裔經濟或族裔消費地。而是從族裔消費空間轉變成為展現多元文化、相互包容的「新公共空間」。要瞭解這樣的意義轉變如何而來？則應該從瞭解東南亞族裔地景所具備的文化意涵開始。因此本章接下來首先透過回顧自 2000 年前後發展的經驗研究，以此來釐清和說明東南亞族裔地景所具備的意義轉變。

2　臺中市政府（2015）。〈為台中注入新文化市府打造「東協廣場」〉。《中央社》，取自 http://www.cna.com.tw/postwrite/Detail/177387.aspx#.WxYzRUiFPIU

　　另一方面，我們也可以注意到，儘管地方政府高度宣揚了東協廣場的意義，一如開頭引述《報導者》的專題報導所述，東協廣場對於廣大的臺灣民眾而言，卻常是「地下社會」般的存在。本文認為，地下社會的比喻，正是捕捉了現實上臺灣社會長期以來對於東南亞族裔地景的文化刻板印象。地下社會意味著不被多數人所熟知、經驗和理解，甚至有點危險；地下社會連結著臺灣社會普遍的歧視想像，想像著地下社會有著不整潔，而這違反多數臺灣人所信仰的文明樣子；在刻板印象的想像裡，地下社會還是由一群人的佔領、混亂秩序，違反多數臺灣人對於公共空間的認知。這樣的想像與臺中市政府打造東協廣場成為新文化空間的政策理念，明顯有所落差。值得反思的是，這樣的大眾想像又是如何而來？

　　回到哈伯瑪斯對於公共領域的論述概念，他將媒體視為是建立私人會合成為公眾、建立公共議題的一項重要的機制（李丁讚，2004: 7）。相應的，過去傳播研究也常檢視媒體做為一種建立公共領域的機制，可能出現的問題。如洪貞玲、劉昌德（2004）的研究便指出，20 世紀以降，資本的壟斷和國家強化控制侵蝕了大眾媒體扮演公共領域角色的潛能（洪貞玲、劉昌德，2004: 333）。則關於東南亞族裔地景的社會想像建構，跟大眾媒體的關係為何？本文將藉由分析於東南亞族裔地景的大眾媒體再現，說明東南亞族裔地景做為一種文化公共領域的社會想像與現實的落差。最後，針對東南亞族裔地景做為新「文化公共領域」的發展，本文亦將進行一些反思。

二　概念與現象：東南亞族裔地景

　　具族裔特色的聚集生活區，是移民社會經常會出現的景象。過去研究常會以族裔經濟（ethnic economics）的概念來分析其意義，強調少數族裔做為移居者在接待社會的生活處境與經濟行為（Pécoud, 2010），以及常見其從事主流社群較不願意做的工作，包括從事危險、骯髒及低薪的勞動現

象（Ojo & Shizha, 2018; Qadeer & Kumar, 2006）。抑或採取族裔飛地（ethnic enclave）的概念研究，強調內部有各類的族裔創業、店家或產業，來服務自己的族裔市場需求（Fong & Shen, 2011; Kaplan, 1998）。值得注意的是，不論是族裔飛地或族裔經濟，其聚焦於族裔特色的經濟行動，較缺乏對文化意義面向的關懷。因此，本文以族裔地景來做為概念的聚焦討論。

所謂東南亞族裔地景，是指一個空間或場所，聚集一定人數的東南亞族裔者。這些族裔者主要是來臺工作的移工，他們來到這個場所交誼互動、購買日常所需、從事各種休閒活動等等多元的消費景象，便構成了東南亞族裔地景。不僅是移工構成東南亞族裔地景，少數的東南亞新住民，也是構成族裔地景的重要行動者。還有在臺灣取得身分證的東南亞移民，以及臺灣當地人，在這樣的消費場所開設東南亞料理店、雜貨店或者提供東南亞族裔種種消費需求的商品和服務（王志弘，2011）。

地景做為一種概念，不僅是針對特定空間、實體景象的解釋，同時是偏向將「地景詮釋為由人群的活力和實踐所塑造，以符合其文化（Crang、王志弘等譯，2004: 35）」。這說明了，運用地景這樣一個概念，不僅是用來指稱可輕易觀察到的物理景象，更是指涉東南亞族裔消費地的景象背後，所呈現的社會關係、文化意義。面對全球人口移動日益普遍，Appadurai（1996）提出族裔地景的概念，強調移居者進入接待社會或形成一種群體認同的地景。王志弘（2006）引用這個概念藉以分析在臺灣的外籍移工在特定空間或地方所形成族裔認同和消費實踐狀況。對移工而言，族裔地景空間具備身在異鄉卻猶如故鄉的慰藉，此空間也能短暫舒緩緊繃、充滿壓力的雇傭關係同時滿足異鄉生活的消費需求。對主流社會而言，則不時會出現對東南亞為主的勞工消費群聚、空間佔用的嫌惡，甚至是擔心影響地價房價、環境品質等（王志弘，2006: 151-152）。然而王志弘以桃園火車站周邊族裔地景為例，研究發現在此空間蘊含了「多元族群或共存合作、或緊張誤解的社會關係，展現為複雜的空間政治（同上引，頁 170）」。

　　由此可以說明，相對於「地下社會」的比喻，東南亞族裔地景實際上內涵著更動態與多元的意義。而當我們要認識東南亞族裔地景在臺灣社會的動態意義轉變，便不得不認識東南亞移工和移民在臺灣發展概況。易言之，當東南亞族裔人口增長與之相關的族裔地景便會相對增加，此外其內涵及被觀看的方式也會隨之轉變。

　　東南亞族裔地景的蓬勃發展，最主要跟 1990 年代以來東南亞移工和新移民人數快速增長有高度的關連性。移工人數的增加源於臺灣對於勞動力的需求，自 1980 年代臺灣政府因為推動十四項重大公共建設，以勞力短缺為由，首次開放引進東南亞移工，後續可以從歷年統計數字發現，東南亞移工在臺人數，自 1990 年代初期的數千人，隨著 1992 年《就業服務法》通過陸續放寬各行業和職業合法雇用外籍勞工，開始以翻倍的數字增加。關注勞工權益的團體，針對東南亞外籍移工人數的歷年迅速攀升的現象，直接點出了政策的迷障：原來官方政策所宣稱的「補充性勞動力」，其實早已是臺灣不可或缺的「替代性勞動力」（孫友聯，2013）。

　　從勞動部的相關統計數據，確實可以發現，2003 年東南亞移工總數已突破 30 萬、2011 年突破 40 萬、2014 年突破 50 萬、2016 年突破 60 萬，2018 年年底人數來到 67 萬，2019 年後就已突破 70 萬人（請參照表1）。

　　表1 的歷年數字變化充分說明了，歷年來臺的東南亞移工，基本上是以越南、泰國、印尼、菲律賓四個國籍為主。因為來臺工作的移工數量年增快速，其來臺種種生活需求也隨之快速增加。相應的，東南亞族裔消費地的發展，可以視為是為了滿足不同國籍的移工在異鄉之生活需求。

　　整體而言，臺灣各大東南亞族裔消費地景的形成，主要是起因於來自東南亞的移工具有族裔特性的消費需求而產生。少數例外是位於新北市中和區的華新街，該消費地景是以移居臺灣的東南亞華人為主。華新街一帶素有小緬甸之稱，該地之所以形成，主要是因為國民黨政府過去的僑民政策，吸引了原來住在緬甸、為躲避緬甸軍事獨裁的華人來臺。這些移民來臺的緬甸華

表 1：產業及社福外籍勞工歷年統計（2003 年 -2020 年）

年	總計	印尼	菲律賓	泰國	越南	其他
2003	300,150	56,437	81,355	104,728	57,603	27
2004	314,034	27,281	91,150	105,281	90,241	81
2005	327,396	49,094	95,703	98,322	84,185	92
2006	338,755	85,223	90,054	92,894	70,536	48
2007	357,937	115,490	86,423	86,948	69,043	33
2008	365,060	127,764	80,636	75,584	81,060	16
2009	351,016	139,404	72,077	61,432	78,093	10
2010	379,653	156,332	77,538	65,742	80,030	11
2011	425,660	175,409	82,841	71,763	95,643	4
2012	445,579	191,127	86,786	67,611	100,050	5
2013	489,134	213,234	89,024	61,709	125,162	5
2014	551,596	229,491	111,533	59,933	150,632	7
2015	587,940	236,526	123,058	58,372	169,981	3
2016	624,768	245,180	135,797	58,869	184,920	2
2017	676,142	258,084	148,786	61,176	208,095	1
2018	677,698	258,703	149,433	61,085	208,476	1
2019	718,058	74,764	126,661	59,013	196,162	1
2020	709,123	263,358	150,786	58,135	236,835	9

資料來源：作者整理自勞動部（2020）。〈產業及社福外籍勞工人數〉。勞動部，取自 https://statdb.mol.gov.tw/evta/JspProxy.aspx?sys=100&kind=10&type=1&funid=wq14

人，雖為華人但卻因為保有對於滇緬飲食、用品和語言文字的習慣，因此也造就了中和小緬甸的族裔地景（翟振孝，2005；張春炎，2011）。

　　東南亞族裔消費服務的供應商家，是構成臺灣的東南亞族裔地景的另一類重要行動者。在臺灣要成為店家經營者，往往需要具備公民身分。因此經營者除了是臺灣人之外，也包含在東南亞具有生活經驗的華人移民，以及因為婚姻入籍的新移民 ── 外籍配偶。尤其是東南亞外籍配偶，因為擁有臺灣與東南亞國家的文化素養和語言能力，又具備公民身分，不僅能夠成為消費需求者，也能夠成為滿足經營東南亞商店的賣方。因此，這群新移民在臺的人數累積，是初步理解東南亞族裔地景何以形成和擴大的數據資料（請參見下表 2）。

表 2：臺灣歷年來東南亞四國外籍配偶統計（2004 年 -2020 年）

年	所有國籍的總計	東南亞四國的總計	印尼	菲律賓	泰國	越南
2004	336,483	85,105 (25.29%)	24,446 (7.37%)	5,590 (1.66%)	8,888 (2.64%)	68,181 (20.26%)
2005	364,596	115,046 (31.55%)	25,457 (6.98%)	5,899 (1.62%)	9,675 (2.65%)	74,015 (20.3%)
2006	383,204	117,448 (30.65%)	26,068 (6.8%)	6,081 (1.59%)	9,426 (2.46%)	75,873 (19.8%)
2007	399,038	119,206 (29.87%)	26,124 (6.55%)	6,140 (1.54%)	8,962 (2.25%)	77,980 (19.54%)
2008	413,421	121,127 (29.3%)	26,153 (6.33%)	6,340 (1.53%)	8,331 (2.02%)	80,303 (19.42%)
2009	429495	123,725 (28.81%)	26,486 (6.17%)	6,694 (1.56%)	8,166 (1.9%)	82,379 (19.18%)
2010	444216	126,084 (28.38%)	26,980 (6.07%)	6,888 (1.55%)	7,970 (1.79%)	84,246 (18.97%)
2011	459390	128,956 (28.07%)	27,261 (5.93%)	7,184 (1.56%)	8,262 (1.8%)	86,249 (18.77%)

（接下表）

年	所有國籍的總計	東南亞四國的總計	印尼	菲律賓	泰國	越南
2012	473144	130,842 (27.58%)	27,684 (5.85%)	7,465 (1.58%)	8,336 (1.76%)	87,357 (18.46%)
2013	486703	133,067 (27.34%)	27,943 (5.74%)	7,707 (1.58%)	8,375 (1.72%)	89,042 (18.29%)
2014	498,368	135,779 (27.25%)	28,287 (5.68%)	8,021 (1.61%)	8,467 (1.7%)	91,004 (18.26%)
2015	510,250	138,991 (27.24%)	28,699 (5.62%)	8,326 (1.63%)	8,525 (1.67%)	93,441 (18.31%)
2016	521,136	142,813 (27.40%)	29,064 (5.58%)	8,670 (1.66%)	8,633 (1.66%)	96,446 (18.51%)
2017	530512	147,647 (27.83%)	29,451 (5.55%)	9,075 (1.71%)	8,703 (1.64%)	100,418 (18.93%)
2018.02	532208	148,367 (27.88%)	29,497 (5.54%)	9,149 (1.72%)	8,714 (1.64%)	101,007 (18.98%)
2019	557450	158,708 (28.47%)	30,483 (5.47%)	10,102 (1.81%)	9,126 (1.64%)	108,997 (19.55)
2020	565,299	161,202 (28.52%)	30,840 (5.46%)	10,375 (1.84%)	9,328 (1.65%)	110,659 (19.58%)

資料來源：本文整理自中華民國內政部移民署（2020）。〈統計資料〉。內政部移民署，取自 https://www.immigration.gov.tw/lp.asp?CtNode=29699&CtUnit=16434&BaseDSD=7&mp=1

　　因此，表1、表2可見東南亞族裔人數增長數字，是一個很重要的基礎動力，造就1990年代後東南亞族裔地景日漸成為臺灣社會的「另類主流地景」。若以主要族裔文化特色來看，目前在臺灣的東南亞族裔地景，主要是以越南、泰國、印尼、菲律賓和緬甸（華人）族群為主。進一步依照不同東南亞族裔的消費特定，以及規模大小，全臺灣可以標示出許多個東南亞族裔地景，這些地景大致可以分為三類（王志弘，2011；陳建元、張凱茵、楊賀雯，2016；陳坤宏，2008、2012）：

(一) 單一東南亞國家之族裔群聚：諸如位在臺北中山北路的小菲律賓（聖多福教堂及金萬萬名店城）、臺北火車站附近的小印尼、中和華新街的緬甸街，這些地點主要是由單一國家族群聚集而被命名的地景。

(二) 多元東南亞國家之族裔聚集：也有以越南、泰國、印尼和菲律賓這四大主要移工混雜聚集的族裔地景，諸如桃園後火車站周遭、臺中東協廣場及周遭、臺南火車站周遭、臺南國賓大樓、高雄火車站區的外勞街。

(三) 城市外圍或鄉間的小規模、零星聚集：在各縣市的鄉間、工業區及港口周遭，因為移工勞動力需求的引進，也不乏有較小規模的東南亞族裔地景的存在，例如臺中工業區，以及高雄港、南方澳漁港等。

值得關注的是，做為一個外在客觀事實，東南亞族裔地景的增加和類型的說明，仍然不能充分解釋東南亞族裔地景的社會意義。換言之，若要理解東南亞族裔地景的存在意義，應從東南亞移工來臺的勞動處境來進行分析，以此更認識東南亞族裔地景對族裔群體的生活需求的意義。既有研究發現，對於一個離鄉背井的移工而言，能夠在休假時光，到一個地點，不用再承受因為語言溝通困難而帶來的生活壓力，顯然極為重要。而語言也代表著相對熟悉東南亞文化的店家能夠提供上述族裔消費的滿足，因此族裔地景往往也是一個充滿族裔文化符號商品的景象。由於新移民的文化背景，其往往比本地人更具販售族裔文化商品、服務的能力，因此日漸增加的移民人數，也成為構成消費族裔地景的另一類重要行為者（王志弘，2011）。

整體而言，對於東南亞族裔者而言，東南亞族裔消費群聚地，充滿著不為人知的現實。因為來臺工作的東南亞移工，經歷著國族和階級的雙重弱勢。他們在臺生活和基本需求由此得到滿足，同時也能夠短暫逃避來臺灣社會的生活壓力。誠如過去研究所指出的，移工到東南亞族裔地景的主要動機是期待能夠享受家鄉味的飲食用品、購買慣用日常用品，並且能夠有一個地方自由使用母語與同鄉自由互動，享受難得的心理和生理的需求滿足（吳挺鋒，2002；吳永毅，2007；陳坤宏，2008）。

三 族裔地景的多元意義

　　由上節可知，東南亞族裔消費地景的存在，顯現的是備受工作和生活壓力的東南亞移民／工，能在非常有限的休假時間裡，完成所有生活必須的消費、匯款和需求滿足，同時也能滿足鄉愁的消解獲得歸屬感，甚至是有打黑工、增加收入機會的地方。

　　值得注意的是，早期研究也關注到接待社會與東南亞族裔之間的文化關係，藉此分析解釋族裔地景所具備的社會意涵。這些研究多指出，臺灣社會往往未能體察或認真看待前述的意義，反而是多存在的負面觀感與歧視，來看待東南亞族裔消費群聚。諸如早期研究發現，東南亞族裔消費地景會受到臺灣報以刻板印象，將東南亞族裔地景視為是一種衰敗、髒亂和容易犯罪滋生的問題地，這樣的過程又稱為空間的病理化（邱琡雯，2007）。這樣的研究也凸顯出主流社會對於位居階級弱勢、邊緣少數的外來族群，抱持對立、不友善的姿態。

　　然而自 2000 年以來有越來越多研究者，採取移工為主體的立場，以同情式的理解角度來研究東南亞族裔消費地景。這些研究發現，移工在東南亞族裔地景之中的日常飲食、商品交換、語言群聚現象，並關心其如何在臺灣社會重建其文化慣習，建立移民／工社群的情感網絡與認同（翟振孝，2005；藍佩嘉，2006；王志弘，2006；王志弘等，2009）。有些研究者則發現到，東南亞移工消費地景的意義，是彰顯了缺乏私人空間的移工，放假生活處境是「外翻口袋」，也就是必須在公共空間進行私人活動，如我們常會看到的街頭隨地休息的移工（吳永毅，2007）。雖然移工佔用公共空間是東南亞族裔消費地景之一，然而這樣的地景也是使得移工能夠擺脫雇主的監控、抒解身心壓力的難得保障（王志弘、沈孟穎，2009）。

　　此外，亦有研究發現因為消費群聚產生的東南亞族裔地景，顯現出東南亞語言、標誌符號的空間特色，往往利用交通便利和低租金的空間，建

立以消費做為核心族裔互動和人際交流（王志弘、沈孟穎、林純秀，2009；陳建元、張凱茵、楊賀雯，2016）。不僅展現族裔經濟下的維生地景（王志弘，2011），同時是「在異鄉維繫故鄉」的族裔地景（張春炎，2011）。這樣的空間，對於臺灣主流社會而言具有隱蔽性，是因為東南亞族裔以原居地消費和文化實踐來組織日常生活，達成一種文化劃界的效果。也因為臺灣主流族裔具備公民身分，形成具社會經濟地位的階級優勢，使之成為「化外之地」（王志弘、沈孟穎，2009）。

由前述這些的研究，一方面可以發現東南亞移工消費群聚所形成的族裔地景，它做為一種社會事實，不僅是一種東南亞移工們（局內人群體）所造成，也是一種接待社會結構與移工社群的權力交鋒與相互建構（陳建元、張凱茵、楊賀雯，2016）。這些研究者不僅解釋了東南亞移居者消費群聚空間的過程、消費對移工的多層意義，也彰顯了群聚空間與臺灣社會之間的張力，包括在主流社群與移工社群的劃界與越界，族裔消費群聚的迴避與納編，以及移居者群聚所展生的文化展演和社群凝聚（吳挺鋒，2002；吳比娜，2003；王志弘，2006、2008；陳坤宏，2008；王志弘、沈孟穎，2009；張春炎，2011）。

因此，東南亞族裔地景所內涵的主流族群和東南亞族裔之間的疏離關係，並非一成不變，而是從早期的客體化、排他性（exclusive）的族裔空間，進入到 21 世紀則開始有越來越多的容納性（inclusive）意涵的多元文化主義論述的建立。如王志弘（2011）的研究便以臺北都會區東南亞族裔地景為例，其認為過去已經逐步建立起保守的多元文化主義，在此基礎上則應該跨越到具批判也是更為進步的多元文化主義。所謂保守的多元文化主義，也就是使移工族裔地景展現出，主流社會對於東南亞族裔之「文化差異和身分認同在公共生活中得到寬容、承認和保障（王志弘，2011: 76）」，這意味著東南亞族裔地景的劃界和隱蔽性的存在，是受制於臺灣國族國家為框架的保守多元文化主義，形成一種多元或容納差異的自我讚頌。由此王志弘（2011）也提出了更具進步性的批判多元文化主義，也就是「立足於普遍公

平和正義原則上的承認、寬容和尊重差異（同上引，頁 76）」，建立東南亞族裔地景空間做為跨族裔群體交流和差異共存的場域。

本文認為，這類研究同時呈現出東南亞族裔地景具有新文化公共領域的可能性。因為，這樣的研究常帶有強烈的公共議題討論的性質，也就是從研究場域的進入、發現與批判討論中，凸顯了臺灣做為接待社會，在面對東南亞族裔遷徙進入後，出現的種種問題和應該改進的方向。

綜合而言，過去有關東南亞消費群聚的研究發現，反應出東南亞族裔地景存在於臺灣社會的意義是：從漠視到發現、從單一理解到多元理解、從排他到容納差異。更為重要的是，東南亞族裔地景也正從被視為客體化（他們）的空間凝視，朝向探討跨群體交流（我們）的新公共領域。箇中所彰顯的意義是，東南亞族裔地景逐步形成一種臺灣做為移民社會，如何建立有關多元文化主義之公共議題發展的空間領域。

四　族裔消費地景的媒體再現

本章在前面幾節，已說明在臺灣的東南亞族裔消費地，對於東南亞移工、移民在臺灣這個異鄉的生活，具備生命意義的重要性。而這樣的重要性構成了東南亞族裔地景的多元意涵。由此帶出另一層思考是，回到哈伯瑪斯對於公共領域的論述概念，其強調大眾媒體是一個建立更廣大公眾對於公共議題討論、交流和形成理性溝通的一項重要機制。反映在本研究主題，則由前述研究脈絡所呈現的東南亞族裔地景的意義發現，以及做為新公共領域之可能性，是否能透過大眾媒體而拓展形成更大範圍而有效的公共討論。因此，本文將檢視大眾媒體如何再現東南亞族裔地景？

為解答上述問題，本節將進一步進行東南亞族裔地景的媒體再現分析。進入具體分析前，讀者應該瞭解媒體再現所具有的幾項重要社會意涵：首

先，媒體做為一種想像的公共空間，扮演著促進意義流通和關係建構的機制，其會影響廣大社會成員怎麼看待一個對象、族群和議題，因此各個社會也往往會特別注重大眾媒體是否對於特定的族群、性別或者階級有無不適當的再現（Chouliaraki, 2010; Scott, 2014）。

其次是，媒體如何再現東南亞地景，可以用來檢驗臺灣社會做為接待社會，其接待文化為何（張春炎，2013、2018）。尤其，近年來有越來越多人開始組織和推動東南亞移民／工的認識與生活關懷，這些行動都體現出臺灣社會朝向多元文化主義發展的努力。假如善待東南亞移工的接待文化運動已推展開來，那麼在接待社會文化之中，是否同樣正面體現在移工消費群聚的媒體再現？透過東南亞族裔消費地景的媒體再現分析，能夠用來檢視過去被視為是病理空間、充滿歧視角度看待東南亞族裔消費地景，是否仍存在負面刻板印象，抑或有所改變。這樣的分析，也可以相當程度檢視，臺灣社會如何面對東南亞移工在臺生活。

本文蒐集臺灣主流平面新聞媒體，可以發現，《中國時報》、《聯合報》、《自由時報》、《蘋果日報》等四個在臺灣的主要大眾平面新聞媒體，對於移工消費群聚地點的新聞關注不高。即便有所報導，普遍的媒體再現往往是針對移工在臺灣所引發的社會事件或現象來進行報導。然而亦可歸納分析出不同的媒體再現觀點。

（一）正向理解的族裔地景再現

諸如《中國時報》在 1990 年代中期，曾報導彰化、桃園等地東南亞外籍勞工群聚現象，尤其是 1995 年 9 月 8 日《中國時報》有一則新聞標題〈桃園工業區泰式餐廳林立〉，內文描述「供應泰國勞工家鄉味食物的需要，與日俱增；在價位、口味上配合一般勞工的消費水準，並附設卡拉 OK 供晚餐歡唱休閒，深具異國風情，也相當值得本國民眾嘗試」。

《聯合報》也有同樣的新聞媒體再現，也就是以異國風情的角度報導。如 1999 年 7 月 25 日《聯合報》一則新聞標題〈異國風味飲食撲鼻香〉，內文報導「許多在臺菲勞，星期天除了到聖多福教堂望彌撒，飲食也是休閒的一項重要工作……這幾年由於菲勞在星期天大量湧入，附近也增加不少專賣菲律賓菜的自助餐廳、附設卡拉 OK 可以喝啤酒的 PUB、烤肉店即賣炒米粉的路邊攤，專門提供菲勞的需求……老老少少的菲勞在異地的麥當勞用餐，原本不認識，由於共同的語言及背景，有的人很快就打成一片，共同分享座位，在享用美食的同時，也大聲用著共同的語言聊天」。

前述報導，彰顯兩項特色，首先是抱持正面看法，持平描述移工增加帶來的消費需求和群聚現象。這樣的媒體再現特色，是傾向去理解東南亞族裔的消費需求。同時也鼓勵臺灣社會，應在正面看待之餘，前往該地景體驗。更有媒體再現，是針對臺灣社會對待外籍移工的不合宜制度，予以批判。《聯合報》（1996 年 3 月 31）一則新聞標題〈不堪其擾聖多福教堂抗議〉，報導警方經常在聖多福天主教堂趁機臨檢、查緝非法外勞，造成了教堂秩序大亂，為此教堂向外交部和警政署抗議。

(二) 社會問題化的族裔地景再現

然而東南亞族裔消費群聚的媒體再現，更常出現「社會問題化」的情況，諸如同樣報導中山北路的小菲律賓。《聯合報》（1999 年 3 月 15 日）一則新聞，便以〈外勞假日群聚擬設專區解亂象〉做為新聞標題，內文討論了大量菲律賓移工群聚、吸引流動攤販所帶來的環境問題，「流動攤販不但製造環境衛生的髒亂，……老是和警方捉迷藏，晴光市場攤商一再向區公所反應，要求市政府應設法解決大批外勞聚集的相關問題」。

此外一旦有犯罪問題，新聞往往會凸顯犯罪嫌疑犯所具有的特定東南亞族裔身分。這樣的媒體再現是反映出主流社會慣於凸顯犯罪行為與少數族裔的連結關係。如《中國時報》（2009 年 1 月 30 日）報導臺中第一廣場發生

的一樁暴力案件，便以〈越勞疑遭同鄉刺殺〉做為標題。由此可見，這樣的媒體再現是針對東南亞族裔身分的偏見再現。相對的，我們很少會在媒體上看見，主流社會群體所具有的族裔身分和其犯罪行為的連結再現，諸如我們幾乎不會看到新聞以「臺灣本省人涉嫌犯下一樁案件」這樣用語來呈現，足見這類犯罪新聞的再現所隱含的歧視意義。

有時媒體再現方式，則是採取同質化的報導，以外勞代稱並形成負面刻板印象，諸如《中國時報》（1994 年 10 月 4 日）以〈車資衝突六外勞涉搶奪〉為標題，報導一群外籍移工搭計程車到彰化火車站的衝突事件，這類新聞都凸顯外籍勞工這樣的身分所帶來的酒後鬧事或者暴力逞兇危害治安的問題。第三種典型的媒體再現，是指涉東南亞族裔地景為犯罪滋生地，諸如《聯合報》（1999 年 7 月 25 日）以標題〈走私貨充斥違禁品亂竄〉，報導「中山北路三段每逢假日之所以吸引大批菲律賓外勞聚集，除因當地有聖多福天主教堂這個望彌撒的精神『聖地』外，還有許多物質因素，例如這裡可以買到走私進口的菲律賓菸、酒、藥物，也有很多『地下銀行』可以用較高的匯率把臺幣匯回菲國，更有臺灣的餐飲業者開專車接送菲勞到店裡連假消費，替違禁品找到更好的流通管道」。

上述新聞在結語最後提到「從另一觀點來看，菲勞平日工作辛苦，又缺乏正當娛樂場所，只要不在 PUB 鬧事，警察並不會大驚小怪」，雖然新聞在結語部分使用了看似同情理解的角度報導，但無法免除標題和大部分內容的刻板印象化的媒體再現，也就是指稱或暗示小菲律賓這個東南亞族裔消費地景充滿犯罪和不法行徑，或者是治安死角等。

綜合而言，我們可以發現，雖然早在 1990 年代臺灣新聞媒體就已經能夠對於東南亞移工來臺生活有所關照。然而主流平面媒體有關移工消費群聚地的再現，仍然缺乏足夠多的報導，報導也無法有效呈現該地景所具有的多元意涵，更未能採取同情式的理解移工的角度，來再現東南亞族裔消費地景。

不僅如此，既存的新聞，仍然不時採取一種刻板印象式的媒體再現模式，將東南亞族裔消費地景刻板印象化為是一種異國情調，抑或是「髒亂、治安死角」。則這樣的媒體再現，都將更傾向以單調且輕薄的想像，想像東南亞族裔消費地景是異國美食街，或者犯罪滋生區。這類典型的媒體再現所帶來的社會想像，恐怕只是一種簡化或負面標籤化東南亞族裔地景。

五　新公共領域的可能？各種嘗試

(一) 族裔地景媒體再現的去多元化與接待社會文化

本章嘗試與讀者共同瞭解東南亞族裔消費地景之所以形成，跟東南亞族裔在臺灣的人數攀升有關。形構東南亞族裔消費地景的主要行為者，大多是以移工身分短暫來臺工作的東南亞移工，或者透過婚嫁方式來臺的東南亞移民。這些人來臺生活或工作，往往具備異鄉人的特質，而產生族裔團體相聚和購買故鄉商品的需求。尤其是東南亞移工，來臺前往往沒有充足語言訓練，而語言不通或溝通障礙，也構成了他們在臺工作和生活的沉重壓力。一旦放假，東南亞移工就更需要消解思鄉情緒、安心休息的空間。他們需要有一個地方，能夠和來自相同故鄉的人、用故鄉的語言互動聊天。此外，對於東南亞移工而言，購買具有故鄉味道、習慣使用的物品，是消解鄉愁及生活壓力的重要管道，這也構成了東南亞族裔消費地景的首要意義。因此，東南亞族裔地景的構成意義，不僅是移工的消費聚集，更像是一種思鄉的文化實踐。

其次是構成東南亞族裔地景的臺灣空間實體，多半是在老舊、在地消費人口流逝的臺灣都市空間。這類空間景觀上往往較為破敗或髒亂，較容易讓臺灣人退避、不願進入。因此，臺灣商場、街道或公共空間的衰敗，反而成為東南亞移工躲避在臺生活壓力的機會，也是這群異鄉人能夠購買思鄉產品

的消費場所。對於經營的商家而言，破敗的地點讓租金比較低廉，彌補了平日 —— 移工上班日就無顧客收入的窘境。低廉租金也讓販賣較為低價東南亞商品、平日無顧客的商家能夠維持經營，這才使得具東南亞族裔特色或者能夠滿足異鄉需求的商品，能夠持續存在，並滿足了思鄉、高異鄉生活壓力、高工時又無太多可支配所得的東南亞移工之需求。

從本章第二、三節的文獻回顧可見，過去有諸多研究深刻地探討了，東南亞族裔消費地景所蘊含的多元意義。本文認為，這些進入東南亞族裔地景的研究與發現，不僅是知識也是一種行動，包括促成了與多元文化主義發展相關的公共議題被討論。諸如如何讓東南亞族裔地景的意義被更多人認識？如何保存族裔地景？族裔地景應該如何發展？等等。這些持續不斷形成的相關公共議題，環繞在東南亞族裔地景的同時，也確實驅使了文化政策行動開展。諸如本文開頭所提，地方政府將第一廣場從小東南亞重新定位為發展多元文化主義的場域，因此重新命名第一廣場為東協廣場。而東協廣場的建立，也成為一個被期待的新文化公共領域。

值得反思的是，在主流平面新聞的媒體再現上，卻仍然呈現種種的缺乏，包括了缺乏足夠的報導量，同時也缺乏多元意義的呈現。這也說明了，縱然歷年來相關研究揭開了意義的面紗，發現東南亞族裔地景具備多元文化主義議題，然而傳統的報紙新聞媒體，則尚未能有效扮演串聯意義討論的機制，無法實踐己身成為公共議題討論與串聯的公共角色。

由此，不免需要再想想 Appadurai（2009）的論點，當大眾平面新聞媒體對於東南亞族裔消費地景的再現，經常傾向是將之想像成是一種「視而不見」的存在或者單一化的負面刻板印象。那麼東南亞族裔消費地景，則會被經常綁定在一種負面的想像裡，也讓我們見不到東南亞移工做為人的人權需求和寶貴的社會貢獻。換言之，原本該是友善移工，使東南亞移工能夠利用短暫假日實踐人權、社會生活權利的族裔地景，就隨著媒體再現，在臺灣主流社會文化中，成為一種看不見的地景。

　　媒體再現做為一種反思社會的基礎，呈現出本文要談的另一項關鍵的意義。做為接待社會，我們在主流平面新聞媒體再現中所不易看見的東南亞族裔之人權和社會意義，也讓臺灣社會形成一種習慣性的對於自身社會文化素養的視而不見，視而不見自身「將移工視為勞動機器」的扭曲文化。換言之，如果媒體再現導引著特定的社會想像，那麼不免令人憂心的是，這樣的社會想像將持續維持一個社會事實，也就是臺灣的接待文化是更傾向做為「一個不友善東南亞族裔」的社會事實。

（二）新媒體與新公共領域的契機

　　值得關注的是，在這個新媒體的影響力量正在看俏的年代，新媒體再現是另一個可期待的社會想像力來源。本章一開頭引用近年來崛起的臺灣新媒體《報導者》的專題報導，在該系列報導的媒體再現中，就是以東協廣場為主軸，呈現生活其中的東南亞移工做為人的事實，再現其具有欲望、物質和休閒的需求和種種人權，因此「東南亞族裔消費地景的媒體再現」，其所傳達的是：東南亞移民／工在臺生活，是離鄉背井的生活，有種種需求難得在東協廣場這樣的空間被滿足的景象。

　　除此之外，就文化意義的層面，新媒體的報導更傳遞了體認東南亞移工是生活在臺灣的異鄉人，需要被尊重、理解。因此這類新媒體再現，一方面再現出在臺灣的東南亞移工未被善待的意義；另一方面則是開啟了臺灣接待文化內涵的自我反省。

　　在上述的討論脈絡下，也不應該忽略的是，東南亞族裔地景並非始終處於有待被再現的被動角色。以筆者過去幾年在臺中東協廣場執行教學和研究計畫為例，可以發現自 2016 年起，有越來越多臺灣在地團體投入友善、理解和推動東南亞族裔權益的行動，包括臺中在地原生組織 1095（壹零玖伍

文史工作室），[3] 以及長年維護勞動權的 TIWA（臺灣國際勞工協會）至東協廣場設立辦公室。[4] 筆者所任職的學校國立暨南國際大學以東南亞學系、東南亞研究中心為主要成員的師生在東協廣場設立 SEAT 南方實驗室，搭建臺灣與東南亞移民／工的「文化交流平臺」。[5] 這些從知識到行動的團體，不僅代表臺灣社群與東南亞族裔持續進行正向的交流與互動，並在這個東南亞族裔空間搭建起更多相關文化公共議題的討論。此外，這些團體也常會透過現場行動、新媒體影響大眾媒體傳播，藉此引發社會對於東南亞族裔地景相關之公共議題的關注與討論。諸如 TIWA 在 2019 年經由臉書，以現場直擊的方式發布訊息，傳播臺中警察於晚間驅離坐在東協廣場的移工，並且藉此事件嘗試提出相關公共議題的討論與反省：

3　1095 臉書粉絲頁強調，「建立更多元的文化認知，豐富國人的國際觀，藉此改善外籍人士在臺的社會待遇與勞動環境」，資料來源 https://www.facebook.com/MigrationTaichung/

4　TIWA 曾經針對東協廣場一些不友善移工的舉措進行抗議，資料來源 https://www.tiwa.org.tw/%e6%96%b0%e8%81%9e%e7%a8%bf%ef%bd%9c%e5%95%86%e6%a5%ad%e9%96%8b%e7%99%bc%e5%84%aa%e5%85%88%ef%bc%8c%e5%b8%ad%e5%9c%b0%e6%96%87%e5%8c%96%e4%b8%8d%e8%a6%8b-%e8%ab%8b%e5%8f%b0%e4%b8%ad%e5%b8%82%e6%94%bf/

5　SEAT 南方實驗室 https://www.facebook.com/seataichung/，係「結合臺中市政府與在地社會團體力量，正式成立服務東南亞移民工與臺灣友善社會的交流溝通平台——『東協廣場溝通互動平臺』」，資料來源 https://www.cna.com.tw/postwrite/Detail/207000.aspx

　　正是上述這一則臉書文及現場影像紀錄的發布，使 TIWA 臺中辦公室成
為此事件的消息來源，隔日受到《中央社》報導，[6] 中央社新聞稿同步引發
公廣集團華視新聞，[7] 以及數家網路新聞媒體《新頭殼》[8]、《關鍵新聞網》[9]、

6　中央社（2019）。〈網傳驅離東協廣場移工 中市警：勸離有醉意移工〉。取自 https://
　　www.cna.com.tw/news/asoc/201907150188.aspx

7　華視新聞（2019）。〈"東協廣場"聚會移工控警惡意驅趕〉。取自 https://news.cts.
　　com.tw/cts/local/201907/201907151967687.html

8　新頭殼（2019）。〈網傳驅離東協廣場移工 中市警：勸離有醉意移工〉。取自 https://
　　newtalk.tw/news/view/2019-07-15/272927

9　關鍵評論網（2019）。〈網傳驅離東協廣場移工 中市警：勸離有醉意移工〉。取自 https://
　　www.thenewslens.com/article/122136

《芋傳媒》的報導。[10] 而這一連串新聞，不僅呈現此新聞事件，內容更提出了多元文化主義相關的公共議題討論。彰顯臺灣人進入東南亞族裔地景，形成友善、共容互動，以及建立多元文化主義的公共論述。

除此之外，也可以發現東南亞族裔自主發動社會議題的能力。如印尼移工 Pindy，自動發起同鄉移工一同打掃緊鄰東協廣場的綠川和周邊街道，這樣的活動同時受到網路媒體報導。在接受採訪時 Pindy 提到「臺灣是我們第二個家，想要一起做對社會有幫助的事」，引發諸多媒體報導，相應提出公共議題的討論，包括應該打破對移工誤解及刻板印象，減少社會對於東南亞移工的歧視。此外，Pindy 也聯合臺灣朋友一同維護彼此的生活環境。彰顯出東南亞移工的自主再現的能力，以及愛環境愛臺灣，相互平等包容、不分彼此的公共論述。[11]

由此凸顯了在東南亞族裔地景之中，從昔日對族裔內部有特殊意涵，但對接待社會具隱蔽意涵的公共空間，正逐漸發展成為一個具公共互動性的新文化公共領域。這樣的發展動力來自於過去研究者的知識行動、在地非營利組織以及晚近可見的東南亞族裔的自主行動，持續促成了文化政策的落實與發展。

---

10 芋傳媒（2019）。〈網傳驅離東協廣場移工中市警：勸離有醉意移工〉。取自 https://taronews.tw/2019/07/15/403213/

11 此移工自主再現的行動和公共議題擴展，同樣受到一連串媒體報導，包括李文潔（2018）。〈台中最美背影 —— 印尼移工揪團掃綠川〉。取自 https://www.taiwannews.com.tw/ch/news/3380286；中央社（2018）。〈台灣也是家印尼移工主動清理綠川〉。取自 https://www.cna.com.tw/news/aloc/201804120360.aspx；關鍵評論網（2018）。〈印尼移工揪團清理台中綠川：「台灣是我們第二個家」〉。取自 https://www.thenewslens.com/article/94545；陳孟萱、林品鑫（2018）。〈這就是愛台灣！ 印尼移工清綠川〉，《華視新聞網》。取自 https://news.cts.com.tw/cts/local/201805/201805131924369.html

六 結論

　　在結論中，本章鼓勵讀者正視在我們生活周遭的東南亞族裔地景，並且反思其存在的意涵與己身經驗，進而共同來持續關注一系列的問題，包括：面對多元、跨國移動頻繁的世界，移民社會為體質的臺灣社會，是否具備待客之道？能否平等看待各種在臺灣社會內部所形成的各種族群文化？我們是否展現追求多元文化主義的理想，也就是尊重、平等看待各種族群的文化價值？

　　本文認為，對於東南亞族裔地景的正視以及文化理解是一個開始，後續東南亞族裔地景如何能夠成為一種對文化政策更具影響力的新文化公共領域，端賴於其是否能有效幫助生活在臺灣的各種文化族裔和人們，藉此檢視臺灣的多元文化主義發展（王志弘，2011）。而東南亞族裔消費地景的媒體再現，在此過程扮演重要角色，值得受到檢視與觀察，這也關係到未來臺灣如何發展更進步的接待社會文化。

參考文獻

Appadurai, Arjun（著），鄭義愷（譯）（2009）。《消失的現代性：全球化的文化向度》。臺北：群學。

Crang, Mike（著），王志弘、徐佳玲、方淑惠（譯）（2004）。《文化地理學》。臺北：巨流。

王志弘（2006）。〈移／置認同與空間政治：桃園火車站周邊消費族裔地景研究〉。《臺灣社會研究季刊》61: 149-203。

王志弘（2008）。〈族裔 —— 文化經濟、謀生策略與認同協商：臺北都會區東南亞風味餐飲店個案研究〉。《國立政治大學社會學報》39: 1-44。

王志弘（2011）。〈我們有多元文化城市嗎？臺北都會區東南亞族裔領域化的機制、類型與作用〉。《臺灣社會研究季刊》82: 31-84。

王志弘、沈孟穎（2009）。〈疆域化、縫隙介面與跨國空間：臺北市安康市場「越南街」族裔化地方研究〉。《臺灣社會研究季刊》73: 119-166。

王志弘、沈孟穎、林純秀（2009）。〈族裔公共空間的劃界政治：臺北都會區外圍東南亞消費地景分析〉。《臺灣東南亞學刊》6(1): 3-48。

吳比娜（2003）。《ChungShan —— 臺北市菲律賓外籍勞工社群空間的形成》。臺北：國立臺灣大學建築與城鄉研究所碩士論文。

吳永毅（2007）。〈無 HOME 可歸：公私反轉與外籍家勞所受之時空排斥的個案研究〉。《臺灣社會研究季刊》66: 1-74。

吳挺鋒（2002）。〈臺灣外籍勞工的抵抗與適應：週休做為一個鬥爭場域〉。《香港社會科學學報》23: 103-150 。

李丁讚（2004）。〈導論：市民社會與公共領域在台灣的發展〉。收錄於李丁讚（編），《公共領域在台灣：困境與契機》（頁 1-62）。臺北：桂冠。

邱琡雯（2007）。〈「移民區病理 vs. 網絡集結點」的衝突與克服：以在台越南女性的店家為例〉。《教育與社會研究》13: 95-120。

洪貞玲、劉昌德（2004）。〈線上全球公共領域？網路的潛能、實踐與限制〉。《資訊社會研究》6: 341-363。

孫友聯（2013）。〈移動中的剝削；臺灣外勞人權問題剖析〉。《臺灣人權學刊》2(2): 113-128。

張春炎（2011）。〈從異鄉人到「藝」鄉人：中和市小緬甸美食街的文化景觀和象徵展演〉。《臺灣東南亞學刊》8(2): 139-170。

張春炎（2013）。〈東南亞的自然災難與他者化過程：2011 年泰國水患的媒體再現之初探研究〉。《亞太研究論壇》59: 89-119。

張春炎（2018）。〈他者化的受難？菲律賓海燕風災的新聞論述分析〉。《思與言》，56(4): 145-193。

陳坤宏（2008）。〈臺南縣市、高雄縣市都市商業地區東南亞外籍勞工消費型態之初步比較〉。《建築與規劃學報》9(3): 211-234。

陳坤宏（2012）。〈東南亞移工聚集之空間分割感受的社區觀點：台南市、高雄市、台中市的經驗研究〉。《環境與世界》26: 33-75。

陳建元、張凱茵、楊賀雯（2016）。〈臺中第一廣場暨周邊地區東南亞族裔空間形成與轉變〉。《都市與計劃》43(3): 261-289。

翟振孝（2005）。《遷移、文化與認同：緬華移民的社群建構與跨國網絡》。新竹：國立清華大學人類學研究所博士論文。

藍佩嘉（2006）。〈合法的奴工，法外的自由：外籍勞工的控制與出走〉。《臺灣社會研究季刊》，64: 109-110。

Appadurai, A. (1996). *Modernity at Large: Cultural Dimensions of Globalization*. Minneapolis: University of Minnesota Press.

Chouliaraki, L. (2010). Global Representations of Distant Suffering. In Nikolas Coupland (ed.), *The Handbook of Language and Globalization* (pp. 608-624). Malden: Wiley-Blackwell.

Fong, Eric and Shen, Jing (2011). Explaining Ethnic Enclave, Ethnic Entrepreneurial and Employment Niches: A Case Study of Chinese in Canadian Immigrant Gateway Cities. *Urban Studies* 48(8): 1605-1633.

Kaplan, D. H. (1998). The spatial structure of urban ethnic economies. *Urban Geography* 19(6): 489-501.

Ojo, T. H. & Shizha, E. (2018). Ethnic Enclaves in Canada: Opportunities and Challenges of Residing Within. In E. Shizha, R. Kimani-Dupuis & P. Broni(eds.), *Living Beyond Borders: Essays on Global Immigrants and Refugees* (pp.162-179). Publisher: Peter Lang

Pécoud, A. (2010). What is ethnic in an ethnic economy? c*International Review of Sociology* 20(1): 59-76.

Qadeer, M. & Kumar, S. (2006). Ethnic enclaves and social cohesion. *Canadian Journal of Urban Research* 15:1-17.

Scott, M. (2014). The Mediation of Distant Suffering: an Empirical Contribution Beyond Television News Texts. *Media, Culture& Society* 36(1): 3-19.

II

PART

多元實踐與
文化公共領域

06

性別文化空間、影像與公共性：以阿嬤家和平與女性人權館與文化產製品為例 *

—— 孫嘉穗 ——

國立東華大學民族語言與傳播學系教授

* 本章論文曾於《傳播文化與政治》第 15 期（2022 年 6 月）刊登。頁 66-86。感謝《傳播文化與政治》授權刊登。

本文以阿嬤家和平與女性人權館與其衍生文化產製品為例，探論性別文化空間與影像如何展現公共性、乘載記憶文化，以及建構性別網絡與轉型。阿嬤家和平與女性人權館不僅展現性別地景，更構連不同世代關切的性別議題及性別文化團體與組織，阿嬤家和平與女性人權館的公共空間更透過舉辦不同活動與網絡串聯成為不同論述與行動的辯論場域，並提供性別文化之公共議題激盪與落實為行動倡議。而臺灣的慰安婦博物館阿嬤家和平與女性人權館不僅展現不義歷史的記憶文化，更成為轉變受害者以己身經驗成為性別教育賦權者的療癒空間。阿嬤家和平與女性人權館透過影展與不同形式的策展召引多元的參觀者，讓影像成為溝通媒介與大眾在此公共場域交流，相關的策展與和平與女性人權館展覽之呈顯，在國族脈絡下同時展現人權的伸張，也讓事件中涉及的性別與族群等議題能在此公共空間中，經由持續的討論延展出性別教育的多重面向與多元可能。

婦女救援基金會附設之阿嬤家和平與女性人權館於 2016 年 12 月 10 日正式成立，收錄臺灣 59 位慰安婦阿嬤的生命故事，是臺灣展示女性人權議題的重要地標，透過和平與女性人權館的策展以及不同形式的網絡串聯，成為性別教育的重要基地。儘管因為虧損加上疫情的衝擊，使得位於大稻埕的和平與女性人權館於 2020 年 11 月暫時休館，阿嬤家和平與女性人權館接續透過募資平臺發起群眾募資活動，並於 2021 年 11 月 26 日另覓新址重新開館，而此公共參與的方式也展現了公眾對慰安婦博物館之關注。

本文所論及之性別文化空間乃指涉可展現性別文化，與召引性別討論和促發性別意識之文化空間，在此文化空間中可透過公共敘事展現性別文化公共性之意涵。本文不僅是以博物館與衍生之媒介視為文化空間為討論基礎，更以文化空間本身具有的政治性與能動性，來討論博物館如何重新問題化性別與權力關係。文章的論述主軸強調阿嬤家和平與女性人權館如何藉由博物館機制，透過展覽、媒體影像、阿嬤生命故事展現等過程，讓慰安婦議題被公共化，也牽動相關性別議題重新被問題化。

　　而選擇阿嬤家和平與女性人權館與《蘆葦之歌》，乃基於在當前臺灣的社會，阿嬤家和平與女性人權館是少數以性別為主軸的文化空間，透過慰安婦的故事呈顯性別文化地景，而慰安婦的個人生命故事如何經由博物館的展示，影像的詮釋與再現，呈顯私人到公共的歷程，以及顯現多元向度與視角，乃是本文所欲探究之處，同時也探討性別與國族、歷史及文化的意義與特殊性。本文透過阿嬤家和平與女性人權館的文化空間與《蘆葦之歌》的媒介展現，探究與深化性別文化公共性之相關議題。

　　慰安婦的歷史經歷報導、跨國求償與政治折衝與不同權力的挪借及收編等各式歷程，與各種論述及各式權力互相衝撞，然而在慰安婦議題挪借為各方勢力的公共討論與介入中，慰安婦的個人生命樣貌與故事又如何在公共化的過程中找到主體意義，而非只是被詮釋與挪借議題的客體，由私到公的過程有哪些問題？又彰顯了什麼樣的性別文化？本文藉由下列之梳理呈顯性別文化公共性之樣態。

　　本研究聚焦於下列研究問題：

(一) 阿嬤家和平與女性人權館展現了什麼樣的性別文化公共性？

(二) 性別文化公共議題的再現方式與公／私領域議題的跨越。

(三)《蘆葦之歌》如何展現不義歷史與記憶文化？

(四) 阿嬤家和平與女性人權館促進公共參與的價值與目的為何？

(五) 阿嬤家和平與女性人權館、媒體與公共網絡的串聯為何？

(六) 公共倡議如何透過性別符碼再現與創新？

　　本文涵納阿嬤家和平與女性人權館與其具代表性的性別影像之文化空間分析，並就其公共性之展現、網絡構連、文化記憶與符碼的轉型與文化消費等梳理性別文化之公共面向。

一 何謂公共性與阿嬤家和平與女性人權館的公共價值與理念

哈伯瑪斯（J. Habermas）提出公共領域、溝通理性以及審議民主等概念，關切如何建構具解放意義的溝通模式（Habermas, 1984: 5; 張錦華，2014: 50），哈伯瑪斯批判當代的公共領域常被商業和政治利益控制，因而提出溝通理性之概念，關切如何在日常生活中免於系統性壓迫，並能經由有效溝通過程，追求理性與互為主體的共識（Habermas, 1984: 5; 張錦華，2014: 50）。那麼，將阿嬤家和平與女性人權館與紀錄片《蘆葦之歌》視為性別文化空間與可資溝通交流的公共領域，博物館與紀錄片展現了哪些努力與試圖增進參與者與閱聽眾對慰安婦議題之瞭解與溝通，又如何促發反思與行動，以展現公共性之意涵，遂成為本文所欲探究之處。

何謂公共性？顧忠華在論及知識的「開放性」與「公共性」時，主張其意味「共通的普遍質素，讓知識可以更為靈活地與社會交織，並產生改善人類生活的效益」，顧忠華也主張社會科學知識的公共性可以轉換到學術外受眾或公民觀點，須受到受眾或公眾的肯認（顧忠華，2005: 2-15）。而陳逸淳（2012: 33）則指出公共性指稱意義具備了多重的歧異性，含括集體、國家、政府、社會，甚至是公眾、大眾等範疇。

而吳介民、李丁讚（2005）批判性地指出哈伯瑪斯的公共溝通概念乃基於理性的溝通模式，但缺乏對情感層面和身分認同差異的關照，而公共修辭需透過個體或團體間的生活經驗召喚和串聯以形成共同經驗和達致公共感受，而溝通方式同時需要構連閱聽眾的主動參與和情感共鳴（張錦華，2014: 52）。

那麼透過阿嬤家和平與女性人權館及其相關影像，慰安婦的個人生命故事如何從私領域到公領域，如何透過博物館和影像的文化空間與公共領域進行溝通，並召喚參與者及閱聽眾的情感共鳴，以及博物館和影像所乘載的相

關經驗如何展現公共性，與更為靈活的與社會交織，受到公眾的肯認，並展現公共價值與理念，遂成為本文聚焦之處。

在戰爭下被剝奪的生命尊嚴與社會壓力下的失語及壓迫，失聲的慰安婦如何透過慰安婦博物館和影片發聲，將私領域的個人生命經驗轉化為公領域的展示，這些進程為何？如何進行溝通又化為行動？本文關切慰安婦的噤聲失語及反抗如何轉化，如何奪回主權與公共發聲，以及慰安婦被剝奪的青春與由自卑到尋回自信的過程，是如何與博物館及影像呈顯交織，由私到公領域的過程也彰顯公共化歷程中藉由溝通到尋找共識的歷程，而如何溝通？如何串聯？以召引觀眾參與而進行，皆呈顯性別文化空間與慰安婦的生命歷程交織而由私領域到公領域的多元面向。

那麼，透過阿嬤家和平與女性人權館與衍生之影片《蘆葦之歌》與公眾的溝通交流所形構的共識為何？又串聯與召喚了觀眾哪些面向的思考與成果？首先，阿嬤家和平與女性人權館展現了戰爭下的性別處遇，以及慰安婦所遭受的性別暴力，公眾進入阿嬤家和平與女性人權館的性別文化空間，透過慰安婦的生命經驗展現，未曾經驗戰爭洗禮的公眾進入慰安婦遭難的時空，體察每一位受暴女性的生命經歷，以及各種遭受歧視的樣態，從而激發反性別歧視的情感共鳴，與進而召喚公眾主動參與反制性別暴力的共同行動。其次，慰安婦由噤聲到勇於發聲的過程，召喚了身分各異，卻在不同情境下同樣遭逢性別暴力卻怯於發聲的人，在參展與觀影過程中得以療癒與獲得發聲的勇氣。參與的公眾也能重新省視性別暴力運行的外在結構，並進而檢視身處的環境，思索改善尚待努力的性別處遇，慰安婦的故事從而與社會不同處遇的性別壓迫經驗交織，並進而成為促發公眾共同改善性別環境之動力。

二　性別文化公共議題的再現方式與公／私領域議題的跨越

　　由阿嬤家和平與女性人權館到阿嬤的故事《蘆葦之歌》紀錄片，不僅展現性別文化公共議題的再現方式，也呈顯公／私領域議題的跨越與轉化過程。從個人的生命故事到公共敘事，公共化的慰安婦影像故事成為性別教育資產的過程需經過對結構與壓迫形制的反省，並進而反抗與拆解壓迫形構，方能彰顯性別文化公共領域之價值與意涵，而厭女情節的諸多社會成因使得慰安婦在艱困處境中噤聲不語，在其個人生命經驗故事由私領域轉為公共化的過程中展現對壓迫形制的反抗，本段因而由愛女／厭女之情感與性別再現梳理此公共化過程中公／私領域之跨越，與對不義歷史與記憶進行轉化。

　　與臺灣慰安婦相關的歷史與故事，發展出哪些新的文本、形式與再現？從阿嬤家和平與女性人權館到阿嬤的故事《蘆葦之歌》紀錄片，不僅展現愛女／厭女之情感與性別再現，更顯現了從個人的故事跨越到公共領域而展現公共性的多重面貌。

　　阿嬤的故事《蘆葦之歌》紀錄片呈顯的慰安婦故事，不僅承載著故事背後的國族印記，更深刻的刻劃著受壓迫女性的噤聲與發聲歷程，不同阿嬤的故事呈現不同種族、階級的女人，經歷時代的悲情，卻又被污名化的人生，與當中面對不同形式親密關係的斷裂與重構。本文首先析論影片中顯現的愛女／厭女情結，以及不同慰安婦在不同形式親密關係中遭逢的壓迫，與被親人排拒的處遇。而後梳理厭女情感的生成，與拆解壓迫的成因，進而探究慰安婦個人處遇的生命故事，透過影像與博物館成為不同形式的文化空間與公眾互動與溝通時，什麼樣的公共性呈顯於其中。

　　當性別文化空間由博物館到媒介的過程，展現由博物館性別文化空間到媒介文化空間的轉化，阿嬤家和平與女性人權館如何再現慰安婦的噤聲與發聲歷程，又如何詮釋其中的愛女／厭女情結，與誰來詮釋？而承載著故事背

後國族印記的阿嬤家和平與女性人權館，檢視進入其中的參與者在博物館中生產與消費了什麼樣的情感，又如何反思厭女情結在不同時期社會的展現。阿嬤家和平與女性人權館再現慰安婦生命故事的同時，博物館的文化空間扣連不同的社會網絡，讓身處阿嬤家和平與女性人權館的參與者能深刻體認壓迫的形成，阿嬤家和平與女性人權館成為平臺，重構親密關係的連結，以使更多受不同形式壓迫的阿嬤與女人都得以回家。

三　慰安婦博物館與《蘆葦之歌》展現的不義歷史與記憶文化

慰安婦的生命經歷呈顯多重的壓迫與歧視，而厭女症的生成源於社會系統性的壓迫，因而如何對不義歷史進行反抗與翻轉記憶文化，是慰安婦故事公共化過程中彰顯性別意識的重要途徑。而梳理博物館與紀錄片參與慰安婦生命故事公共化的過程，可呈顯性別文化空間在公共化歷程中如何重新問題化性別與權力關係。

儘管世界文化遺產委員會（World Heritage Committee）對「負面遺產」（Negative Heritage）仍未有明確定義，然「負面遺產」可意指「可彰顯負面教訓與紀念集體記憶的地方」（黃龍興，2011），保留「負面遺產」並非要彰顯仇恨，而是要和解與避免世人不要犯同樣的錯誤，並對因歧視或偏見所造成的創傷記憶，得以有所警醒（黃龍興，2011: 75）。而單德興以越戰將士紀念碑召喚越戰逝者與觀看者的互動與溝通，使參訪者成為參與者，認為遺產「提供一個記憶與反省的場域，讓人如實面對自己和歷史的創傷，透過真誠的感受與剴切的反思，逐步療傷止痛，以史為鑑」（單德興，2008: 161）。而阿嬤家和平與女性人權館也讓駐足其中的人反思性別處遇，讓慰安婦與曾受性別歧視與暴力之人得以療傷，也召引參與者共同努力改善性別環境。

　　紀錄片《蘆葦之歌》中每一個慰安婦的故事皆承載著生命沉重的壓抑，也深刻的刻劃著受壓迫女性的噤聲與發聲歷程，而紀錄片中展現的愛女／厭女之情感，也揭示著不同阿嬤的故事，呈現不同種族、階級的女人，經歷時代的悲情，卻又被污名化的人生，與當中面對不同形式親密關係的斷裂與重構。

　　慰安婦的故事不僅承載著故事背後的國族印記，更有著每一個阿嬤和個人及家族面對遭難的情感掙扎。當陳桃阿嬤費盡千辛萬苦回到自己的家，以為回到所愛之人之處時，卻是遭到自己的叔叔將行李箱扔出門外，並對著她說：「姓陳的沒有你這樣的賤女人。」影片中對著攝影機的阿嬤數度說不出話，停頓數次後只能再一次的說著被叔叔說是賤女人的痛楚，以及抗辯著自己並非自願而是被抓去的處境。在阿桃嬤的境遇中，呈現慰安婦的印記對其家人而言是個恥辱，因而寧可將親情斷裂也不要讓慰安婦的印記影響到家裡的其他人。女性的身體與性不僅在戰爭中被剝削，女性的心靈更在更大社會的厭女情結下遭逢更大的羞辱與啃蝕著受壓迫女性的尊嚴，因而在重新尋回自我尊嚴的過程中，慰安婦的生命不僅需要和自我的過去和解，更需要解構社會的厭女情節與直視參與其中的男性暴力，並從而翻轉社會價值與正視對受害者的處遇並給予尊重，因而理解厭女情節的生成，與從戰爭與災難中省視受難女性的處境。阿桃阿嬤在紀錄片中說著曾經希望自己成為老師的夢想，而在受難成為慰安婦返回之後，不僅 25 歲的年紀在當時已經無法再念書，曾經的夢想也成了無法完成的想望，在紀錄片《蘆葦之歌》中當她悠悠說著一輩子就此毀了的悲涼，讓觀者看到人的生命個體在戰爭、國族、性別暴力下交織的滄桑與多重的無奈，曾經可能美好的生命，在時代的悲涼處境中奪去的不僅是女性的身體與尊嚴，更是無法回復的生命想望。因此，從厭女到愛女的修復過程，也須檢視不同層次厭女情結與不同層次的修復過程。

　　慰安婦阿嬤的處遇也顯現了療癒與修復的過程涵蓋了與自己的、家庭以及與社會不同層次的情感接合，厭女情結的解構與修復也包含了不同社會脈絡之影響與生命主體的重構。紀錄片《蘆葦之歌》中的一幕，呈顯了在療癒工作坊中的帶領中，慰安婦阿嬤畫出的自己都是年輕的少女，彷彿時光停在未曾受傷之前的年代，不忍再檢視受難為慰安婦之後的人生。

　　紀錄片《蘆葦之歌》揭示不同慰安婦的故事，也刻劃著一個一個的生命傷痕，包含不敢和家族後輩揭示的過去，因成為慰安婦而不能生育只能領養後代的身體，歷經三次婚姻的經歷，被賣掉而成為慰安婦的過去，老年孤單無伴的人生，在豆蔻年華無法實踐生命願望而背負著遺憾和受著屈辱生活的人生，厭棄做為女人的身體和生命，而療癒與修復以及和自己、家庭與社會的情感重新接合並非只是慰安婦阿嬤自己的事，更是其所身處的家庭與更大的社會架構需進行去污名化的過程，以及尊重受害女性的身體和心靈，唯有如此，慰安婦阿嬤才能和自己和解，以及和家庭與社會進行情感的重新接合。

　　親密關係的重構須由自己開始，慰安婦阿嬤和自己的和解以及重新和自己產生情感構連，須由自己諒解過去的自己，不再受到既有社會框架看待有著慰安婦標籤的生命，也不再厭棄自己。然則情感的重新接合涵蓋複合的層次，厭女情節的生成在慰安婦阿嬤自身，部分因根源於厭棄無法反抗日軍的命令，而只能屈從以性的服務生存的女性身體；家族的厭女情結則不願連構污名化的慰安婦標籤，以讓家族其他人與之隔離，而無視於受難者的情感，以厭棄的方式拒絕慰安婦阿嬤和家族的連結；而更大的社會則無視戰爭暴力下的女性屈辱，在各種對慰安婦的刻板化印象和污名化情境中，讓受壓迫的女人受到更大的傷害，無法坦然面對受迫的過去，也無法昂然向前瞻望未來，並因此產生與各種不同層次情感關係的斷裂。

　　因而理解慰安婦阿嬤的處遇，可協助每個人反身檢視自身對於性別與社會關係，以及對於受壓迫者是否同理與尊重的社會轉機。當慰安婦阿嬤可以面對影像，讓自己的故事為人知曉，面對過去挺身而出時，阿嬤們的故事就成為性別與人權教育的重要指標，展現公共性中與大眾的溝通，與將個人的生命故事串聯到更大的公共網絡，協助公眾理解受害者的處境，阿嬤們也不應背負社會的污名與成為可憐與同情的對象，阿嬤們敢於挺身而出，要求歷史正視與平反，並讓後代知曉當時環境下的生命境遇，也彰顯了要求尊重的自信，與對生命的重新掌握。

　　正視愛女／厭女的多重樣貌與討論，讓博物館與影像成為透過公共辯論拆解厭女現象與反性別歧視展現公共性之文化空間與影像中介。透過不同的媒介，故事重新被述說，也重新面對不同的權力角力，譬如日本、韓國、臺灣與中國大陸都以不同立場與觀點，重新述說著慰安婦的故事，也各自以不同的媒介影響述說涵蓋國族、階級與族群的故事。

　　Hepp 與 Hasebrink（2014；方念萱，2016）強調的社會互動概念，認為媒介化研究關注當媒體科技成為社會不可少的一部分，以及社會互動會如何發生與如何轉變。而在慰安婦博物館的各國運作中，可見到慰安婦故事媒介化的現象，慰安婦故事被以不同媒介不斷的再製與轉述，也進行社會互動連構到不同的網絡。

　　女性作家瓊・史密斯（Joan Smith）在《厭女症》（*Misogynies*）（2013）一書中指稱厭女症（misogyny）常表現於文學、藝術和各種意識形態表現形式之中，展現對女性相關事務的厭惡，並把婦女的性視為死亡和痛苦而非生命和快樂的象徵。

　　David D. Gilmore（2005）推論，厭女現象其實源於男性高度依賴與需要女性的心理，當依賴與需要的程度過高引發了焦慮與恐懼，反而演變極度貶抑與憎恨女性的心態。

上野千鶴子（2015）在論及慰安婦時則指出下列現象：

這裡的性滿足指的是男人的性滿足，因此男人不需要去在意女人的性滿足。這時就讓人不禁想到，「慰安婦」的確是一種十分恰當的稱呼。「慰安」指的只是男人方面的「慰安」，但對「慰安婦」而言，這卻是一種有如地獄般的奴隸勞動。因此，有許多的倖存者都陸續地出面表示「我們不是慰安婦」，並且斷然地拒絕這種稱呼方式。

陳蓮花阿嬤被送到菲律賓、太魯閣族阿嬤林沈中被騙到部落山洞、吳秀妹阿嬤由童養媳又被舅舅賣去當慰安婦，不同女人的生命境遇面對戰爭、貧窮與性別各種面向的壓迫，交織為慰安婦不得已面對的生命情境。如同林沈中阿嬤在片中所陳述的現象，不時有人當面問她，擔任慰安婦時共服務了多少人？幾次？她回應說自己不是不知檢點的女人，而是在當時的情境下，無法反抗日本人的命令，部落的人才不再說話。而林沈中阿嬤在片中能指出並說明當時原住民婦女受害的地點，說明自己的經歷，也展現了勇敢面對過去，並體現了悍衛自己的尊嚴的努力。

戰爭的軍國主義下，女人沒有主體，女人的身體只是被用來當做為軍國服務的工具，當女人的身體為男性所操控，女人不僅沒有了身體的主控權，在精神與心靈上也喪失了自我，而產生厭惡自己身體和心靈的狀態，而這樣的解離，需要情感上和自己的和解，方能重新扣連自我的主體性，而面對媒體與大眾揭露自己的經驗，更是奪回自主權的具體展現，宣告受害者不應躲藏，加害者才應道歉尋求諒解，受害者更不應被排除在文化系統之外。而把女人當性客體與他者化的加害者與歷史，也應重新檢視，並讓往後的人因理解真相而能正視慰安婦所處的歷史與當時情境，如此，也當能破除厭女情節的生成，與歸還給慰安婦阿嬤應有的尊重與展現正義。

四　阿嬤家和平與女性人權館公共參與的價值與目的

　　當慰安婦個人的生命經驗挪借為公共議題時，什麼樣的權力競逐存於其中呢？慰安婦個人故事公共化的過程中也須面對不同權力的競逐，慰安婦議題的發聲主體未必是女人，相關議題常被挪借為不同政黨或國族彼此競逐的工具，在以慰安婦之名發聲獲利或者立像的同時，卻可能只是挪借慰安婦議題做為政治競逐，甚或國族競爭的籌碼，雖以慰安婦之名發聲，實際上卻恰可能使慰安婦噤聲並且失去主體性，男性政治人物以慰安婦之名疾呼，卻可能只是想要以此行動來對正在進行中的轉型正義提出反制，慰安婦雕像在臺灣立碑，卻弔詭地反而是消費了慰安婦議題，以正義之名發出為慰安婦爭取權益，背後卻另有政治盤算與收編了慰安婦議題為男性競逐的政治目的服務，慰安婦議題在不同時空的框架下，有時非但未能展現性別主體，反而成了另一個被剝削的議題，或被其他政治目的收編為籌碼與藉口。失卻主體性的過程，非但未能展現正義，反而更顯不公，也未能顯示尊重。

　　媒體中展現的慰安婦的女性經驗經常在傳媒的論述空間被扁平化與單向化描述，而未呈顯其多元複雜的樣態，慰安婦在新聞再現中經常是可憐與悲情，或因要求日本補償的議題而上新聞。慰安婦議題也經常被不同政治議題所收編，或挪借成為國族或政黨的操作議題。

　　那麼，阿嬤家和平與女性人權館致力於公共參與的價值與目的為何？除了如其名的希望給慰安婦阿嬤們一個安身立命與被關愛的家，在記錄與展示其受壓迫的歷史與面對生命遭難勇敢新生的故事外，這些逐步轉化的歷程，更是實踐正義與性別教育的重要資產，讓慰安婦阿嬤們的生命故事不只是戰爭下的女性遭難故事，而能成為建設性的性別教育珍貴素材。進入阿嬤家和平與女性人權館的參與者，在此性別文化空間中不僅閱覽著戰爭下無辜女性生命被捲入的戰爭印記與事件，更能深刻反省自身如何看待慰安婦，以及省

視更廣泛受壓迫女性的社會處境，進而期盼參與者無論男女皆能成為現有社
會結構下以愛與尊重反轉厭女情境結構的一方，或至少不再以歧視態度看待
慰安婦及其相關議題。而阿嬤家和平與女性人權館的性別空間，也就能成為
持續性的公共性別教育平臺，讓受壓迫以及受暴婦女的經驗能經由此得到安
全與生命反轉的可能，也讓進入空間的參與者不僅是在情感上消費慰安婦的
故事，而是能參與其中，並省思既有的性別偏見與促發不同形式的性別正義
行動。

　　阿嬤家和平與女性人權館再現慰安婦生命故事的同時，博物館的文化空
間扣連不同的社會網絡，讓身處阿嬤家和平與女性人權館的參與者能深刻體
認壓迫的形成，阿嬤家和平與女性人權館成為平臺，重構親密關係的連結，
以使更多受不同形式壓迫的阿嬤與女人都得以回家。

五　隨著慰安婦的故事巡走 ——博物館、媒體與公共網絡的串聯

　　公共化的過程需要召引公民的參與，透過博物館和紀錄片的文化空間與
公民進行溝通，以及以不同文化形式進行性別文化的表達，並包含對情感層
面和身分認同差異的關照，而博物館不同形式的策展也經由連構參與者生活
經驗的召喚，透過慰安婦故事的巡走與串聯進行溝通，並進而轉化與促發性
別意識之提升。

　　阿嬤家和平與女性人權館的空間與再現如同其策展的「安妮與阿嬤相
遇：看見女孩的力量」活動，透過國際與在地的串聯，共同關切不同形式的
性別議題，並使阿嬤家和平與女性人權館的文化空間成為對話、交流與女力
網絡串聯的平臺。

慰安婦的故事不僅標示著受害者的處境，慰安婦所面對的壓迫、歧視、暴力與難於言說的經驗更呈顯著人類所共同面對的脆弱性，然而慰安婦並非僅能被動的接受保護，在慰安婦的行動倡議中，也不時展現受害者奪回主體發聲，與彰顯能動性的具體行動。

重新理解受害者的過程，需隨著慰安婦的故事巡走，如同 Stringer（2014）試圖轉換視受害者為缺乏能動性及需要保護之負面意義，並關注受害者如何發聲與行動主體如何開展，因而成為在既有架構中突圍的重要面向。而階級、族群、國族與資本主義的擴張等因素形構了脆弱性在不同歷史時空下的不同面貌，理解慰安婦在其中的掙扎與突圍，有助於翻轉性別處遇及呈顯能動性之開展，並打破脆弱與能動做為對立的思考框架（Butler, 2016）。

而公共性之檢視也可由阿嬤家和平與女性人權館、媒體再現與慰安婦故事所延伸的多元網絡探看脆弱性與能動性之轉換。隨著慰安婦的故事巡走，以探究博物館與媒介的文化空間如何中介慰安婦的故事，並解析什麼樣的結構形構了受害者的處境，重新檢視脆弱性，並反思受害者的位置。

透過阿嬤家和平與女性人權館的網絡串聯，展現公共領域的溝通形態，慰安婦故事延展串聯了「安妮與阿嬤相遇 —— 看見女孩的力量」特展，壓迫與重生的影展，更透過臺灣、日本與韓國青少年共同參觀韓國慰安婦博物館的活動，串聯起理解受害者，以及看見受害者能動性的網絡，脆弱身體的文化政治因而重新被探看與連結不同世代，不同國家形構下的脆弱性與抵抗策略在跨國交流中也呈顯受害者位置之翻轉，以及展現能動性。

慰安婦博物館透過展覽與網絡連結，將慰安婦的故事延展至性別教育與串聯多元的網絡，而媒體不僅在展覽中扮演重要角色，更在跨國串聯中連構了多元形式的性別機構與社群。

隨著近年來各國慰安婦的逐年凋逝，慰安婦博物館終將會面對慰安婦逐年減少與凋零的景況，為著慰安婦爭取權益與去除污名的初衷，將會逐漸擴

展為防治性別暴力與連結到各種性別議題的性別空間與中介機構，在析論慰安婦議題、博物館與媒體間的關係時，由臺灣及韓國的慰安婦博物館之案例探看博物館與媒體形構出的網絡串聯，可呈顯公共性之網絡形構。

關於慰安婦的相關議題，大多數的人並未親身見證慰安婦，而是透過博物館的展示與不同媒體的再現與詮釋認識慰安婦與其故事。因而博物館與媒體遂成為重要的中介，形構與再現不同的慰安婦故事，也詮釋慰安婦相關議題，並連構到不同形式的人群、活動、組織與機構。

臺灣的阿嬤家和平與女性人權館之公共性展現，由博物館並非僅是呈顯慰安婦受害者的圖景與其脆弱性，而是彰顯了慰安婦阿嬤們從壓迫中之抵抗，透過藝術作品療癒，以及用生命展現能動性與成為性別教育重要象徵的過程。

阿嬤家和平與女性人權館曾舉辦的「安妮與阿嬤相遇 —— 看見女孩的力量」特展、各種性別影展與慰安婦相關講座，運用的大量的媒介影像，也將慰安婦議題構連到相關攝影者、導演與不同形式的創作，更由慰安婦議題延展至性別暴力防治等不同社會網絡。

而阿嬤家和平與女性人權館的跨國路徑展現公共性的跨國連結，跨國慰安婦博物館的網絡，將各國的慰安婦故事文本串聯為更大面向的公共性別教育網絡，並與多元的文化空間銜接。

如以阿嬤家和平與女性人權館所參與的「日本軍慰安婦歷史解決及為亞洲和平國際青少年大會」為例，即增進了跨世代理解慰安婦故事文本與跨國、跨世代的行動連結。那麼，跨國的交流串聯了什麼樣的網絡？以及參與活動又增進了青少年對慰安婦什麼樣的理解？曾任阿嬤家和平與女性人權館帶隊參與活動的展覽與教育組專員王力緯表示，在帶隊前往韓國的觀察中，發現在第一屆的活動中安排了讓慰安婦阿嬤對青少年說故事，讓青少年親身接觸受害者，透過此規劃使青少年對慰安婦議題有更強的連結，而在活動結束前安排慰安婦和青少年一一擁抱，更強化雙方的理解與療癒。

六 公共倡議與性別符碼的再現與創新

博物館的影片與文創產品做為一種消費形制，又是如何透過產品傳遞性別意識？抑或反轉偏見？首先，文創產品需要納入慰安婦議題所在之文化與社會脈絡，其次，文創產品如需進入常民的日常生活，與傳遞情感，文創設計須符合常民日常生活所需，並有其相連的標示系統與符碼。文創產品可做為捐助者與支持者的行動串聯標示，因而須有清楚的符碼設計與串聯系統。

以韓國首爾的戰爭與女性人權博物館為參照案例，博物館使用了許多不同媒介的展示來呈現慰安婦相關議題，博物館一樓的展示邀請觀賞者在入門處在黑暗中觀賞短片並參與互動，體會慰安婦在黑暗中生存的禁錮，以及體會化為彩蝶重獲自由的意象。

而其中的慰安婦相關文創產品，不僅成為運動倡議的流動商品，也將藝術家的主動參與化為培力行動，讓認同相關倡議的群眾得以透過流動的文創商品標示認同，並匯聚為更大的支持力量。館長金東姬於訪談中表示館中販售的紀念品和館中展示的照片許多皆由參與示威者和藝術家主動提供，相關文創品及相關意象與符碼仍須經過國家政策相關單位的檢視與認可方可在博物館流通與販售，而相關文創品的收入則反饋給博物館以增加其收入和維持營運，如標示有慰安婦意象的小物與別針在年輕人中即受到好評。

博物館的二樓除了有多年來的慰安婦運動相關抗爭照片與紀錄片，更有著製作成動畫的《her story》，以媒介轉譯慰安婦的生命史，並以較親近人的動畫方式召引參觀者駐足觀賞，博物館參觀者中可見到外國夫妻推著嬰兒車看著動畫影像，沉重的場景與故事在媒介轉化下吸引著不同年齡世代與不同國籍參觀者的關注，而展現其公共性。

臺灣與韓國慰安婦博物館在公共化的過程中，透過不同國家的社會脈絡，與文化及社會運動的既有經驗，再現慰安婦的生命情境，與對公眾倡議性別議題，並運用創意建構性別符碼與設計性別文創品，以增進對社會與大眾的溝通與傳佈相關理念。

　　儘管阿嬤家和平與女性人權館透過不同的嘗試在此文化空間中和不同的參與者進行溝通，企圖透過展示與影像進行情感的交流，以召引共感，然而博物館的經營不易，尤其以慰安婦的歷史經歷與抗爭做為主要募款訴求以維持經營的博物館勢必須要重新思考其定位與轉型意義，以及思索做為性別文化空間的公共化意涵。

　　阿嬤家和平與女性人權館於 2020 年已經歷過休館暫別，到群眾募資另覓他址，與重新開幕等過程，博物館的公共化也面臨轉化、重新定位與調整與公眾的溝通模式以展現其意涵。而在臺灣與各國慰安婦逐漸凋零後，一個公共化的慰安婦博物館也必須要重新思考當不再有在世的慰安婦時，慰安婦博物館如何轉化與保存負面文化遺產並成為重要的性別教育資產，以及透過何種形式持續和公眾進行溝通，以讓搬遷後的文化空間仍能成為性別公共領域，召引閱聽眾的同情共感，讓不同的受壓迫者能在此空間中發聲與透過不同行動參與防治性別暴力，以及促進性別意識的提升，皆是性別文化空間彰顯公共性價值所需思索之處。

　　而遺留下來的故事也可能不斷透過不同形式媒介的轉化，讓觸動人心的故事不斷激發反思戰爭下的性別處遇，以及由國族、族群、階級等多元視角反思受壓迫的性別處境，並形成共識召引更多人反轉歧視，以讓公共化的性別故事激發行動力量，與促發公民理解與溝通。

　　透過阿嬤家和平與女性人權館的文化空間與參與者的持續溝通，嘗試以影展、戲劇、讓青少年跨國和慰安婦的親身交流等不同形式的扣連，以及與性別團體、人權博物館合作交流，也進行移動展覽至臺灣文學館展出等嘗試，展現了阿嬤家和平與女性人權館的文化空間由靜態展示，進而透過網絡延展與公民的持續對話溝通的努力，而不同形式持續召引參與者由理解進而參與慰安婦生命故事的歷程，深化性別議題，並拓展對不義歷史的抗爭，在跨國求償與在政治與權力的折衝間，慰安婦個人生命歷史的轉化也在此文化空間中進行療癒。

七　結論

　　慰安婦故事透過博物館與媒介的重塑，連構到不同的網絡，然則在權力交錯的縫隙中，媒介化的慰安婦故事固然拓展其影響力，構連網絡與增進反性別暴力與反性別歧視的能量，卻也仍需警醒的避免慰安婦故事主體被各種機制與利益收編而失卻原有自主性。各國慰安婦博物館的組織各有宗旨與目的，在構連不同網絡時，應不要忘卻慰安婦主體，以及檢視媒介化過程中的慰安婦故事變貌，並展現更為靈活地與社會交織與產生改善人類生活的效益之公共性。

　　《蘆葦之歌》紀錄片和阿嬤家和平與女性人權館開展了不同形式的性別文化空間，以多元管道促發溝通交流的多樣可能。由慰安婦的單一議題，透過跨國合作的串聯，在性別文化空間中串聯更大的網絡，共同關注戰爭、暴力下的性別處遇，並展現女性主體之能動性，進而發展成為不同情境與社會下的性別教育培力案例。在跨越國界與實體文化空間的同時，形構共同的情感空間，而進入博物館的參觀者，能在多媒體的情境表達中認識與理解慰安婦阿嬤心中的情感掙扎與奮力爭取尊嚴的歷程，並理解當時的歷史脈絡，性別文化空間與國際串聯的策展，帶領參觀者回到重現的文化脈絡。而回到日常生活的慰安婦也須經歷內／外連結的情感，與家族、社會重構並進行情感的接合。

　　臺灣的阿嬤家和平與女性人權館呈現了受害者場景的媒介地圖，博物館和媒介轉換了受害符碼成為能動主體，也轉化脆弱性為能動性。人們透過媒介化的慰安婦故事理解慰安婦，博物館透過媒體賦權和藝術創作展現慰安婦的能動性。然而符碼化和商品化的慰安婦意象是在流動中拓展性別倡議的能量，還是在符碼化的過程被不同的力量收編，在公共化的故事中需要更嚴謹的檢視。博物館和媒介將受害者的故事轉化為性別教育與群眾性別增能的公共素材，從慰安婦個人經驗延展而成的故事在公共化的博物館與媒介再現

中，召引參與者重思人權與正義，在由慰安婦為自己發聲的影片與其得以療癒的博物館空間中，彰顯性別突圍的故事與幽暗中的微光。

慰安婦故事成為文本，以不同的形式再現，並串聯不同形式的公眾，以讓性別議題與公共倡議可持續不斷發聲，也呈顯了媒體、博物館文化空間、網絡串聯與公共性交織的多元可能。

參考文獻

David D. Gilmore（2005）。《厭女現象》。臺北：書林。

上野千鶴子（著），楊士堤（譯）（2015）。《厭女：日本的女性嫌惡》。臺北：聯合文學。

方念萱（2016）。〈媒介化、行動化：媒介化理論與行動者網絡理論的對話傳播〉。《文化與政治》4: 55-83。

吳介民、李丁讚（2005）。〈傳遞共通感受：一個地方公共領域的公共修辭〉。《臺灣社會學刊》9: 119-163。

張錦華（2014）。《多元文化主義與族群傳播權 —— 以原住民族為例》。臺北：黎明文化。

黃龍興（2011）。〈於負面遺產中重構創傷記憶 —— 從奧斯維辛博物館到景美文化人權園區〉。《文化資產保存學刊》17: 73-88。

陳逸淳（2012）。〈博物館面對當代藝術的兩難 —— 從「公共性」談起〉。《博物館學季刊》26(2): 31-47。

單德興（2008）。《越界與創新 —— 亞美文學與文化研究》。臺北：允晨文化。

顧忠華（2005）。〈論社會科學的開放性與公共性〉。《臺灣社會學刊》2-15。

Habermas, Jürgen (1984). *The Theory of Communication Action, vol. 1: Reason and Realization of Society.* Boston, MA: Beacon Press.

Hepp, A. & Hasbrink, U. (2014). Human interaction and communicative figurations. The transformation of mediatized cultures and societies. In K. Lundby (ed.), *Mediatization of Communication* (pp. 249-272). Boston, MA: De Gruyter.

Judith Butler (2016). Rethinking Vulnerability and Resistance. In Judith Butler, Zeynep Gambetti, & Leticia Sabsay (eds.), *Vulnerability in Resistance* (pp. 12-27). Durham and London: Duck University Press.

Joan Smith (2013). *Misogynies.* London, UK: The Westbourne Press.

Rebecca Stringer (2014). *Knowing Victims: Feminism, Agency and Victim Politics in Neoliberal Times.* London and New York: Routledge.

07
CHAPTER

「眷村，不一樣的精彩」：
屏新而論的公共參與初探 *

—— 古淑薰 ——

國立屏東大學文化創意產業學系副教授

大武山學院跨領域學程中心主任

* 本文為作者國科會專題研究計畫《文化民主與文化政策：2017 年全國文化會議與「屏新而論」公民文化論壇研究》研究成果之一（計畫編號 110-2410-H-153 -033 -MY2）。感謝兩位匿名審查委員提供寶貴建議。

一 ▶ 前言

　　自 1987 年解嚴以來，臺灣歷經多次政黨輪替的民主轉型，近年來文化發展益發朝向文化民主與公民參與的論述思維。在此脈絡下，文化部自 2017 年起辦理「公民文化論壇」計畫，補助地方政府與民間團體以審議民主方式，深化民眾參與文化事務，落實文化公民權。在此基礎上，國立屏東大學於 2018 年成立「屏新而論」，[1] 搭建文化公共領域，研發三階段審議民主討論方式做為屏東在地文化政策議題的論壇運作機制，強化民眾對文化公共事務的關注與討論，彙整多元價值的意見表達與協助發展行動策略，提供公部門或地方民眾勾勒未來的文化發展藍圖，強化公共參與的文化治理體系。

　　因此，本研究以屏新而論團隊 2018 年主題 ——「眷村，不一樣的精彩」為例，透過參與觀察、問卷調查與深度訪談等方法分析探究屏新而論此一公民文化論壇所開展的文化公共領域如何運用審議民主的公共參與策略協助地方民眾參與文化政策的討論，以及此一由下而上的公民論壇在文化治理上的發展過程。本研究之目的有二：一方面期待透過此一個案闡述公民文化論壇做為文化公共領域的審議實踐過程與侷限，另方面也將有助理解文化治理中公共參與的實踐意涵。

　　本章將先闡述晚近臺灣文化公共領域的發展概況與相關文化治理的發展趨勢，為後續分析「屏新而論」做為文化公共領域的基礎。其次，以審議民主的重要概念，說明晚近政府政策相繼納入審議機制的發展軌跡，及其對於

1　「屏新而論」是由國立屏東大學文化創意產業學系教師葉晉嘉、古淑薰與行銷與流通管理學系教師尤松文三人創辦，秉持「文化民主、公民審議、在地思維、獨立公開」之精神，以審議民主三階段討論方式做為屏東在地文化政策議題的論壇運作機制。自 2018 年起每年均舉辦論壇，主題如下：「眷村，不一樣的精彩」（2018 年）、「枋寮：藝術、產業、鐵道的新文化運動」（2019 年）、「潮州願景工作坊」（2020 年）、「『掌』握屏東偶戲的新未來」（2021 年）。

文化政策的影響。接著，分析「眷村，不一樣的精彩」的三階段審議民主執行策略，探究公共參與的實踐過程與影響；最後歸納此一實踐過程對文化公共領域與文化治理的挑戰與限制。

二　文化公共領域與文化治理

　　自千禧年以來，由於人們對民主程序與政治機構的信任日益低落、官僚結構又拉大社會菁英與一般民眾的距離等因素，源自 Jürgen Habermas 的公共領域與強調公民論述的「文化民主」成爲文化政策的主要關懷（Baltà Portolés & Dragićevic Šešić, 2017; McGuigan, 2004; Miller, 2007; Vestheim, 2012）。而且，隨著晚近「文化治理」一詞逐漸取代文化政策等相關的文化行政、文化管理等論述，不是單純強調企業管理、公私合作等市場機制，更倡議政府部門要與公民社會等不同組織之間建立對話與網絡關係（王志弘，2021: 4-6；劉俊裕，2018），與其內涵緊密相關的文化公民權和公眾參與亦成爲許多國家文化治理的重要概念，並以民主深化、公民溝通為文化政策的價值內涵（王俐容，2006；劉俊裕，2018；McGuigan, 2005, 2010; Stevenson, 1997, 2003）。

　　許多研究因而紛紛關注文化政策與民主的關係，[2] 不論是理論探討或是實證研究，這些研究共同關心的重要問題是：誰是文化政策制訂過程中的行動者？他們又代表了哪方面的利益？Geir Vestheim（2012）明確指出「公民」所代表的「公共理性」更應該在文化政策的決策過程中扮演重要角色（頁 499-500）。同樣地，Jim McGuigan（2010: 15）指出如果民主不

2　例如，2010 年於芬蘭舉辦的第六屆國際文化政策研討會（International Conference of Cultural Policy Research）即以文化政策與民主為主題進行討論，並收錄相關文章出版於 2012 年的《國際文化政策期刊》（*International Journal of Cultural Policy*）「文化政策與民主（Cultural Policy and Democracy）」專刊（第 18 卷第 5 期）。

是神話，公民應該被適當地告知嚴肅問題，並能夠透過文化公共領域參與對公共政策有影響的理性批判性辯論。此一文化公共領域指涉的是「通過情感（審美和情感）溝通方式，針對政治、公共與個人議題發聲的爭辯場域」；透過這些情感面向的文化公共領域，公民與其生活世界與系統世界相連結，能夠分享經驗、訴求感想、協商與爭辯表達對未來生活的期待與建構意義等（McGuigan, 2010: 15-16）。

這些討論不只彰顯文化公共領域對公民參與政策討論的重要性，文化政策的主導論述亦從重視規範的國家論述、強調管理的市場論述轉而更加關注公民社會與公民論述（McGuigan, 2004, 2010），並將視野拓展到個別國家的發展脈絡而有不同的文化政策參與途徑與論辯。

值得關注的是，此類討論主要基於歐洲脈絡，缺乏歐洲以外其他地區的觀點。事實上，文化民主深受不同政治體系與意識形態、經濟資源與市場力量、社會結構以及文化公共領域的發展影響，不同區域國家因其歷史背景而有差異。

臺灣自 1987 年解嚴以來歷經許多社會抗爭運動，在公民權利與政治權利參與上有了實質的進展，但公共領域卻沒有隨著蓬勃的社會運動與公民社會的興起而發展（李丁讚，2004），除政治議題外，其他經濟、社會與文化面向的公共性議題的討論一直很有限。千禧年來歷經多次政黨輪替的民主轉型，社造計畫與文史、學術團體的社群營造擴大地方組織在地力量，社會與文化意識興起，尤其 2010 年起，各式論壇與文化運動興起，文化公共領域一時之間風起雲湧，帶動社會大眾討論文化政策（劉俊裕，2018）。其中，2011 年的「夢想家事件」是重要關鍵，引起藝文界從建國百年國慶晚會補助經費的個案爭議延燒到要求政府全面檢討藝文補助政策，激起文化工作者、社群組織組成「文化元年基金會籌備處」，積極向大眾媒體與藝文專業雜誌等文化公共領域投書，[3] 並透過連署呼籲國家文化政策施政方向需有公

3　多位文化工作者如林采韻、鴻鴻、林芳宜、陳正熙等人於「表演藝術評論台」（https://

開的民間參與機制（文化元年基金會籌備處，2011）。然而，媒體場域做為文化公共領域的對話空間，容易受到媒體企業主的忽視，民眾仍舊缺乏實質且常態性的公共參與文化政策的討論機制。

2012 年文化部正式成立，龍應台成為首任文化部部長，以兩階段「文化國是論壇」回應社會大眾對過往文化政策缺乏社會溝通的訴求（文化部，2012 年 7 月 7 日）。[4] 然而此一文化國是論壇仍如以往由官方設定議題，邀請專家及產業代表發言說明為主，文化工作者與民眾參與極為有限，且僅能在論壇最後時段提問，引發外界認為國是論壇過於菁英導向（中央社，2012 年 7 月 9 日），而且文化部對於此一論壇相關結論與民眾提問、建議缺乏具體回應。這些由文化部主導的「文化國是論壇」沒有解決文化工作者與社會大眾的疑慮，反而導致更多的民間抗議。[5] 隨後 2014 年反服貿運動更引起文化界與廣泛社會大眾抗議政府黑箱作業而發起一連串公民不服從行動，許多公民與文化團體自主召開街頭講座、以審議民主方式由公民討論服貿條文與文化議題（公民行動影音紀錄資料庫，2014 年 3 月 22 日）。自 2011 年以來一波波由藝文團體與公民社會自發主動推動的文化公共論壇，不但反映了當代臺灣民眾與藝術文化工作者對於自身文化生活權利意識的關注與行動力，也顯示長期以來藝文資源分配與藝文政策討論的不公開、尤其

---

pareviews.ncafroc.org.tw）發表專文評論。國立臺灣大學戲劇系教授紀蔚然繼之投書於《中國時報》〈言論廣場〉（2011 年 11 月 10 日），引來當時文建會以新聞稿回應，副主委李仁芳更於新聞稿發布後隔天撰文回應（2011 年 10 月 19 日）。相關報導與文建會回應，以及九大訴求全文請參考「終結百年煙火、開啟文化元年」官網（http://renewtwculture.blogspot.com/search/label/ 浮華夢想家）。

4　場次議題涵蓋文創產業策略、獨立書店、公廣媒體、國片輔導金、影視音國際網絡、藝文團隊扶植、7835 村落再造、《文資法》施行三十年的檢視、視覺藝術政策等。

5　文化部成立 400 天後，藝文團體於 2013 年 7 月連續兩天召開「文化部危機解密論壇」（http://renewtwculture.blogspot.com/2013/07/），一方面體檢「文化國是論壇」的承諾，另方面也以「文化是社會全民的公共財」，再次要求國家文化政策的制定與決定應建立長期、公開、普遍參與的機制，尤其針對當時的《海峽兩岸服務貿易協議》造成劇烈衝擊的出版、影視產業提出探討。

缺乏實質參與且公開討論、監督文化政策決策機制的不滿（劉俊裕，2014年7月29日）。

前述這些連署、媒體投書、各式公辦與民間論壇、記者會、抗議陳情等文化行動，建構了各式文化公共領域，另方面也顯示臺灣社會有越來越多主張文化民主，要求建立與公民溝通的文化治理公共參與機制。公民社會藉此與公部門溝通交流、對話論辯、協商與妥協等，要求文化政策制訂過程中需營造公共領域，提供公民參與的機會及相關機制。這些文化公共領域、民眾自發性的公共參與與「文化自理」可以看出臺灣社會在文化治理上的轉變，亦即治理「理性」從過往政治、經濟為核心轉向以文化核心並注重文化與經濟的相容性：在治理「心態」強調對權力運用的節制與反思；以及治理「技術」強調多樣、開放、分權、合夥，協力、參與等與不同能動者之間的互動與連結（劉俊裕，2018: 247）。

在這樣的脈絡下，2016年民進黨政府再次執政，新任文化部部長鄭麗君以「文化民主」回應社會訴求，強調「人民是創造文化的主體」（ARTouch編輯部，2016年6月17日），除了委託台灣文化政策研究學會與國立臺灣藝術大學主辦2017年全國文化會議，以協力治理、審議思維的執行機制，彙整所有論壇意見並制定《文化政策白皮書》做為未來文化政策的發展藍圖（Ku & Liu, 2020）。同年，文化部也提出文化論壇補助計畫，「為擴大全民參與文化政策，落實文化公民權，由下而上推動文化事務，彙集公共意見，做為文化施政參考」（文化部，2016）鼓勵第三部門、民間團體與地方政府以審議民主會議討論文化政策，並以在地機構與團體優先補助。由此可知，文化部在治理心態與治理技術上的調整，試圖透過這些文化論壇補助計畫一方面建立公共溝通平臺，另方面以審議民主機制強化其文化治理的公共參與體系。以下將說明審議民主的重要概念，以及文化部納入審議民主做為治理技術上的轉變。

三　審議民主與文化政策

強調公眾參與、公共討論的審議民主（deliberative democracy）理念主要在 1980 年代中期逐漸發展，目的是為了矯正代議體制以及政策決定過程常常是由上而下的命令發布，強調民選菁英治理而忽略群眾觀點；長久下來，公民缺乏參與政策決策過程將對政治冷漠退出公共領域等不利民主發展（Gary, 2012; Shapiro, 2003），審議式民主及其參與模式因此被視為當代民主社會的重要補充（林祐聖、葉欣怡，2020；林國明，2009）。

審議民主做為一種直接民主的參與機制，著重民眾更主動的參與，主要基於知情與意見反思的集體選擇建立過程（Dryzek & Dunleaby, 2009: 170）；不同於代議民主裡公民們多依賴投票，而且做決定前缺乏意見交流、資訊溝通，審議民主機制透過高度結構化的程序規則，強調「直接參與」與「知情討論」，一方面讓受政策影響的公民有機會討論且其建議方案能進到政策決定過程；另方面使公民在充分資訊和理性判斷下進行討論，尋求最大共識的方案。簡而言之，審議民主的實踐不僅是公眾能對政策表達意見，更是直接參與政策討論與制訂過程的重要一環，能提供建議並與相關決策單位對話。

Chambers（2003: 308）更指出審議民主是採取對話核心（talk-centric）而非投票為主（vote-centric）。對此，Lukensmeyer（2014）指出「當不同背景的公眾聚集在一起，只要能提供事實的資訊，設計良好的審議環境來支持高品質的討論，人們所做的集體決定，往往比既有的政策架構更包容、更公正，也更能反思公共利益」。換句話說，審議民主機制廣納公民參與討論，透過傾聽、發言等設計過的平等對話方法擬出共識的過程，盡可能使各種衝突的利益論述和邊緣、弱勢的觀點得到較為公平、周延的考量以做出具體決定，如此形成的決策，有助落實政治平等的民主原則，提升民主決策的正當性與品質。

　　此一概念於千禧年初期由學者倡議引進臺灣，尤其在 2004 年到 2006 年間以全民健保、代理孕母等議題為例，公部門主辦了許多公民會議協助擬定相關公共醫療政策（林國明，2009；林國明、陳東升，2003）。在此發展下，近年來有越來越多學者與社群組織運用多元形式（如公民咖啡館、願景工作坊、參與式預算等方式）不斷改進其操作方法，帶來許多正面效益（林祐聖、葉欣怡，2020）。林國明（2016）根據「臺灣社會變遷基本調查」的研究指出有七成以上的受訪者支持政府在政策決定前辦理公民審議活動，讓一般民眾來討論政策議題並提供政策建議。

　　在文化政策的領域中，葉欣怡、陳東升、林國明、林祐聖（2016）共同針對文化部「推展公民審議及參與式預算實驗計畫」，分析六個社區的實驗計畫與執行經過，指出此類審議民主形式透過民眾「由下而上」式的在地知識反饋能補充不同於專家學者與公部門行政幕僚角度的思維，讓公共預算的支出與分配更有效率，也有助凝聚社區意識，帶動更多元的行動者參與社區公共事務。這些公共參與的正向成果使得審議民主於近年來成為文化部納入民眾參與政策討論的新興選擇。

　　在此效益下，文化部自 2017 年公布施行「文化部補助辦理文化論壇作業要點」，規範民間團體與地方政府以「審議民主會議」舉辦常態性公民文化論壇的補助辦法，透過「由下而上推動文化事務」、「深化民眾參與文化事務」、「落實文化公民權」、「匯集公民意見做為政府文化政策施行的參考」等積極正向的公共參與論述，吸引許多文化組織與社群團體共襄盛舉。國立屏東大學於 2018 年初成立「屏新而論」團隊即為其一，試圖在公部門與民眾之間搭建一個以地方文化議題為主的文化公共領域，在文化治理體系中發揮帶動與培力功能，凝聚民眾對文化公共事務的關心與討論，形塑更符合在地需求的文化政策（國立屏東大學，2018a）。接下來將以屏新而論 ——「眷村，不一樣的精彩」為例，分析說明其做為文化公共領域，運用審議民主機制的公共參與策略。

四　屏新而論 ——「眷村，不一樣的精彩」

　　屏新而論團隊主要基於當時屏東市區的日式歷史建築群 —— 勝利新村等眷村即將轉型為文創園區，此類型日式眷舍建築群空間活化與環境美學為民眾關心卻缺乏參與討論機制，因此在成立之初規劃「眷村，不一樣的精彩」公民文化論壇，成為文化部 2018 年十二個獲得補助的團體之一。以下將介紹勝利新村的歷史背景與屏新而論的執行過程，探討此一文化公共領域的公共參與審議機制。

(一) 勝利新村的歷史背景

　　勝利新村於 1937 年因應日本殖民政府在屏東設立機場與駐防的陸軍第三飛行團而興建給軍眷居住的「崇蘭陸軍官舍」，二次戰後由國民政府接收，安置從中國來臺的軍人及眷屬，包括孫立人將軍及其部屬（林思玲，2012）。晚近因《國軍老舊眷村改建條例》，國防部本欲拆除此區進行改建，但經過屏東愛鄉協會、屏北社區大學等地方團體人士與文史工作者努力彰顯勝利新村與鄰近崇仁新村一帶具備都市綠肺、生態廊道功能、國際級軍事文化資產價值等，歷經文資審議成功登錄為歷史建築群（屏東愛鄉協會，2017）。目前勝利新村與鄰近的崇仁新村共保留了 71 棟日式木構宿舍，是臺灣目前群聚式日式宿舍保留得最完整的一處，屏東縣政府將此區域以文創園區為主要發展方向，第一期修復完成 31 戶眷舍交由縣政府個別出租，但其中三分之二是咖啡廳、餐廳的經營業別，被質疑性質太單一且商業化（公視新聞網，2017 年 9 月 16 日）。尤其隨著修復日漸完成，日式眷舍建築群長久積累的地方知識如何傳承應用？如何定位空間發展紋理？如何發展出屏東地方文創園區特色，並吸引文化工作者的投入以及當地民眾的認同？這些都是當時勝利新村轉型的重要議題，也是「眷村，不一樣的精彩」論壇的探討主題。

（二）審議民主論壇的執行過程

1 現況分析以擬定議題方向

　　為瞭解勝利新村發展現況與困境以擬定議題的討論方向，屏新而論團隊透過事前的文獻蒐集，於論壇籌備初期密集拜會與勝利新村相關的利害關係人，包括縣府委託之招商團隊、進駐於勝利新村的屏東縣政府青年學院、長期關心市區眷村發展的地方團體（如屏東愛鄉協會、屏北社區大學等）與地方業者、第一、二期進駐業者、原住戶與地方人士等共 21 人。透過彙整相關文史研究資料與訪談分析，經過執行委員會同意，執行團隊歸納出民眾可能較為關心的三大方向五大議題：地方知識（在地知識的建置與運用）、[6] 空間治理（招商機制與景觀維護）[7] 與地方再生（地方自主與地方培力）[8] 成為論壇的討論主軸（國立屏東大學，2018b）。

---

6 「地方知識」議題著重探討「在地知識的建置與運用」，主要討論如何利用地方知識讓「地方」與「人」重新連結，整合起勝利新村四散的故事、技術與記憶，做為後續相關活動與空間再利用的基礎。

7 「空間治理」包含招商機制與景觀維護兩子題，主要討論當勝利新村轉向文創商業發展之外，文化處與進駐業者之間是否需要中介營運管理單位，以提供溝通協調與相關產業的輔導、退場機制與發展策略？如何從機制面與政策面促進進駐業者對地方紋理的認知，協助園區整體的發展，並為地方注入更多活力？相關修復工程、園區景觀環境如何與場域過往歷史紋理搭配、如何進行整體景觀植栽計畫與老樹修剪等等。

8 「地方再生」包括地方自主與地方培力兩子題，主要關心如何提升地方自主的力量，如何發展組織網絡？鼓勵民眾參與公共事務以推動長期的地方再生？如何培育地方相關人才？如何建立相關的知識體系以協助園區發展？

2 審議式民主三階段：議題初探、議題共學與議題深究

在審議機制上，「屏新而論」團隊參考世界咖啡館（Brown, Isaacs & World Café Community, 2005）和設計思考工作坊，並以 2017 年全國文化會議青年論壇的審議民主討論方式為基礎，發展出三階段審議民主討論機制：第一階段在於聚焦問題（議題初探），第二階段在於產生構想、共同研議（議題共學），第三階段在於協力治理，提出具體方案後與相關決策單位討論（議題深究）。

三階段的內容如下表所示：

表 1：2018 年屏新而論公民文化論壇三階段活動

階段	日期	活動
第一階段【議題初探】	09/29（六）10:00-14:35	公民咖啡館 I
	09/30（日）10:00-14:35	公民咖啡館 II
第二階段【議題共學】	10/13（六）& 10/14（日）09:00~18:00	勝利星村創意工作營（與屏東縣政府文化處合作）
	10/20（六）10:00-15:30	議題共學工作坊： ●眷村踏查（與屏東愛鄉協會合作） ●座談：來自星星的你 —— 勝利星村活化策略的借鏡與展望（邀請臺中市都發局負責審計新村之承辦人、營運團隊與勝利新村招商團隊進行對談）
	10/24（三）09:30-11:30	共學講座：文化資產的美麗與哀愁（搭配國立屏東大學搖滾社會力 USR 計畫）
第三階段【議題深究】	10/28（日）10:00-16:00	策略思考工作坊＆圓桌論壇

資料來源：《107 年文化部文化論壇補助案成果報告書 —— 屏新而論》（國立屏東大學，2018b）。

第一階段為「議題初探」，採用「公民咖啡館」[9] 模式，透過共桌與換桌討論方式，激發民眾提出對議題的觀察並擴大參與者之間的接觸，以蒐集意見並逐漸釐清問題。為了能讓更多人的意見可以參與其中，執行團隊安排兩天的場次供公民在報名時擇一參與。公民咖啡館的實踐基於「討論、平等、包容與決定」審議原則（林祐聖、葉欣怡，2020），希望透過多方討論接觸更多元的觀點，並重新思考自己原先的觀點，利用便利貼與「換桌」機制來增加各觀點的連結與不同民眾想法的積累，讓參與者透過多次的表達與聆聽，有助於理解意見的多元樣貌並促進參與者換位思考，並在最後勾勒出公民對於議題所期待發展的樣貌。

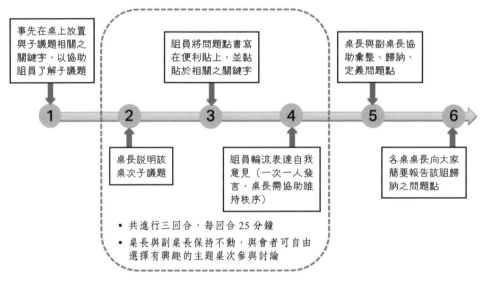

圖 1 「屏新而論」議題初探（公民咖啡館）操作流程

參考資料：《107 年文化部補助辦理文化論壇計畫書 —— 屏新而論》（國立屏東大學，2018a）。

9　公民咖啡館原名世界咖啡館，由 Brown Juanita 與 Isaacs David（2015）所提出，是一種小團體的討論模式，在輕鬆氛圍之下，凝聚集體智慧的方式，並規劃出多回合的議題提問，鼓勵參與者分享個人見地、積極聆聽，吸納來自各領域的多元觀點，並整理出問題點。公民咖啡館有七大原則，而此設計是為了使桌長能帶動對話，此七大原則為：背景定調、營造出宜人好客的環境空間、探索真正重要的

　　第二階段「議題共學（議題共學工作坊）」主要依據公民咖啡館各組提議，與地方社團合作規劃相關的實地踏查、講座與座談等共學工作坊，包含與屏東愛鄉協會合作帶領民眾踏查眷村空間與文化；同時也邀請臺中市都發局與審計新村營運團隊分享同為文資場域再利用的經驗與困難等。這些共學活動的目的主要是協助與會民眾從多層次瞭解勝利新村的歷史與現況，進而有助反思公民咖啡館的提議或他山之石的經驗，做為後續發展行動策略的基礎。

　　第三階段「議題深究（策略思考工作坊）」主要參考設計思考的概念加以改良，由各組依照公民咖啡館的提議提出行動策略方案原型，接著諮詢專家深入討論，協助與會公民瞭解目前策略中的盲點或不足之處，再具體化策略行動方案。在審議的基礎上，三階段的參與具有連貫性，因此「議題深究」的參與民眾必須參與過前次「議題初探」與「議題共學」的與會者，以

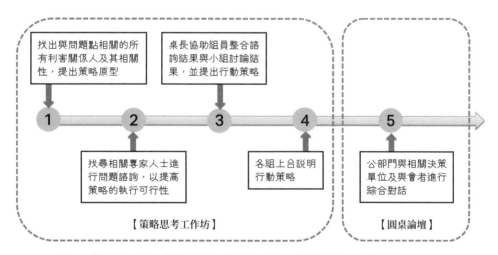

圖 2　「屏新而論」議題深究（策略思考工作坊）與圓桌論壇操作流程

參考資料：《107年文化部補助辦理文化論壇計畫書 ── 屏新而論》（國立屏東大學，2018a）。

提問、鼓勵大家踴躍貢獻己見、交流與連結相同的觀點、共同聆聽其中的模式觀點及更深層的問題、集體心得的收成。

此擬出的構想才具有正當性。最後，「圓桌論壇」邀請公部門（屏東縣政府文化處處長、屏東縣政府青年學院主任）參與，各組由與會公民推派代表說明各議題的審議結論與行動策略，[10] 並與公部門進行對話。

3 執行成果與審議民主討論

「眷村，不一樣的精彩」公民總報名人數為 79 人，實際總參與人數為 76 人，參與公民身分組成多元（學生 27%、文化工作者 11%、家管／退休 12%、服務業 10%、軍公教 20%、其他 20%），包含國小與高中教師、屏北社大的學員、屏東愛鄉協會、原鄉藝文產業推廣協會代表、勝利新村原住戶、第三期新進駐業者、以及勝利星村招商團隊。由於三階段期程為期一個月，同時期高雄亦有同性質的眷村論壇，最後完整參加「眷村，不一樣的精彩」審議三階段為 31 人。根據報名資訊，多數民眾參與動機主要是期待能更加瞭解眷村議題與園區未來的規劃（國立屏東大學，2018b）。所有的審議過程與結論，也都即時公開在屏新而論的臉書，並收錄在文化部公民論壇的網站 [11] 裡。

屏新而論團隊在系列論壇結束後，透過線上問卷蒐集與會民眾對於「眷村，不一樣的精彩」公民文化論壇的參與心得與評價。總計共回收 36 份問卷，對於三階段的審議過程，則有八成五民眾認為滿意與非常滿意，顯示論壇的審議方式大致獲得與會者的肯定（國立屏東大學，2018b）。

透過審議三階段的操作，屏新而論作為文化公共領域，不僅提供公眾參與討論文化事務的機會，與會民眾彼此交流、共學中聽到不同的看法與觀點，並有機會把自身的經驗、想法化為公共策略，透過圓桌論壇直接與公部門對話。其中一位曾經參與文資保存運動與公聽會的與會民眾 A 指出過往

---

10 關於民眾提出的五子題審議結論均公開於「屏新而論」臉書（https://www.facebook.com/ 屏新而論 -304614480285658）。

11 文化部公民文化論壇網站：https://ccf.moc.gov.tw/index/zh-tw/plan/12443

地方政府很少與民眾溝通，屏新而論吸引許多關心眷村的人一起討論未來的可能發展：「聽到更多的可能性與看法，比如說眷村應該怎麼去累積文史知識，眷村怎麼藉由活動跟小旅行，藉由更好的招商方式讓它更多元有更多的可能性。而且（屏新而論）為眷村帶來一個討論的契機，這些意見是可以跟公部門相互討論。（之前）文化處給人的感覺就是有政策就執行，很少跟民眾討論適不適合、有沒有更好的方式。基本上我不知道文化處還有什麼可以互動的，通常是參加他們固定的會議，但那不是互相激盪的會議，而是他們已經決定了，你只是去聽他們的意見而已。」

受訪民眾多數肯定大學主辦公民文化論壇的獨立性，但也指出屏新而論缺乏後續實踐資源的限制，儘管「眷村，不一樣的精彩」設計圓桌論壇與公部門對話，但當日出席的屏東文化處處長僅針對「招商機制」說明未來會有園區營運單位，卻未針對其他議題或建議有回應。曾經是勝利新村的原住戶B指出屏新而論的審議過程嚴謹，民眾提出很具體的審議結論，但「學校方面不是執行單位，不能去檢視當初的理想執行到哪，沒有給你權力去督導後來的單位能不能執行這些工作，這就是落差。就是拉一個夢想的馬車一直往前走，可是實際上脫鏈了」。

五　論壇結束之後……

從「眷村，不一樣的精彩」審議民主三階段分析屏新而論的公共參與，以下幾個面向值得深入探討：

第一，透過屏新而論搭建的文化公共領域，為關心眷村或日式建築的民眾提供溝通與對話的場域。在這個場域裡，文化工作者、原住戶、地方文史團體、學生等與會民眾從個人日常生活連結出發，闡述各自對勝利新村等眷村的回憶或關聯，有的提出對現況的觀察與分析，也有人提出對其轉型的期待、擔憂與建議，也在傾聽與交流中辯論、協商，一次又一次揉合出公共性

的願景，試圖找出最大共識與擬出行動方案。例如署名 Chih Hua 的與會者在問卷中回應「這幾次參加討論下來，我覺得對於關心眷村後續發展的人而言，並不只是出於一種緬懷過去的傷感、想再現過往生活記憶，而是屏東眷村的建築、景觀同時也承載了『人對鄉土的認同』，透過對過往的瞭解，人與人、人與土地產生連結，新的世代能瞭解以前的文化，未來能發展出屬於自己的文化，並藉由文化延續傳承的過程，帶動文化資產活化。⋯⋯多方的對話、討論相信更有助於建構更全面地看待議題的視野」。

然而這樣匯聚不同能動者情感與思辨的文化公共場域並非真空存在，除了與會民眾具備理性溝通的參與理性與開放的參與心態外，更需要參與技術如審議民主方法的培力與引導。屏新而論運用一系列細緻規劃的審議論壇，如議題初探之公民咖啡館、議題共學之工作坊、議題深究之策略思考工作坊，協助民眾理解眷村文化議題的不同面向與探討勝利星村文創園區的眾多可能發展，更透過時間控管與便利貼等方法輔助傾聽、對話，以及換桌策略提供民眾換位思考等審議過程，促進民眾打破同溫層，從多元角度更加瞭解屏東在地文化政策議題。透過這些審議方法的設計，民眾更有能力參與公共事務的討論，而且所提出的行動策略更具有可執行性。

例如，民眾在「地方知識」的主題討論中提出地方知識的建置與應用以口述歷史（地方知識）為核心，向外延伸各式活動，辦理園區節慶與導覽活動的策略方案，當時雖未得到公部門關注，但這些集思廣益提出的審議結論與行動策略均是公開資訊，且可能經過人際與社群流傳擴散。2019 年的「全國古蹟日」在屏東勝利新村舉辦時，許多活動均與民眾曾在「眷村，不一樣的精彩」論壇裡提出的構想相關，例如邀請文資專家帶領民眾近距離瞭解建築樣態與修復技法、AR 互動體驗式導覽、古蹟修復導覽、老屋新生導覽等。[12] 而且這些活動都可看到屏新而論的與會公民擔任導覽員、活動志工、或是單純的參與者，大家持續關心並付出具體行動持續協助園區的活動

---

12 活動內容請參考網站：http://vipzone.cultural.pthg.gov.tw/his_event.aspx?id=10

進行或熱情參與。又如，民眾在「空間治理」建議未來宜結合現有資源，提供專業輔導、在地的實戰經驗，讓業者能互相交流、資源共享；而營運單位於 2020 年推出「勝利星村創意生活園區店家經營輔導講座」供進駐店家共同學習。

這也顯示「屏新而論」此一文化公共領域搭建了一個人際網絡交流平臺，提供來自不同背景但同樣關心眷村園區發展的人們互動交流的機會，在論壇結束之後，這樣的網絡仍有機地存在與發酵。例如在「空間治理 —— 景觀維護」議題中，與會者有不少人相當關心老樹的保留與照護而提出許多具體建議，如設立園區守護員（含老樹巡守員）、訂定景觀維護管理細則等，但當時屏東縣文化處處長並未對此回應。論壇結束後一個月，有一原住戶同時也是論壇與會者葉慶元在其臉書上提出園區有四棵老樹被砍，引起其他臉友同時也是論壇與會者的關心，紛紛批評文化處的做法太過粗暴，同時也熱情提供照顧老樹的友善方法。此一討論立即成了線上社群版的「屏新而論」，文化處文化設施科科長親自上線回應，承諾將會改進園區植物養護措施。

第二，在「眷村，不一樣的精彩」論壇中，與會民眾不僅需要全程參與三階段的審議，腦力激盪的過程也非常費力，也因此更加在乎審議的結果是否得到回應。公民文化論壇完成之後，這些建議是否被納入未來政策考量或能否有相對應資源因應，目前仍是不明確且缺乏機制監督，仍然多是由下而上的文化自理，卻缺乏網絡整合式的文化治理。以此次論壇來說，文化處處長親自出席圓桌論壇時即明確回應未來園區將有營運單位協調進駐業者與規劃相關活動，但對其他民眾關心的在地知識與地方自主等議題與建議卻未回應，後續民眾也沒有感受到這些審議結論被納入政策核心。之後勝利星村因被列為 2019 年燈會的衛星展區與全國古蹟日的主展場，有來自中央文化部的豐沛資源可以運用，但我們無法期待這些「機緣」每次總會降臨。

以文化部規劃的公民文化論壇來看文化公共領域的形構與公眾參與，隨著法制上的建立與各地文化論壇團隊的動員，有越來越多的民眾關注並參

與，若缺乏後續的實踐與常態性的監督機制，恐會造成民眾又一次的審議冷漠，而不利民主發展。尤其「眷村，不一樣的精彩」結束之後，屏東縣政府分別於 2020 年、2021 年均獲得文化部補助辦理文化論壇，雖然操作的審議程序不同，勝利星村均為其討論議題之一，但討論焦點集中在勝利星村做為城市品牌的經營與行銷策略，[13] 對民眾一直關心的眷村景觀維護或地方自主等議題未見積極回應。隨著勝利星村越來越蓬勃發展，地方政府有必要整合盤點前述相關論壇的審議結論，歸納屏東在地的眷村與園區的文化經濟、族群文化政治等面向，並針對文化生活方式的意義等面向加以回應。

第三，從文化部的文化治理面向來看，除了補助辦理文化論壇外，更應建立文化論壇決議參採機制，使民眾審議意見能被納入核心的治理層次，健全文化治理的公共參與機制；同時也須思考每年常態的公民文化論壇到四年一次全國文化會議的連結機制，以串聯成相互支援的文化治理體制。尤其公民文化論壇補助計畫自 2017 年執行以來，每年均有以眷村為主題的論壇，文化部有必要將這些個案匯整成眷村族群與文資空間為主題的中央層級治理規劃，尤其需要涵蓋眷村相關的文化生活、文化經濟、與文化政治面向，並透過四年一度的全國文化會議中勾勒未來整體的政策方向。可惜的是，因疫情延宕的 2021-22 年的全國文化會議卻未見盤整這些年的公民文化論壇，沒有針對不同層次的文化治理進行串聯規劃。

公民文化論壇做為一個標榜文化民主與公眾參與的文化公共領域，應是協力治理機制的一環，亦即在民眾「由下而上」思辨審議之後，仍須藉由具有公權力與資源的文化機構部門制訂相關政策措施合理分配與具體實踐回應其建議，方能促進文化治理的良性發展。

---

13 屏東縣政府近兩年均獲得文化部公民文化論壇補助，2020 年「打造屏東新名片 —— 從在地傳統文化打造節慶品牌」以勝利星村的發展願景為主題之一，著重景觀規劃、觀光行銷等議題。2021 年「屏東明日之星 —— 文化振興實踐地方設計力」以星村願景工作坊，著重討論如何讓勝利星村場域更具特色？如何讓更多民眾體驗星村生活？

參考文獻

ARTouch 編輯部（2016）。〈讓文化成為全國公民運動 —— 鄭麗君談文化部施政核心目標〉。ARTouch，取自 https://artouch.com/news/content-4979.html

文化元年基金會籌備處（2011）。〈開啟文化元年：文化界提問總統候選人〉。《終結百年煙火，開啟文化元年》，取自 http://renewtwculture.blogspot.com/2011/12/1215.html

文化部（2012）。〈視覺藝術發展政策廣納各方建言文化國是論壇第二階段九月底登場〉。文化部官網，取自 https://www.moc.gov.tw/information_250_27591.html

文化部（2016）。《文化部補助民間團體辦理文化論壇作業要點》。新北市：文化部。

中央社（2012）。〈非池中藝術網號召百位藝術家齊聚正式向文化部喊話：重視原創藝術！〉。《中央社》。

公民行動影音紀錄資料庫（2014）。〈2014 反服貿佔領立法院全紀錄（320、321）〉。取自 https://www.civilmedia.tw/archives/16693

公視新聞網（2017）。〈屏東勝利新村活化出租近 2/3 餐廳、咖啡廳〉。取自 https://news.pts.org.tw/article/371073

李丁讚（2004）。〈導論：市民社會與公共領域在臺灣的發展〉。收錄於李丁讚（編），《公共領域在臺灣 —— 困境與契機》（頁 1-62）。臺北：桂冠。

王志弘（2021）。〈理論文化治理〉。收錄於殷寶寧（編），《藝術管理與文化政策導論》（頁 3-34）。高雄：巨流。

王俐容（2006）。〈文化公民權的建構：文化政策的發展與公民權的落實〉。《公共行政學報》20: 129-159。

林思玲（2012）。《將軍之屋 · 故事》。屏東：屏東縣政府文化處。

林祐聖、葉欣怡（2020）。《審議民主實作手冊》。新北市：文化部。

林國明（2009）。〈公共領域、公民社會與審議民主〉。《思想》11: 181-195。

林國明（2016）。〈誰來審議？台灣民眾對審議民主的支持程度和參與意願〉。《台灣社會學》31: 43-97。

林國明、陳東升（2003）。〈公民會議與審議民主：全民健保的公民參與經驗〉。《台灣社會學》6: 61-118。

屏東愛鄉協會（2017）。〈屏東城中城 —— 打造飛行故事聚落計畫〉。文化部社區營造青銀合創實驗方案。

國立屏東大學（2018a）。《107 年文化部補助辦理文化論壇計畫書 —— 屏新而論》。國立屏東大學。

國立屏東大學（2018b）。《107 年文化部文化論壇補助案成果報告書 —— 屏新而論》。國立屏東大學。

葉欣怡、陳東升、林國明、林祐聖（2016）。〈參與式預算在社區 —— 文化部推展公民審議及參與式預算實驗計畫〉。《國土及公共治理季刊》4(4): 29-40。

劉俊裕（2014 年 7 月 29 日）。〈誰的文化政策藍圖？人民怎麼參與，如何監督？ —— 文化治國、文化興國（下）〉。《聯合新聞網 —— 鳴人堂》，取自 https://opinion.udn.com/opinion/story/5954/177621

劉俊裕（2018）。《再東方化：文化政策與文化治理的東亞取徑》。高雄：巨流。

Baltà Portolés, J. & Dragićevic Šešić, M. (2017). Cultural rights and their contribution to sustainable development: implications for cultural policy. *International Journal of Cultural Policy* 23(2), 159-173. doi:10.1080/10286632.2017.1280787

Brown, J., Isaacs, D., & World Café Community. (2005). *The World Café: Shaping Our Futures Through Conversations That Matter*. Berrett-Koehler Publishers.

Chambers, S. (2003). Deliberative democratic theory. *Annual Review of Political Science* 6(1): 307-326.

Dryzek, J. & Dunleavy, P. (2009). *Theories of the Democratic State*. Macmillan International Higher Education.

Gray, C. (2012). Democratic cultural policy: democratic forms and policy consequences. *International Journal of Cultural Policy* 18(5), 505-518.

Ku, S. S. & Liu, J.C.Y. (2020). Managing Cultural Rights: The Project of the 2017 Taiwan National Cultural Congress and Culture White Paper. In Durrer V., Henze R. (eds.), *Managing Culture: Reflecting On Exchange In Global Times* (pp.293-317). Sociology of the Arts. Palgrave Macmillan, Cham.

Lukensmeyer, Carolyn J. (2014). Key Challenges Facing the Field of Deliberative Democracy. *Journal of Public Deliberation* 10(1): Art. 24.

McGuigan, J. (2004). *Rethinking Cultural Policy*. McGraw-Hill Education (UK).

McGuigan, J. (2005). The cultural public sphere. *European Journal of Cultural Studies* 8(4): 427-443.

McGuigan, J. (2010). *Cultural Analysis*. SAGE Publications Ltd (UK).

Miller, T. (2007). *Cultural Citizenship: Cosmopolitanism, Consumerism, and Television in a Neoliberal Age*. Temple University Press.

Stevenson, N. (1997). Globalization, national cultures and cultural citizenship. *The Sociological Quarterly* 38(1): 41-66.

Stevenson, N. (2003). *Cultural Citizenship: Cosmopolitan Questions*. Maidenhead, Berkshire: Open University Press.

Vestheim, G. (2012). Cultural policy and democracy: an introduction. *International Journal of Cultural Policy* 18(5), 493-504.

CHAPTER

探究審議式決策機制之實踐：
以黃金博物館參與式預算
計畫為例

—— 林玟伶 ——
輔仁大學博物館學研究所助理教授

當代的文化政策論述強調參與（participation/ engagement ）的元素，並影響博物館實踐。雖然社群參與視為民主國家政策治理的主要元素，但因參與的定義廣泛、性質多元，博物館推動社群參與背後有更深層的問題需要探究，博物館機構本身的特性，如長期以來扮演知識權威的角色，如何對於參與實踐形成挑戰？又如何能夠解構權威的角色呢？這些問題的釐清，對於落實真正的參與實踐，具有重要的研究意義。

本研究以黃金博物館參與式預算計畫做為個案，探討博物館發展審議式決策機制的目的性、實際執行過程的牽涉與執行成效，透過訪談社區參與者與博物館從業人員，本研究有助於建構臺灣脈絡下「博物館社群參與」發展的面貌。

一　前言

近二十年來，參與（participation ／ engagement）[1] 的概念已經開始被博物館界與政策論述所重視強調，成為當代博物館與其服務社群互動溝通的關鍵。例如在國際博物館思潮上，2019 年第二十五屆國際博物館協會京都大會（ICOM Kyoto 2019），討論修正博物館定義提案，其中表明當代的博物館應為具有參與式與透明性的特質，並能夠與不同社群產生積極的夥伴關係。[2] 這個與現有博物館定義截然不同的新版本，凸顯了當代博物館與社會的關係需要更加接近，主張博物館對其社會責任與角色採取更明確的政治立場。

1　英文的 participation 以及 engagement 皆可翻譯為參與，本研究採用的文獻中兩者皆有研究者使用，一般情況中用 participation 代表參加、參與，而 engagement 則進一步代表在參加中能夠互動、分享與交流的意涵。本研究「社群參與」譯為「community engagement」代表社群不僅是參加，而是有參與互動的意涵。

2　提案的博物館新定義，請見 ICOM 官網：https://icom.museum/en/news/icom-announces-the-alternative-museum-definition-that-will-be-subject-to-a-vote/（瀏覽日期：2021 年 6 月 2 日）

　　將此發展趨勢回溯至文化政策的脈絡，可見從二戰後西方國家開始發展文化民主化（democratization of culture）至 1970 年代，中央政府實施權力下放，提倡文化的民主（cultural democracy）發展，在這波政策轉向中，Mulcahy（2006）提到兩者的差異在於文化民主化主張精緻文化（high culture）不應只專屬於社會某一特定階級或存在於大都會中，卓越的文化應盡可能讓不分階級、教育背景與居住地的大眾能夠廣泛的接觸，在此種政治架構下的文化活動通常是垂直式，由上而下、由中心到邊陲的形式；相對而言，文化的民主強調文化權力下放的策略，以多元文化取代由上而下的單一文化取向，政府的職責是為公民提供平等的機會，而公民可以用自己的方式定義文化，採取更參與式或民粹主義式的取徑。至 1990 年代，公眾參與已成為西方民主國家政策治理的主要元素（Ashley, 2014）。

　　從博物館政策脈絡而言，美國博物館學會在 1998 年發起「博物館與社區（Museums and Community）」的國家型倡議，並隨後在 2001 年出版《掌握公民參與》（*Mastering Civic Engagement*）的報告書（Black, 2010）。英國則是更有目的性地從國家政策中介入，1997 年新工黨政府上臺，採取第三路線取徑，強調社會融合（social inclusion）政策（West & Smith, 2005），朝向「博物館做為社會融合之催化劑」的觀念（Sandell, 2002）開始在英國博物館界萌芽，其文化媒體暨體育部在 2002 年推出的「區域文藝復興計畫（renaissance in the regions）」中，社群參與（community engagement）為計畫的核心目標之一，期待英格蘭九區域的地方型博物館能夠促進近用（access）和融合，鼓勵社會融合和文化多樣性，做為地方社群的聯絡點，並提供公共空間進行對話和討論當代重要的議題（林玟伶，2012）。政策力的推動下，公民參與文化藝術成為文化機構，如博物館、劇場與藝術組織，所欲實踐的方向。大眾透過不同形式的參與，如排練、創意過程的貢獻、政策與群眾募資，在藝術的創造與傳播扮演越來越積極的角色（Anberrée et al., 2015）。

公眾參與具備不同形式，其中被視為民主創新的參與式預算機制在臺灣開始受到關注並引進做為發展公民參與以及審議式民主的方法。新北市黃金博物館做為臺灣第一座公立博物館引入參與式預算機制，更是少數博物館提供公民機會參與博物館預算的案例，本研究期望藉此討論博物館推動社群參與的實踐背後更深層的問題，包含博物館機構本身的特性，如長期以來扮演知識權威的角色，如何對於參與實踐形成挑戰？又如何能夠解構權威的角色呢？因此，本研究以黃金博物館參與式預算計畫做為個案，探討博物館發展審議式決策機制的目的性、實際執行過程的牽涉與執行成效，透過訪談社區參與者與博物館從業人員，本研究有助於建構臺灣脈絡下「博物館社群參與」發展的面貌。

二　文獻探討

（一）社群的意涵

社群（community）是一個多元解釋的概念。在臺灣受到社區總體營造政策的影響，習慣將英文 community 翻譯為社區，著重地理區的分界而形成的群體，根據 Kadoyama（2018: 7）的文獻社區僅是將「社群做為地方（community as a place）」的一種觀點，另外也包含「以興趣組成的社群（community of interest）」，代表共享興趣或認同而聚集的群體，以及「交流做為社區（community as communion）」代表一種群體感與歸屬感，而讓人聚在一起。

Watson（2007: 4-8）整理出七種博物館界定社群的角度，讓我們瞭解到社群涵蓋的面向可從共享歷史與文化的經驗、專業背景、人口統計變項、認同、參與實踐、排除與地理區位等區分社群。在本研究中，因參與式預算

計畫限定在金瓜石與水湳洞在地民眾參與，因此本研究以社區民眾或社群交互使用。

此外，Onciul（2018）提醒吾人即使社群做為分類群體的一詞，需要注意的是社群不是同質且定義明確的靜態實體。相反地，社群是多面向、不斷變動且鬆散連接的人群。社群本身的概念應該是不斷地重新定義什麼是社群，誰是與不是社群。本研究認為即使是在博物館所在社區的居民，其社群的組成相當複雜，不可忽略社群的多樣面貌。

（二）參與的意涵

觀眾參與藝術文化的形式非常多元，Anberrée 等人（2015）歸納三種主要的觀眾參與類型：

1. **協商性和辯論性**，涵蓋了有關文化政策優先事項的討論和辯論；

2. **對話性**，包括藝術家和公眾，文化部門的專業人員和專家參加的會議辯論；

3. **美學性**，旨在透過出現在舞臺上或為戲劇製作做出貢獻來鼓勵公眾參與作品本身。

廣義而言，參與可以是觀眾前往參觀博物館或參加博物館的活動，因此筆者首先需釐清「參與」在本研究所代表的意義。我們需要將程度的差異，放置在參與的位置上考量，如同學者指出在許多參與式計畫中，觀眾參與的程度通常是有限的（Anberrée et al., 2015），而本研究想探討的博物館社群參與偏向共同生產與參與決策的類型。

Jancovich（2017）提到決策取徑中忽略權力結構不平等的本質是增進參與最大的障礙，因此我們回到 Sherry Arnstein（1969）所提出「參

與階梯」（ladder of participation），來瞭解參與之中權力涉入的差異性，該模型說明公民參與過程按照控制權力的多寡，而處於階梯的不同位置，作者主張公民參與與公民權力涉入息息相關，若沒有權力重新分配，原本被排拒的政治與經濟參與的公民，仍無法共享權力對未來做決策，形成空洞的參與。她將參與以階梯的形式分為八個類型，每個階梯對應公民權力範圍，分為三種權力掌握程度：非參與（non-participation）、象徵主義（tokenism）和公民權力（citizen power）。

在參與階梯最底層，是「操縱（manipulation）」並非真正的公民參與，而是代表當權者將參與扭曲為公共關係工具；「教化（therapy）」代表當權者製造一種假象，讓公民認為參與是為治療自己的問題，而忽略機構與政策才是問題所在，以上兩種參與形式，實際上公民並沒有掌握權力，因此Arnstein（1969）歸類為非參與。

第三到五層分別為「通知（informing）」，雖然讓公民瞭解他們的權利、責任和選擇可能是邁向合法公民參與重要的第一步，僅是官方對公民單向傳達訊息；「諮詢（consultation）」，僅是停留在聽證會或意見調查層次，公民參與以統計量化數據表現，公民在這些活動中取得的成就是他們「參與了參與」。而當權者所取得的成就是證明他們已經通過了讓「那些人」參與的必要過程。「懷柔（placation）」代表讓一些精心挑選的公民安置入公共機構的董事會或委員會，但若傳統權力精英佔據多數席位，如此的參與僅是一種懷柔策略。以上三種類型，雖然是參與，但公民權力仍未受到完全賦權，對 Arnstein（1969）而言是象徵主義式的參與。

最後三類由下而上分別為「夥伴關係（partnership）」，權力在此階段得以重新分配，透過公民和當權者之間的談判來分擔規劃和決策的責任。「委派權力（delegated power）」藉由官方與公民間的談判，使公民獲得管理權、決策權或是資金分配權等等，這過程中公民掌握重要的權力，能促使官方落實責信。在參與階梯的最上層為「公民控制（citizen control）」，公民站在主導地位管理整個計畫或機構，全權負責政策和管理，並與「外人」談判。

Arnstein（1969）的模型提醒我們並非每種參與都是賦予權力，以Arnstein（1969）的概念而言當權者可能會主張公民參與，但實則並非真正的參與，因此在評估公民參與的同時，需要更謹慎地瞭解參與的權力涉入程度。

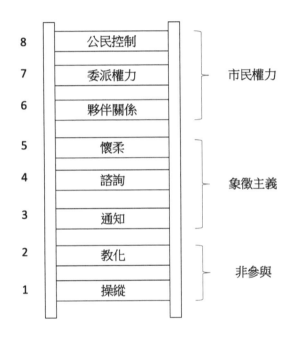

圖 1 Sherry Arnstein「參與階梯」模型

資料來源：Arnstein（2018）。

在博物館研究的文獻中，Ashley（2014）指出參與（engage）代表佔據注意力、涉入（involve）、參與（participate）或建立有意義的連結。她提醒不可忽視機構和其主體所承擔的相對權力位置，真正的民主式參與必須要能挑戰科層體制以及知識的權威。Ashley（2014）主張如果博物館將

自己做為社會相關性與民主實踐的代理人，參與代表著減少以機構為主體的觀點——涵蓋其他人以確保觀眾參與的形式，而是更強調參與者可以主張自己的能動性，自己對於使用文化與遺產做為資源做出選擇。博物館應該採用文化的民主的觀點，包含發展以少數群體或困難議題為主題的展覽，往往涉及在種族、性別、階級與能力被視為他者的群體參與合作。

Onciul（2015）則使用參與區（engagement zones）的概念來表達博物館與社群的合作模式，這個概念以 James Clifford（1997）的博物館做為聯繫區的（contact zone）理論為基礎，並強調了文化關係之間和跨文化關係的重要性、臺上與臺下文化的共享，以及對於參與者進入複雜且不可預測的參與區的潛在風險、成本和效益（Onciul, 2018）。參與區是一個概念的、物體空間以及暫時的空間，在此參與者在無法預測的權力協商（power negotiations）過程中產生互動，透過參與區運作共同生產出展覽、博物館活動、雇用社群成員、借展／或文物返還、社群參與博物館董事會或是改變博物館的實踐等（Onciul, 2015）。這些產出可以看做是參與區中參與者之間權力協商的具體展現。參與區中發生的事情及其產生的結果取決於所使用的合作方法、參與的參與者，過程進行的方式以及發生過程的環境脈絡（Onciul, 2018）。

Onciul（2015）的論點主張的是包含博物館與社群的成員在參與區中的互動，都是一種無法預測的權力協商過程，在這個概念中，已經試圖提醒博物館權力的釋放；而 Ashley（2014）則是認為博物館要實行所謂真正的民主實踐，應該要去強調提升參與者的能動性。以上兩位作者的觀點呼應本研究問題欲探討的參與決策式計畫中博物館與參與者的合作模式，藉此去分析參與決策式計畫是如何進行權力協商。從上述研究中，本研究定義參與決策式計畫代表社群參與博物館的計畫中，是雙方合作的過程，參與者對於內容發展或決策有某種程度的涉入，而且不同的參與者在過程中，能共創有意義的連結與共同經驗。

（三）參與式預算：政策脈絡與藝術領域的發展

Rocke（2014）在其著作《公民參與的框架與擴散 —— 法德英的參與式預算》提到參與式預算本身的挑戰在於並無正式認可的定義，在各地的流程因政治脈絡不同而有所差異（白舜羽譯，2017）。由此可見，參與式預算機制受到地方政治脈絡的影響，定義與執行方式皆有所差異，增加吾人在討論參與式預算的複雜度，例如參與式預算是否有核心精神？藝術領域是否適合透過參與式預算來促成民眾參與？

首先，參與式預算流程可謂是結合參與式與審議式民主理論的一種民主創新。兩種理論共同價值是基於公共證成（public justification）、溝通、透明以及政治權利的回應與問責，前者強調「廣泛參與的利益以及將決策能力移轉給公民的必要性（引自白舜羽譯，2017: 36）」，而後者著重「公共論理的過程，而未必提供公民做成決策的權力（引自白舜羽譯，2017: 36-37）」，巴西愉港市參與式預算做為最經典的實踐，包含了參與式民主中，賦權於普遍公民實質決策的能力，亦具備審議式民主中商議單一議題的小型討論社群（白舜羽譯，2017: 38）。

理解參與式預算之理論基礎後，我們進一步討論參與式預算的核心原則。Rocke（2014）提到愉港市參與式預算關鍵特徵在於：

1. 具備清楚程序規則，確保所有人有效平等的參與。

2. 參與者的自我管理。

3. 廣泛由下而上的參與。

4. 向公眾開放、公民代表的強制性委任。

5. 過程的整體流動性（白舜羽譯，2017: 46）。

林國明（2015）以美國城市為研究案例，主張參與式預算的核心原則為：

1. **包容：**操作流程的設計，促使更為廣泛的公眾參與，應特別關切權力結構下被排除的那群人能否參與。

2. **審議：**強調參與者說理、學習、溝通和討論的過程。

3. **決定：**公眾有權力決定公共支出預算分配與優先排序。

4. **社會正義：**最重要的目標在於社會改革，以求社會正義的重新分配。

綜合 Rocke（2014）與林國明（2015）可見，參與式預算需要一套明確的程序規則，確保平等參與，特別強調由下而上以及被權力結構排除者的參與。過程保持彈性，以確保參與者說理與溝通過程的展現，最後朝向公眾問責與決策，目標是社會正義的追求。

本研究以新北市立黃金博物園區參與式預算為案例，瞭解到參與式預算在全球博物館界的應用非常少見，實際上相較於其他公共事務領域，整體藝術與文化部門對於參與式預算的實踐並不普及。因此本研究探問藝術領域是否適合透過參與式預算來促成民眾參與？從實際案例中發現，英格蘭藝術理事會於 2009 年委託參與預算小組（Participatory Budgeting Unit, PB Unit）研究出版《參與式預算與藝術》（*Participatory Budgeting and the Arts*）報告書內容開啟對藝術領域應用參與式預算的討論。

報告書首先提及英國的參與式預算傾向以地方政府為基礎，並聚焦在少量資金分配的鄰里層次或是地方政府的基礎預算，像是健康、兒童及年輕人的主題方案，也已開始從社區資金取徑到更多策略性的參與式預算，例如委託主流的服務而提供補助給地方第三部門，然因為社區資金取徑的金額少量，並且對主流預算缺乏影響，因此被批評為象徵主義（tokenistic）（Fennell, Gavelin, & Jackson, 2009: 10-11）。報告書提到的現象呼應 Rocke（2014）一書中針對英格蘭索爾福案例，對於「英式」參與式預算的評價為「沒有穩固財務基礎的小額補助花費流程，在政治系統的邊陲進行

組織。很明顯不是深遠的民主創新，因為參與率、參與者政治與程序權力、以及審議品質均非常有限（白舜羽譯，2017: 145）」。此也對應到本研究前述 Arnstein（1969）理論中有關象徵主義式參與的警示，可見參與式預算在實踐上仍有許多窒礙難行之處。

既使如此，《參與式預算與藝術》（*Participatory Budgeting and the Arts*）報告書仍肯定參與式預算對於社區產生的啟發，認為雖然少量資金取徑對於地方權力結構較缺乏轉化效果，卻是帶來更多過程的進入點。在開啟公共監督的大量預算與服務前，它提供機會檢驗以少量可管理規模的研究方法。其效益包括：

1. 帶來多元群眾的社區凝聚（community cohesion）與支持。

2. 促進人們對於公共預算複雜度的瞭解，像是彼此競爭的設定、決策優先順序。

3. 鼓舞當地民眾以及民意代表、官員以新的方式共同合作。

4. 賦權人民，促使他們對公眾事務的興趣並更可能參與市民生活。

5. 確保當地服務符合在地情況量身訂做，增進民眾對這些服務的滿意度（Fennell, Gavelin, & Jackson, 2009: 11）。

此報告書進一步闡述大眾參與藝術決策的爭辯，提到藝術領域中的公眾參與（public participation or engagement），通常指涉大眾的角色為觀眾或是藝術的消費者。因此有持續主張公共機構應該鼓勵民眾更多的參與藝術，特別是關於參與者的階級，其他如性別、年齡、地理位置、種族、教育程度也是影響參與的因素。這些辯論傾向關注被排除於藝術之外或是對藝術不感興趣的人們，如何並藉由藝術教育、促進藝術近用、提高公共藝術的資金等方式以鼓勵人們更多的參與。隨著公眾參與決策成為政府的優先政策，也開始成為藝術機構的重要考量（Fennell, Gavelin, & Jackson, 2009: 12）。

　　傳統上，公民對於藝術政策的影響力來自於其消費者的身分，事實上，藝術的公共資金挹注最重要的功能在支持藝術家、組織持續創作，以確保優良藝術不會遭受觀眾量和經濟環境的影響。此項功能現在被視為公共參與藝術決策的核心，隨著公眾監督對藝文機構的壓力趨增，懷疑論者試問如何讓公民擁有更多的權力而不影響這些組織的品質和藝術多樣性？可見有關公眾參與的概念，引發懷疑論和許多的不確定。雖然公眾參與藝術決策仍是新興發展領域，報告書也指出越來越多一般民眾參與決策和資金的優先順序，是讓藝術治理更透明、責信的重要面向。公共參與的實務經驗，所提供的建議包括：需要大量技術、規劃、對人民及當下議題的敏感度（Fennell, Gavelin, & Jackson, 2009: 14）。

　　從《參與式預算與藝術》（*Participatory Budgeting and the Arts*）報告書的討論中，瞭解到英國模式的參與式預算屬於小規模的社區模式與臺灣相似，而藝術部門因應政府責信與透明化治理的要求，而開始考量參與式預算的應用，然而對藝術做為啟發與挑戰人們觀點的特質，是否受到參與式預算所限制仍抱持疑慮，本研究認為因參與式預算在藝術與博物館界應用與討論較少，因此有必要透過個案研究來瞭解參與式預算是否能促進社群參與。博物館長期以來扮演知識權威的角色，由專家觀點所組成，參與式預算做為博物館推動社群參與的另一種途徑，是否能夠透過此一實踐拉近博物館與社群間的距離？實行參與式預算過程是否能具備該途徑應有的原則？實際執行的複雜性與挑戰為何？接著，本研究透過個案研究試圖回答這些問題。

三 研究個案 —— 新北市立黃金博物園區參與式預算

本研究個案為臺灣第一座公立博物館實施參與式預算計畫，目的為豐富社區文化生活，鼓勵民眾投身社區事務，自 2016 年開始推行，已經累積四年經驗。黃金博物館 2004 年開館至今數十年來，以生態博物館為發展精神，「戮力於資源永續經營、生態旅遊，同時結合社區力量，盼能將金瓜石、水湳洞地區珍貴的自然生態、礦業遺址、景觀風貌、歷史記憶及人文資產進行妥善的保存」[3]，致力於推動各種活動與計畫，鼓勵在地居民參與博物館。

然而，與居民關係的建立需要長期累積，例如前黃金博物館館長施岑宜（2012）便指出：「黃金博物館在籌備當時即列為臺北縣政府年度重要計畫項目之一，開館時程的緊迫與期程壓力下，以致於無力進行社區參與的實踐。同時，地方居民對地方文化館營運後為地方帶來經濟效益的期待，都迫使黃金博物館的社區之路難行。」顯示出其中的複雜度。本研究於 2020 年 8 月至 10 月對該計畫博物館從業人員與社區參與者進行深度訪談，瞭解黃金博物館參與式預算實行案例，以能夠反映出地方脈絡下社群參與計畫的演進過程與挑戰。

本研究訪談對象包含兩位博物館專業人員，負責管理與執行本案，其中 A1 的身分為主管、A2 為承辦人員，另訪談三位社區人士分別編碼為 B1、B2 與 B3，[4] 皆曾提案且執行過參與式預算的計畫。

3　黃金博物館官方網站：https://www.culture.ntpc.gov.tw/gep_chi/xmdoc/cont?xsmsid=0G246367080091891115（瀏覽日期：2021 年 6 月 2 日）

4　本研究編碼方式為受訪者 - 頁碼，例如 A1-1，代表從博物館方受訪者的訪談逐字稿第 1 頁引用。

（一）計畫緣起

臺灣各級政府推動參與式預算大致始於 2015 年，由臺北市政府率先實行後，包含新北市、臺中市、桃園市等各地方政府紛紛跟進，而中央部會例如文化部也推出「推展公民審議及參與預算實驗計畫」，期望在推動多年的社區總體營造計畫中，實際落實「由下而上、社區自主和居民參與」[5]。

新北市政府各局處如教育局、社會局、勞工局與文化局等皆推動參與式預算，顯示在地方政府轄下的機關，可能因政策力的強勢主導，而推行參與式預算計畫，受訪者 A1 表示，對於執行的博物館而言，此一行動之緣起屬於政策指令，過去博物館雖有執行以社區為主的培力課程，但不是使用參與式預算的概念（A1-3）。

（二）計畫目的

隨著政府各種不同參與式預算計畫的執行，其對於參與式預算所強調的重點也各有不同，例如文化部「推展公民審議及參與預算實驗計畫」中強調的是包容、審議、決定，與社會正義的四項核心原則，目的是「盡可能地鼓勵廣泛的公眾參與，尤其是在既有權力結構體系下無法發聲的群體，必須讓他們有機會可以來討論、決定公共資源的使用」[6]，而在黃博館參與式預算的徵件說明，則將參與式預算定位為：

> 參與式預算係為公民藉由辯論、協商等各種方式，積極參與公共資源（政府預算）分配的一種政治運作模式。其背後蘊含之精神，即社區居民是最瞭解當地環境的人，因此，由居民自主決定的提案，

亦可使政府資源發揮最大效益。[7]

其中，計畫目的強調的是「豐富社區文化生活，鼓勵民眾投身社區事務」，由此可見，居民自主決定以及參與，是這個計畫的重點。從政策推動的角度，參與式預算計畫提案內容，雖較其他以館方主導的計畫有彈性，也還是會鼓勵居民朝社區生活以及文資保存兩個方向提案，用意是讓居民對於地方環境與資產的保護更有意識與責任，產生對地方的歸屬與認同感。本研究歸納歷年通過參與式預算的提案主題，包含地方節慶、走讀活動、地方文化館再利用、藝術文化生活推廣（如手工藝、布一鼓、歌唱班）、環境維護等。社區參與者 B1 則提到參與式預算特別之處在於以地方為主軸：「以地方為主軸，真的還滿特別的，別的地方比較少有這樣子的。（B1-14）」

> 朝兩個方向發展，第一個是社區生活，例如促進社區的整個環境景觀清潔維護啊，然後社區一些重要的節慶活動啊；第二個主題會放什麼文資範圍，應該就是我們館的核心目標，就是礦業文化遺產的保存與再利用嘛，所以也是希望說可以讓居民去提案，去提相關的案子來維護他們自己的家鄉吧。（A1-4）

（三）執行流程

在整個參與式預算的執行上，流程包含：宣傳、提案、徵件、說明會、投票、提案執行，計畫的承辦人需要一步一步與居民做溝通，特別是牽涉到公部門體系的行政作業流程，這些對於大部分的居民較為陌生，受訪者皆表示不會寫計畫書提案，也就呼應由里長系統協力推廣的原因。博物館受訪者也提到社區民眾較不熟悉編列預算規範，這部分也亟需博物館與民眾溝通。

---

[7] 資料來源：107 年度推動「金瓜石社區參與式預算計畫」https://www.culture.ntpc.gov.tw/xmdoc/cont?xsmsid=0I103512281633146417（瀏覽日期：2020 年 8 月 2 日）

因為里長的活動力比較好啊，他也比較知道怎麼提案，因為你知道官方的東西，就一定要有文書，所以其實老先生老太太應該都沒辦法寫計畫，甚至以前承辦人要幫忙他們寫企劃，不然誰要寫。（A1-6）

只是像我們自己做那麼久，我們就是一直不會去做寫案，寫案這個是我們比較弱，所以就是博物館他就會幫你，把你們的構想具體化。（B1-4）

因為參與式預算是請他們（居民）提意見嘛，我們來執行，有一些無法核銷就沒辦法執行，這些都有溝通，因為民眾不太會知道機關的經費編列哪些可以買哪些不能買。（A1-7）

在參與式預算計畫中，民眾負責提案與投票，而博物館需扮演執行的角色，並非由博物館補助民眾來執行計畫，因此如何確保民眾的概念能夠確實被博物館執行出來，而又不違反公部門執行計畫的規範，常需要與民眾有良好的溝通。

（居民）提案跟投票，因為我們（黃金博物館）是執行嘛，可是我們的執行是完全按照他們的想法，就是他們提概念。我們是（用）補助款，這個（參與式預算）是業務費，這個我們被審計糾正過，我們不是把錢給社區，那是補助款，可是參與式預算是社區來提概念，黃金博物館來執行。（A1-12）

社區民眾提案後，經歷集體投票過程，前幾個最高票的案子能夠執行，這個集體表決的過程，在參與式預算中是重要的歷程，是民主化的展現，只是在實際執行上，因為地方人口較少，因此產生提案者動員投票的狀況，社區參與者 B1 表示競爭資源下，需要找人來投票，B2 則認為如此會有不公平的狀況。

競爭當然會，因為這種小小的（案子）大家就會愛出來不出來，你就要找你的咖出來投票，要不然太少票又不好看。因為那種（活動）小小的嘛，又沒什麼⋯⋯，這個地方本來人就不多。（B1-9）

投票機制有時候也是不好，人面廣就可以叫比較多人來投，號召朋友來投，會有這個問題，效益就沒那麼好了。（B2-4）

公民監督被認為是參與式預算計畫重要一環，而在本案例中，館方提到居民確實很關切博物館是否確實滿足其需求。不過 A1 表述的狀況是指居民對博物館的期待深切，因此對博物館做的任何事情皆會有所關注，而非僅就參與式預算而言。

不只是參與式預算吧，他們如果也關心公共事務的人，其實就是時刻在看我們啊，就是覺得說，黃金博物館為什麼要做這個活動，跟我又沒有關係，或是像我覺得他們對我們期許應該是蠻大的。（A1-14）

（四）參與式預算計畫對於地方博物館的機會與挑戰

在組織層面，推動參與式預算計畫面臨與其他類參與式計畫同樣的困難在於博物館本身的人力結構流動性較高，而與社區關係需要較長期建立，特別是承辦人員對於計畫的熟悉度以及與地方人士建立信任關係，皆需要時間投入。

我覺得有個現實面啦，就是我們（黃金博物館）的同仁畢竟是公務員，大部分是公務員，有一部分是教育人員，那公務員待的時候會更短。（A1-8）

只是官方比較麻煩，就是一直換人很多東西的話，就沒有辦法，因
為我每次在不知道他們申請什麼做什麼，我們都不懂啦。(B1-6)

其次，如同臺灣多數的參與式預算計畫一樣，皆是小額經費，黃金博物
館執行參與式預算計畫是釋出館方本身的業務費額度約 20 萬元，但對於在
地居民而言，較難理解館方經費預算有限，因此在溝通上，對館方同仁而言
成為挑戰。如博物館受訪者提到居民不相信預算為什麼那麼少，而社區受訪
者認為錢應該要釋放給地方。

當然就是第一個社區想要更多錢，這個事情我們可能有困難，因為
我們的經費真的很少，那我們要去說服他，錢就是這麼少這件事情
就是一個挑戰。他都不信說我們的錢怎麼會這麼少，他說不可能經
費不是政府給的嘛。(A1-27)

因為本來（錢）就要釋放給地方還是要，你（博物館）既然有錢，
為什麼不釋放給地方？（B1-12）

在參與者的面向，對於涵蓋更廣泛的聲音，特別是無法進入現有權力結
構群體的包容則在本個案中有實踐上的侷限，例如：計畫仍須透過里長系統
來推動比較有成效，以及當地人口外流嚴重，關心地方事務的人通常為同一
群人。因此，博物館僅能先從關鍵或有熱忱的人開始聯絡，邀請的社群對象
通常包含：里長、地方意見領袖、瓜山校友會、民宿業者等。

像我們那個里常住的只有七十幾個人，三分之二以上 80 幾歲，年
輕人很少，博物館也找不到人啊，也沒有辦法找到可以做的事。
（B2-8）

真正的老百姓也沒有在參與啊，都是那些頭人，理事長之類，一般
老百姓也沒法寫這個提案啊。(B2-3)

　　執行面上，參與式預算計畫相較於其他計畫，較能夠以居民的意見與概念為主，意味著權力關係上，居民能有較多的發聲權。例如受訪者 A2 表示博物館雖會幫居民做可行性評估，但主要的提案概念是以居民的意識為主導。但是，需要注意的是，受訪者 B2 提到由於參與者仍是以願意主動參與的人為主，因此關鍵在於主導者能夠促進與擴大更多居民參與。

> 這個（參與式預算）比較他們主導的部分其實還蠻大，因為畢竟案子全部都是他們發想，執行的方式其實很多，也必須跟他們討論吧，以符合他們的需求。（A2-19）

> 這個主導人是很重要的，如果他願意把這個不多的錢延續做下來讓大家共同來參與就好啊，如果這個提案人提的案子不夠讓大家一起參與，只是自己在做，那意義就不一樣。（B2-3）

　　此外，執行面主要挑戰在於資源分配的公平性，即使參與式預算計畫是要讓公民投票來決議，但館方仍需要注意每個案子的預算需要公平分配，否則居民各群體間也容易產生爭執。

> 就是資源平均、資源公平啦，好像每次吵架不高興都是為了錢吧，因為不公平，不公平是因為他（居民）覺得錢拿到的不一樣多。（A1-26）

　　在評量面上，博物館提到量化部分較容易計算與評量，但質性層面較難去評估，一方面是不知道要如何做，一方面是沒有時間做（A2-42）。雖然黃金博物館推動參與式預算計畫已有四年多，但博物館受訪者也提到以案子的規模而言，能量較低，也因此難以期待單一計畫能夠產生多大的影響力。

> 所以你說有些事情讓本來就不想參與公共事務的人去參與公共事務，這當然是我們努力的目標，可是我覺得那個不是一個參與式預

算的小案子可以撼動，可能是很多各種各樣的案子集合起來的。
（A1-9）

而訪談社區參與者則可發現，參與者對於該計畫仍是正面肯定，他們提到計畫有效益，居民對於活動辦理有所期待，並認為該計畫能夠成功擾動地方，讓地方動起來。

> 因為我們上次耆老走路，我們也分了五梯次、還六梯次吧，很有效益吧對不對。……。至少有居民在問說今年沒有（走讀活動）嗎？
> （B1-12）

> 這個是好的，因為我們這個地方就沒有人去討論，覺得這件事情就是要有帶的人，那個人是愛這個地方去帶這個東西，效果就會出來。（B2-17）

> 以我個人來講我認為錢是很少，但是我覺得對地方是有影響，那地方的里長也是覺得錢太少，我建議他說錢少是一回事，但是有在動。（B3-2）

（五）地方博物館脈絡下的參與式計畫

整體而言，參與式預算計畫僅是博物館長期推動社區參與業務的其中一小部分，受訪者 A1 提到館方各組透過各種展覽與計畫來建立與社區的互動關係。藉由對於地方居民的培力，讓在地認同得以被重視。對於社區居民而言，社區事務的參與管道不僅限於博物館，因此就算沒有參與式預算的計畫，有熱忱的居民仍然會參與社區事務，只是有參與式預算能讓居民做更多的事情。例如 B1 提到「有經費我們就給他做啊，因為沒經費都在做的，更何況有經費（B1-2）」。B1 進一步談到參與式計畫能夠讓居民參與，相較於博物館找顧問團隊的做法，對於社區更能永續。

> 我們也是希望培養地方的人，就是把他們家鄉的故事，就是系統性
> 的建立他們說故事的方式，然後之後像這些培養出來的人，像我們
> 這幾年做了很多遊城性活動，都是找在地人。（A1-11）

> 當然你也知道博物館辦活動就是顧問團隊去做就是沒辦法永
> 續，⋯⋯，我覺得看了這麼久，⋯⋯，只是我知道因為我發現有些
> 東西是沒有辦法永續。（B1-7）

此外，以行政層級上，地方性博物館受到主管政府的影響相對較高，代表館方政策容易隨上級方向而調整，這也可能造成館方需在各種計畫上，調整優先順序，不見得每個社群參與式計畫皆能有給居民參與決策的機會。因此，凸顯參與式預算計畫的特殊性，雖然是小金額的預算，但給予居民提案與決策的機會。

> 還有就是其實我就是官方，⋯⋯，地方層級的博物館嘛，所以還是
> 會有一些政策上的東西需要顧及，那在這個前提底下，我們會盡可
> 能讓地方民眾去參與，可是是不是決策，不知道，而是儘量是合作
> 啊。（A1-11）

長期以來，博物館推動社區參與式計畫保持一致的理念就為礦業文化遺產的保存跟推廣，這樣能確保館務發展方向不容易偏離博物館願景與使命。然而，即便博物館成立數十年來，對博物館而言與社區連結與關係的建立仍屬不易。社區參與者 B2 則點出問題在於博物館很難找到願意參與的居民，需要有中間人做為連結者。B1 則認為博物館需要主動與居民建立關係，因為居民通常不瞭解博物館在做什麼，顯示博物館做為一個官方機構，需要主動出擊鼓勵社群參與，否則無法拉近與居民的距離。

> 即便是我們執行了十多年，不管是教研組的業務在想辦法，或者是
> 我們營推組的業務在想辦法跟地方做連結，這困難度都是很高的。
> （A1-9）

他們之前一直沒有辦法找到在地居民，鎖在自己的圈圈裡面，所以沒有辦法達到真正的在地……很難，所以是我做中間牽線有拉一點點，慢慢拉。（B2-2）

重點是你怎麼知道博物館在做什麼，所以他們（黃金博物館）要跟我們打好關係啊，我們也希望說，瞭解他們在做什麼。（B1-6）

分析原因除了上述博物館組織本身人力不足、流動性大之外，相對的必須要回歸社區居民是否願意產生互動，願意參與公共事務。而願意參與社區事務的人，可能多從自己的興趣與目的出發，受訪者 A1 與 B2 都表示參與者多少仍有利益的考量。另外需要把社區居民的多樣性與團體動力納入考量，社區也各自有小群體，並不見得會產生共識，呼應文獻提到需理解社群是多元與動態的概念。

（會參與地方事務的居民）歸結到底還是有利益的關係存在吧，沒有那麼 NGO。（A1-7）

之前就是一直沒有辦法，人家不理它（黃金博物館）。沒有利潤，我幹嘛要理你。而且公部門比較囉唆，一定要按程序來。（B2-15）

而且社區居民有各種各樣的樣態，他們很難有共識，因為各自的出發點不一樣啦。（A1-9）

另外，博物館推動社群參與需注意的是，關係是動態的過程，意味著與人際交往一樣會有拉扯的張力。每次互動交會，關係可能拉近，但也可能推遠。社區受訪者 B1 提到這樣的互動仍是有效的，雖然無法說出多或少：「當然有效果，有接觸還是有感覺嘛，你不能說沒有，應該是多跟少，其實就是多接觸。（B1-13）」而 A1、B2 與 B3 皆提到領導者的態度也可能形成不同合作關係，博物館領導者的更迭頻繁，則會影響關係的建立。

可是這個就是看看，主事者當時的想法比如說要看館長的想法、看局長的想法等等，會有一些變動，關係不會一直都是維持在某一個狀態，不太可能，然後有時候合作，有時候對立嘛。（A1-44）

好幾個館長（換得太快）我都來不及認識，他們都一直在笑，也有時候我們的要求他們有答應，但有時候就沒做。（B3-14）

一直換館長，有些計畫是前館長在做，換了新館長計畫會停，新館長未必會繼續做下去。或者有可能有些館長什麼都不想做，比如說：「我還有幾個月就退休，你們什麼都不用做，最好一切相安無事。」（B2-20）

另外，關於博物館與社區信任關係的建立，也因公部門體制的關係，形成博物館的「原罪」，居民期待地方博物館需要為地方事務負責，當博物館無法滿足居民的期待時，信任關係可能受到威脅。

他們沒有很清楚權責的，我們也很難跟他們講說這不在我們權責範圍，那他就說你看你們公務員就是會踢皮球。（A1-9）

這個真的沒辦法，因為這種東西官方的東西，他有他做不完的事。他怎麼願意放下來有時候在自己都做不完。（B1-14）

即使博物館推動社群參與有難度，受訪者 A1 認為長期下來還是有所累積與改變，也開始有更多人願意在家鄉關心社區事務，主動成立推廣在地歷史記憶的金瓜石文化館，在這過程也逐漸產生地方自豪感。

一定會有累積，只是說那個累積的進度是不是像你想像的那樣，就覺得十年來我們多少還是有做……讓地方有一點點改變吧。譬如說，至少有一群人回來願意做什麼金瓜石文化館。……然後也覺得，應該有一種家鄉的光榮感吧，願意回來。（A1-30）

受訪者 A1 也提到博物館與社區關係是雙向的互動，即時居民對於博物館行政事務沒有決策權，但是居民的需求的確會影響博物館的施政方向。B3 則認為需要有社區參與者擔任博物館與社區大眾的橋梁，在這樣參與互動過程中，彼此調整、協調、建立合作關係。

> 所以我覺得十多年來這些事（館與地方的關係）其實是有在慢慢改變，剛開始的時候當然博物館一進來不會馬上跟地方建立什麼聯繫，可是這麼多年來已經有一種合作的方式，但是確實就是說地方的是在我們館的重要行政事務上比較難有決策權啦；那多少他們的需求要影響到我們的施政方向，因為我們會有回應地方的需求。（A1-12）

> 橋梁很重要，單博物館來做很難，⋯⋯，但是我覺得黃博那邊幾個承辦人還不錯，⋯⋯，他們都會深耕地方，會知道說去找什麼人，怎麼做，把想法跟他講，他就會幫你。（B3-25）

四　討論

本研究將研究分析整理為表 1 與圖 2，能夠更理解新北市立黃金博物園區在組織、執行與評量三方面實踐參與式預算計畫的歷程，組織面分析包含人力流動高、資源有限以及行政層級較低等，皆是實踐的挑戰，此部分也呼應文獻中英國模式的問題。

在執行面的部分，本研究關切執行流程中的參與者、監督者、執行者與協力者各自是誰，本案例中參與者相對集中在原本就活躍於社區或是有熱忱的人士，例如里長、地方意見領袖、瓜山校友會、民宿業者等，對於原本被排拒在權力結構外的群體，並無明顯參與進來，然而這並不代表博物館方沒有這方面的意識，而是在實際運作中，受限於地方人口外移、高齡化的人口

結構，大部分的居民對於社區事務參與率低，另一方面則是參與式預算本身的金額較低，對於某些居民的吸引力不高。Fung（2004）曾提到需要創造足夠的利益來促進公民參與，因為公民在參與過程付出時間與精力，並需有相對應的回報，例如換取權力與影響力，才增加誘因（李仰桓譯，2016:67）。在研究訪談中，雖然社區受訪者提到參與式預算經費很小，但仍願意參與，顯示出參與能夠帶來勝過於金錢的利益，而博物館可以思考在無法突破預算框架下，如何為參與式預算創造更多無形利益來增加參與率。

表 1：本研究分析內容一覽表

研究目的	分析層次	內容
組織面	人力	博物館本身的人力結構流動性較高，而與社區關係需要較長期建立。
	資源	參與式預算為少量經費型，要對決策形成影響程度有限。
	行政層級	地方性博物館受到主管政府的影響相對較高，代表館方政策容易隨上級方向而調整。
執行面	計畫目的	徵件方向，鼓勵居民朝社區生活以及文資保存兩個方向提案，用意是讓居民對於地方環境與資產的保護更有意識與責任。
	參與者	計畫仍須透過里長系統來推動比較有成效，以及當地人口外流嚴重，關心地方事務的人通常為同一群人。
	執行者	確保居民的概念能夠確實被博物館執行出來，而又不違反公部門執行計畫的規範，常需要與居民有良好的溝通。
	資源分配	即使參與式預算計畫是要讓公民投票來決議，但館方仍需要注意每個案子的預算需要公平分配。
評量面	監督機制	公民監督被認為是參與式預算計畫重要一環，館方提到居民確實很關切博物館是否確實滿足其需求。
	評量方法	質性層面較難去評估，一方面是不知道要如何做，一方面是沒有時間做。通常以計畫的成果評量上，以量化指標有無達成為主。
	影響力	以案子的規模而言，能量較低，也因此難以期待單一計畫能夠產生多大的影響力。參與者仍肯定計畫執行的成果。

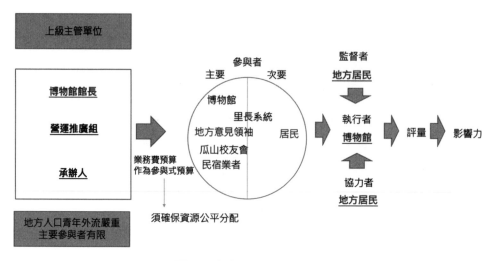

圖 2　本案例運作流程圖

　　在執行流程方面，由居民提案、審議與投票決定預算使用，博物館則是執行者，居民是協力者也是監督者的角色，符合參與式預算的機制設定，然而在決策經費運用的優先順序上，因為居民在乎預算的公平分配，因此並不針對內容而做預算排序，而是每個案子都是同樣的預算分配。會有如此的狀況，本研究認為應是審議式民主機制的品質有待提升，Fung（2004）主張審議民主的精神在於公民透過論理（reasoning）過程，即便有不同意見，能透過討論彼此說服或追求理解，如此公民會變得更明智，更能夠接受不同的觀點與差異（李仰桓譯，2016: 16）。而如何增加審議的品質，實際上需要對公民進行指導與培訓，Fung（2004）以芝加哥公立學校與警察局推動公民參與的案例，指出參與審議式民主的過程需要足夠解決複雜問題的技能以及人際溝通的能力，這些不僅是市民，還包括專業人士都是經過培訓學習才能熟悉如何操作（李仰桓譯，2016: 67-68）。審議品質在本個案研究中，不論是博物館方或是居民，皆較少著墨，本研究認為避免參與式預算計畫陷入象徵性參與的迷思，應加強參與者審議技術的能力。

最後在評量面，則是本機制最難以描述的部分，單就活動辦理成效，博物館方依照行政傳統以量化機制來衡量，所謂影響力的測量博物館方表示較無時間與能力實施，顯示出普遍而言對於參與式計畫的評量標準仍是亟待討論與研究的領域。從本研究訪談瞭解，社區參與者表示參與式預算計畫能夠擾動社區，並增加與博物館的互動合作，博物館方也認為不只本參與式預算案，而是長期而言，博物館所推動的參與式計畫，皆致力於促進居民參與，經歷十幾年累積，的確看到越來越多民眾願意投入地方、增加認同等影響。

從上述分析與討論中，我們瞭解到黃金博物館審議式決策機制的目的性、實際執行過程的牽涉與執行成效，最後回應到博物館做為知識權威的角色是否對於參與實踐形成挑戰。傳統博物館被視為殿堂，代表服務小眾精英的機構，掌握文化詮釋權的知識權威（Cameron, 1971），臺灣脈絡下產業與地方性的博物館雖與西方傳統博物館相去甚遠，卻仍可能因做為官方權威所設立的博物館，與一般民眾產生距離，從本研究社區居民訪談中，的確顯示參與者對於博物館做為官方角色產生的不理解，但參與式預算計畫特別之處在於確實把預算決策下放給居民，博物館館員與居民互動的過程，進入 Onciul（2015）所謂的「參與區（engagement zones）」，經歷權力協商的過程，在之中博物館不見得都是賦權者，因為若沒有居民的參與，該計畫根本無法推行，因此參與的權力很大程度在參與者手中，而面對居民的提案，博物館扮演從旁協助的角色，確保計畫書與經費得以執行，這也有助揭開博物館「官方面紗」，居民參與的過程更能夠理解博物館方的角色與執行計畫所遭遇的困難點，藉此更能夠同理彼此的處境。本研究主張參與式預算做為博物館推動社群參與的一種創新模式是值得持續發展，但應加強審議民主的技術，以確保達成實際的參與。

五 結論

本研究以黃金博物館參與式預算計畫做為個案，藉此探討審議式決策機制實踐的過程、機會與挑戰，以瞭解參與式預算如何做為博物館推動社群參與的新途徑。在審議式決策機制實踐中，本研究歸納三個問題，做為未來相關計畫管理之思考：

(一) **如何提高參與率？**參與式計畫的挑戰之一即在擴大參與的對象，以本案例而言取決於地方居民是否有意識以及願意參與，博物館需要考量社群投入參與所耗費的成本，並能讓社群瞭解參與的益處；

(二) **如何增進審議品質？**參與式決策計畫是否達成真正的參與取決於參與者審議的品質，而審議技能的學習必須透過培訓，包含博物館與所有參與者皆需要重視此一要素；

(三) **如何評量參與式計畫的成果與影響力？**即使本研究受訪者皆認同參與式計畫對於拉近博物館與社群的關係具有助益，對於成果與影響力的評量意識與方法仍待建立，而為了落實博物館之責信，提出以證據為基礎的成果，評量是不可或缺的一部分。

參與式預算計畫對於博物館社群參與有何啟發？本研究認為該計畫確實能讓居民對地方事務產生更多的決策權，對於博物館與社區權力關係的平衡有所助益，在參與過程，博物館與社區參與者經歷權力協商，博物館並非皆扮演賦權者的角色，社區參與者掌握著是否參與的權力。雖然以本參與式預算案例的規模，難以形成較大地方影響力，就博物館實務操作而言，與社群關係的建立，需要透過不同計畫且長期累積，這個過程不可忽視的是博物館與社群關係的動態性，同時需全面關照各種角力運作，例如博物館組織、領導人、社群間的群體動力、個人與小群體間的利益與興趣等等。以黃金博物館推動社群參與之長期經驗，發現參與式計畫確實有助於地方認同與自豪感的提升，更可逐漸解構博物館做為官方權威的印象，社區民眾對博物館產生更多同理心與認同，進而拉近博物館與民眾的距離。

參考文獻

白舜羽（譯）（2017）。《公民參與的框架與擴散 —— 法德英的參與式預算》。新北市：國家教育研究院。

李仰桓（譯）（2016）。《賦權的參與：再造都會民主》。新北市：國家教育研究院。

林玟伶（2012）。〈地方博物館與社群參與：英國區域文藝復興計畫之實踐探討〉。《博物館學季刊》26(4): 101-113。

林國明（2015）。〈參與式預算的國際經驗與實作程序〉。收錄於鄭麗君（主編），《參與式預算：咱的預算咱來決定》。臺北：青平台基金會。

施岑宜（2012）。〈博物館如何讓社區動起來？臺灣地方文化館政策中的社區實踐 —— 以金水地區為例〉。《博物館學季刊》26(4): 29-39。

Anberrée, A., Aubouin, N., Coblence, E., & Kletz, F. (2015). Audience Participation in Cultural Projects: Bringing the Organization Back. *International Journal of Arts Management* 18(1): 29-42.

Arnstein, S. (1969). A Ladder of Citizen Participation. *Journal of American Institute of Planners* 35(4): 216-224.

Ashley, S. L.T.(2014). 'Engage the World': Examining Conflicts of Engagement in Public Museum. *International Journal of Cultural Policy* 2(3): 261-280.

Black, G. (2010). Embedding Civil Engagement in Museums. *Museum Management and Curatorship* 25(2): 129-146.

Cameron, D. F. (1971). The Museum, a Temple or the Forum. *Curator: The Museum Journal* 14(1): 11-24.

Fennell, E., Gavelin, K. & Jackson, R. (2009). Participatory budgeting and the arts. https://www.involve.org.uk/sites/default/files/uploads/Participatory-budgeting-and-t...-for-Arts-Council-England.pdf.

Jancovich, L. (2017). The participation myth. *International Journal of Cultural Policy* 23(1): 107-121.

Kadoyama, M. (2018). *Museums Involving Communities: Authentic Connections*. New York & London: Routledge.

Onciul, B. (2015). Engagement Zone. In Watson, S. (ed.), *Museums, Heritage and Indigenous Voice: Decolonizing Engagement*. New York: Routledge.

Onciul, B. (2018). Community Engagement, Curatorial Practice, and Museum Ethos in Alberta, Canada. In Watson, S. et al. (ed.), *A Museum Studies Approach to Heritage*. New York: Routledge.

Sandell, R. (ed.) (2002). *Museums and the Combating of Social Inequality: Roles, Responsibilities*. Resistance. London: Routledge.

Watson, S. (ed.) (2007). *Museums and Their Communities*. London: Routledge.

West, C. & Smith, C. (2005). 'We Are Not A Government Poodle' Museums and Social Inclusion under New Labour. *International journal of cultural policy* 11(3): 275-288.

CHAPTER

產業文化資產創生初探：
地方創生與產業文化空間的
公共領域

—— 李兆翔 ——
中國科技大學室內設計系助理教授

臺灣文化資產保存立法迄今已歷三十餘年，1991 年指定登錄首處產業文化資產，歷經閒置空間再利用與創意文化園區的應用，產業文化資產空間做為創意經濟的新創基地與藝文產業的展演舞臺，已然成為臺灣新型態文化（創意）消費的公共場域，呼應 2011 年國際文化紀念物與歷史場所委員會（ICOMOS）《巴黎宣言》——「文化資產做為發展驅動力」的倡議。2012 年國際工業遺產保存委員會（The International Committee for the Conservation of the Industrial Heritage，簡稱 TICCIH）《亞洲工業遺產臺北宣言》揭示對於亞洲產業文化資產獨特性之肯認，使臺灣產業文化資產保存的動機和機制更受到公眾重視。回顧產業文化資產從文化創意園區、再造歷史現場到地方創生政策的永續發展，本文援引澳洲《布拉憲章》的文化資產設計指南與聯合國教科文組織 2030 文化指標框架，試探討對應國家政策下的產業文化資產創生計畫背景建構與其由空間再生轉型場域創生之可能挑戰。

一　前言

　　1990 年代興起的後現代主義，強調去差異化（de-differentitation）（Lash, 1990），打破個別領域的獨特性，文化領域亦然，隨著界線瓦解，各個領域相互滲透，尤其文化產品很難歸類於單一特定領域，誠如班雅明（Benjamin, 1973）所言，工業革命後，後現代文化領域是反靈暈（anti-auratic），以機械、電子、數位手段不斷複製與傳播。後現代主義認為（文化領域的）美學不該脫離社會與跳脫日常生活，文化經濟也開始出現去差異化，傳統上做為文化中介者的文化客體（cultural object）已逐漸式微，觀眾積極與被鼓勵參與其中，例如素人選秀節目、參與式預算、公民提報文化資產等模式。邁入後現代社會的過程中，商業經濟與文化的關係錯綜複雜，在各文化領域界線逐漸被打破的脈絡下，成就工業革命而功成身退的產業文化資產（或稱工業遺產），其文化與價值亦歷經公共領域的解構與再詮

釋。當臺灣產業文化資產保存起步邁向公共領域的同時，適逢創意產業與文化經濟體系的浪潮。產業文化資產空間成為文化創意園區，在其承載產業技術文明與社會文化意義之餘，再被賦予推動創意經濟內容產業的重任；面對新一波的「創生」潮流，產業文化資產如何在文化的公共領域中重新確立其主體性與自明性？

　　臺灣文化資產保存觀念可追溯至 19 世紀末，[1] 1982 年《文化資產保存法》公布後，臺灣於 1992 年完成首座產業文化資產指定 —— 高雄縣美濃鎮（今高雄市美濃區）竹仔門電廠；正式的法定產業文化資產之指定登錄類別，遲至 2005 年的《文化資產保存法》修訂，於增訂「文化景觀」類別時，始將工業地景概念入法。目前臺灣產業文化資產權屬多數為公部門所有，分屬不同機關組織，並以不同經營模式運作，多以保存維護或文化館舍（園區）形式呈現；民間產業文化資產則多以產業經濟轉型與活化再利用為主。

　　2012 年於臺北舉辦的國際工業遺產保存委員會（The International Committee for the Conservation of the Industrial Heritage, TICCIH）第十五屆會員大會，會後公布的《亞洲工業遺產臺北宣言》以及 2017 年成立之亞洲產業文化資產平臺（Asian Network of Industrial Heritage, ANIH）[2]，使「工業遺產」與「產業文化資產」廣為人知。前述兩個譯詞皆指涉英文的 industrial heritage，相較於西方論述常用的譯詞 —— 工業遺產，林曉薇（2014）認為「產業文化資產」一詞更能說明在亞洲相關產業文化資產保存的完整保存範疇、獨特性與時間軸的擴展。[3] 依據文建會 2004 年《產業文化資產清查操作參考手冊》，將「產業文化資產」定義為：

1　1896 年《有關本島既有社寺保護》。

2　資料來源：亞洲產業文化資產平臺，https://anih.culture.tw/index/en-us。

3　緣此，本文在陳述臺灣產業文化資產歷史與現況時，基於臺灣公有產業文化資產是當前發展主力，並考量文章之流暢性與一致性，文章論及臺灣部分，統一使用官方文件詞彙「產業文化資產」一詞，而援引國際組織名稱與國際發展論述時，則統稱「工業遺產」。

為人類活動中與農、林、漁、牧、礦、工、商等經濟事業有關文化的活動，所產生具有文化價值的產品、結晶。本論文所稱之產業文化資產係指產業所有之歷史資源，包括建築、空間、機具設備及員工等資源。

2003 年，文建會基於「創意文化專用區」可發揮集聚、擴散、示範與文化設施等多項功能，將原臺灣菸酒公司閒置之臺北、花蓮、臺中、嘉義等酒廠舊址及臺南倉庫群等五個產業文化資產規劃為「創意文化園區」，將創意產業與文化藝術結合，擴大並建構具臺灣特色的文化創意產業及附加價值，形塑國民生活的文化質感。接續於 2006 年，行政院文化建設委員會文化資產總管理處籌備處（現文化部文化資產局）啟動「產業文化資產再生計畫」迄今，伴隨著一系列的輔導計畫、座談會與工作坊，向公眾推廣「產業文化資產保存」觀念逐漸讓產業文化資產成為「公共領域」關注的議題之一。尤其是 2016 年由文化部所推行的「再造歷史現場專案」，更將文化資產保存視為公民運動，透過社會參與及積累對話，共同形塑文化資產的保存意識，多項以產業文化資產為題之專案推動，足見承載歷史的記憶及文化脈絡的產業歷史空間，確能引起社會共鳴與刺激跨世代的多元想像。

我國政府將 2019 年定為「地方創生元年」，此一國家政策以人為本，透過地方創生與新創結合，復興地方產業、創造就業人口，促進人口回流，並以維持未來總人口數不低於 2,000 萬人為願景，逐步促進島內移民及配合首都圈減壓，達成「均衡臺灣」目標；[4] 隨著前項國家政策綱領鼓勵各部會推行相關創生政策計畫資源應用，文資局於 2020 年啟動轉型「產業文化資產再生」為「產業文化資產創生」計畫，期引入青年文化工作者或產業文化（性）資產保存活化相關工作者（含團隊），強化產業文化資產運用價值

---

4 資料來源：
國家發展委員會，https://www.ndc.gov.tw/Content_List.aspx?n=78EEEFC1D5A43877。

等提出願景與規劃構想，透過跨部門的共同協力合作辦理，以豐富計畫內涵及提升文產業歷史資產活用之效益。

隨著國內幾座知名產業文化資產場域（園區）的營運，例如臺北華山舊酒廠、松山菸廠、臺中舊酒廠、宜蘭中興紙廠等，歷經閒置空間再利用與創意文化園區的推波助瀾，已成為新形態文化（創意）消費／觀光的公共場域。而 2012 年國際工業遺產保存委員會（The International Committee for the Conservation of the Industrial Heritage，簡稱 TICCIH）《亞洲工業遺產臺北宣言》揭示亞洲產業文化資產的特殊性，將其定義擴大至包括技術、機械及生產設備、建築結構、前工業革命和後工業革命時期的建築環境；促使公眾對產業文化資產保存動機和機制的再思索，包括對文化創意園區的（再）檢討，[5] 以及諸如產業文化資產網絡（林曉薇，2014）、產業文化資產系譜（楊凱成等，2017）、產業文化路徑（林曉薇，2021），以及地方創生（徐彥婷，2019）等新興議題。

在上述的發展脈絡下，本文將梳理產業文化資產做為新形態文化公共領域帶來了哪些影響？檢視其保存動機和機制的遞嬗，並探討此一應運國家政策而建構、轉型的「產業文化資產創生」推動目標。緣此，基於產業文化資產保存與地方創生的永續發展共同目標，本文梳理盤整臺灣產業文化資產現況，援引聯合國教科文組織 2030 文化指標框架，以探討產業文化資產做為公共領域的實踐，以及實現地方創生的可能挑戰與機會。

5　中央通訊社（2020）。5 大文創園區總檢文化部擬提文創園區白皮書，https://www.cna.com.tw/news/acul/202011110162.aspx。

二　臺灣產業文化資產的文化公共領域之開展

（一）臺灣產業文化資產保存現況

　　臺灣產業自明清時期始有顯著發展，1860 年淡水與安平開港後，茶、糖、樟腦的海上貿易逐漸開展。臺灣北部丘陵與山地是茶葉重要產地，淡水河及其上游水系匯流處形成許多茶業貿易基地，例如大稻埕、三角湧、大溪、坪林、深坑等聚落；臺灣在 1895 年以前的製糖，是由散布濁水溪以南的糖廍各自產銷；臺灣曾為世界最重要樟腦外銷地，其產地主要集中在臺灣北部與中部丘陵與山區產地，北部主要樟腦聚落有三峽、大溪等，中部則如東勢、集集等地。20 世紀以後，臺灣產業逐漸走向現代化，包括新式糖廠、茶廠與樟腦廠等的機械產製引進，加以鐵道、港口等交通運輸的革新，以及灌溉水利、電力系統的加速推進，至 1960 年代鋼鐵、造船、煉油等重工業建設的落成，逐步實現臺灣的近代化產業革命，隨著保存工業遺產意識的提升，各行各業的有形遺構與無形敘事，成就今日臺灣產業文化資產保存的多樣與多元面向。

　　臺灣產業文化資產保存之發軔源於 1990 年代，當時國際間工業遺產保存思維與觀念，陸續為博物館、科技史與建築領域界專家學者所引介（李乾朗，1994；林崇熙，1995；張譽騰，1996；王玉豐，1998），諸如工業建築、技術遺址、工業遺址、工業遺產等名詞使用。本文針對現行《文化資產保存法》指定登錄之產業有形文化資產 [6]（不含古物與自然地景及自然紀念物）區分為：

6　2020 年 11 月，我國古蹟、歷史建築、紀念建築、聚落建築群、文化景觀、史蹟與考古遺址之總和為 2,661 處。資料來源：國家文化資產網，https://nchdb.boch.gov.tw。

1.　**一般文化資産**：傳統認定上的古蹟、遺址，與産業文化無直接關聯。

2.　**核心與延伸産業文化資産**：與産業之産銷製程直接相關或為某一産業生產流程所必經的程序關聯物件。

3.　**附加産業文化資産**：屬於産業製成品之消費或交易發生地。

　　截至 2020 年 11 月，臺灣産業文化資産中，屬核心與延伸産業文資數量有 579 案、附加産業文化資産 131 案，合計 711 案；臺灣産業文化資産關聯群組佔全部（2,661 案）有形文化資産總數的 27%（圖 1）達到近三成。其中，依現行《文化資産保存法》臺灣核心與延伸産業文資數量統計，文化景觀計有 36 案、歷史建築 376 案、古蹟 163 案、聚落建築群 2 案、史蹟與考古遺址各 1 案，以歷史建築為大宗，顯示對於産業文化資産的指定登錄大多數是基於對單一據點的關注，此一現象也往往侷限或延緩部分産業文化資産由私領域（單一社群或部門主導）走向公共領域（主動地連結與創造多元議題的公民場域）；許多缺乏周全的修復再利用或活化經營規劃的産業文化資産，反而成為閒置空間、蚊子館等的公共議題焦點，被動地進入文化公共領域的視野。

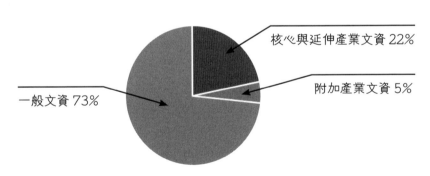

圖 1　臺灣文化資産數量分布

資料來源：作者繪製。

（二）臺灣產業文化資產保存歷程

關於產業文化資產於文化公共領域的定位轉變，本文以兩項關鍵事件做為分野，以 1999 年保存臺北酒廠轉型為華山藝文特區 —— 產業文化資產成為新形態文化（創意）消費場域的濫觴，以及 2016 年「再造歷史現場」專案推動 —— 產業文化資產成為公民運動的現場，將目前發展歷程區分為三個階段，第一階段：1999 年以前的觀念引介與萌芽期；第二階段：1999-2015 年的百家爭鳴與國際接軌期；第三階段：2016 年迄今的再造創生與深化期。

1 1999 年以前：觀念引介與萌芽期

20 世紀初期的戰事紛擾與政治動盪，使得臺灣文化資產保存發展一度停滯。戰後臺灣以經濟發展優先，1970 年代所推動的「十大建設」，包含六項交通運輸建設、三項重工業建設、一項能源項目建設，這一系列的措施讓臺灣面臨全球性的經濟衰退而未被淘汰，並加速經濟及社會的發展，對成就臺灣的經濟奇蹟有卓著貢獻，此一時期的交通與重工業建造物也成為日後臺灣近代化文化資產群組的重要組成。隨著經濟起飛，1979 年政府再啟動「十二項建設」，首度將文化建設 —— 博物館列入重大建設項目，經營績效優異的中油公司率先於 1981 年，在苗栗縣出磺坑成立中油油礦陳列館，是為首座公營事業產業文化館舍，「自然科學博物館籌備處」亦於同年成立，歷經六年籌備、建造，於 1986 年正式開館，是臺灣首座科學博物館，並於 1993 年完成人類文化廳，展示中華科學技術與文明發展；1997 年科學工藝博物館及其中華科技展示廳的落成，象徵產業文化資產的技術史觀與保存已然確立。

關於保存實踐方面，由於文化發展與文化資產保存的意識與觀念強化，1930 年頒布的《古物保存法》已不適用，遂於 1983 年為《文化資產保存法》所取代，工業建築保存的理念亦首見於 1994 年的《臺閩地區近代歷史

建築調查》；隨後的十餘年，官方與民間陸陸續續推動產業文化資產保存與落實相關作為，尤其是鐵道文化資產保存領域，林務局於 1983 年基於觀光需求，恢復阿里山森林鐵路眠月線路段的運作，可視為鐵道文化資產動態保存之濫觴；1990 年南投縣集集支線鐵路路線，因運輸功能式微而面臨廢線，地方人士發起保護集集鐵路促進委員會（現南投縣集集鐵道文化協會），是臺灣民間首次發起之產業文化資產保存倡議；延續彰化扇形車庫保存的成功，1995 年由鐵道文化協會等十二個文史團體[7]組成的「推動臺灣火車站保存再生行動聯盟」，串聯起跨新竹、臺中、臺南及高雄等地的臺灣西部重要火車站保存行動。

　　1992 年內政部公告建於 1908 年的高雄縣美濃竹仔門電廠為三級古蹟（於 2003 年指定為國定古蹟），是臺灣第一座法定產業文化資產，其結合日本建造、臺灣人工、德國－瑞士機組（已停機），以及西班牙－日本機組（運轉中）的技術融合，完美詮釋亞洲產業文化資產殖民脈絡與跨域融合的敘事體現。此外，民間亦已萌生產業文化資產保存的能量，1993 年由退休礦工成立之九份金礦博物館是臺灣首座民間產業文化資產館舍。

　　1990 年代亦是「閒置空間再利用」趨勢的濫觴，與當代藝術「替代空間」[8]的發展匯流，文建會啟動「鐵道藝術網絡計畫」[9]，希望透過貫穿臺灣全島的鐵道，將閒置的鐵道貨運倉庫整建為藝術創作的展示場所及藝文新地標，推展地方文化特色及帶動當地藝術的活絡。

7　該聯盟是由鐵道文化協會、財團法人臺北市開放空間文教基金會、古風史蹟協會、專業者都市改革組織、都市設計學會、臺中火車站再生後援會、主婦聯盟臺中工作室、新竹文化協會、臺灣府文化學院、南方文教基金會、橋仔頭文史工作室、空間雜誌社等十二個文史社團所共同發起。

8　張金催（1992）。〈非營利藝術機構、替代空間與合作畫廊〉，《藝術家》207: 203。

9　鐵道藝術網絡之鐵道藝術村共有五處，分別為：臺中 20 號倉庫、嘉義鐵道藝術村、枋寮 F3 藝文特區、新竹鐵道藝術村，以及臺東鐵道藝藝術村。

2 1999-2015 年：百家爭鳴與接軌期

臺灣產業文化資產保存的特色之一，乃是其與當代藝術文化、美學、創意經濟等網絡的交織匯聚。因水質問題，臺灣省菸酒公賣局臺北第一酒廠於 1987 年遷移至桃園，位於臺北的華山舊酒廠於焉閒置，至 1997 年，表演藝術團體──「金枝演社」於該地演出舞臺劇引發爭議，[10] 在省政府文化處與菸酒公賣局協商下，促成了華山藝文特區的建立。1999 年起委託「藝文環境改造協會」經營，藝文界人士開始推動閒置十年的酒廠再利用為一個多元發展的藝文展演空間；1998 年，為鼓勵縣市政府活化再利用鐵道周邊閒置之舊倉庫，尋找藝術家創作之替代空間，省政府文化處推動「鐵道藝術網絡計畫」，適逢 2001 年文建會推動閒置空間再利用計畫，隔年，文建會基於「創意文化專用區」可發揮集聚、擴散、示範與文化設施等多項功能，將臺北、花蓮、臺中、嘉義等酒廠舊址及臺南倉庫群等五個閒置空間規劃為「創意文化園區」[11]，並影響日後諸如松菸（製菸工廠）、臺鋁（製鋁工廠）、駁二（港埠倉庫群）與中興（製紙工廠）文創園區等的設置。

2002 年行政院文建會先後成立產業文化資產調查小組，針對公營事業體與關聯組織進行清查；以及推動臺灣世界遺產十八處潛力點計畫，涵蓋六處工業遺址，[12] 前述發展足見臺灣文化資產保存之觀念，已從傳統古蹟、歷史建物與古物擴及對近代化產業文化資產價值的鑑賞與重視。隨後，2004 年《機關機構學校文化性資產清查作業要點》、《各機關機構學校文化性資產清查評估原則》的公布，以及《文化性資產清查操作手冊》的出版，更有

---

10 金枝演社於華山酒廠演出舞臺劇《古國之神 ── 祭特洛伊》，因酒廠地屬公營事業，該團體未事先申請，成員遭警方以違法入侵逮捕。

11 目的為推動文化創意產業，指源自創意或文化積累，透過智慧財產之形成及運用，具有創造財富與就業機會之潛力，並促進全民美學素養，使民眾生活環境提升之十六項產業。

12 水金九礦業遺址、阿里山森林鐵路、烏山頭水庫及嘉南大圳、桃園臺地陂塘、臺鐵舊山線，以及澎湖石滬群等六處。

助公營事業體與公有產業文化資產落實清查與價值評估作業，成為後續推動保存與修復之基礎。

　　農委會林務局亦於 2001 年在花蓮縣林田山林場成立首座林業文化園區，利用現存林業文化空間，展開保存、復舊、再利用的行動，藉以活化歷史記憶，陸續設置臺中東勢、宜蘭羅東、嘉義阿里山林業村及檜意森活村等共四處林業文化園區，並另有烏來臺車博物館、內灣林業展示館、阿里山與太平山森林鐵道等設施。而臺糖做為公營事業，積極配合 2006 年啟動之「產業文化資產再生計畫」推動，加速舊糖廠廠區再開發利用，型塑文化教育觀光場域，陸續計有溪湖、虎尾、新營、橋頭、旗山、臺東及糖業研究所等廠區得到相關部門的經費及資源挹注。晚近的其他公營企業亦陸續正視文化資產清查作業，例如臺電 2016 年啟動「文化資產保存運維專案」，透過系統性地保存近一百三十年來臺灣電力事業所累積的史料、機械設備、建造物與集體記憶等文化資產。

　　除了將舊有產業空間轉型園區的經營模式，整合博物館與文化資產的保存實踐，2004 年成立的臺北縣（現新北市）立黃金博物館，是首座以產業文化資產為主題的生態博物館。[13] 同年，科學工藝博物館的「保存臺灣產業圖譜」展覽揭幕，是臺灣首次以產業文資為主題的大型特展。在 2005 年，產業文化資產迎來法理制度上的認定，該年修訂的《文化資產保存法》增訂「文化景觀」類別，並於其定義中首度將工業地景納入文化資產類別認定範疇，宜蘭烏石港舊址於 2006 年登錄為首座產業文化景觀。

　　接續於 2006 年，科學工藝博物館之臺灣工業史蹟館正式開幕，是臺灣第一座以近代產業文化資產為主題的專業展館。同年，文建會啟動「產業文化資產再生計畫」，以協助推動表徵臺灣產業（工業）近代化發展、且具有特定歷史意義與貢獻之產業文化資產（包括產業生產脈絡、產業文化地景、

---

13 另一座產業文化資產的生態博物館（園區）是 2010 年開放的新北市立猴硐煤礦博物園區。

產業科學技術、相關機具文物，以及與產業相關之地方文化、在地記憶等有形及無形文化）之保存與活化再利用為主軸，迄今已輔導、補助再生點三十餘處。

　　距金枝演社在華山酒場演出十年之後，2007 年擊鼓表演藝術團體 —— 十鼓，將前臺糖仁德車路墘糖廠[14] 修復再利用為鼓樂主題文創園區，並結合糖業文化資產保存、影視創作、極限運動與鼓樂教育的多元發展，更於 2015、2017 年辦理兩屆工業遺產國際論壇，推廣產業文化資產的保存與再利用實踐；設立於 1901 年的高雄橋仔頭糖廠廠區在 2008 年被登錄為文化景觀，其背景可追溯至 2001 年，由橋仔頭文史協會與一群藝術家，倡議此歷史工業遺址轉化為文化保存聚落，並展開藝術家駐村計畫；至 2008 年，橋仔頭白屋股份有限公司和臺灣藝術發展協會共同向臺糖公司租下原招待所空間與數棟倉庫，以「白屋藝術村」為名，將文化資產、環境教育、常民美學、藝術典藏做為主題，持續推動藝術家駐村的計畫；[15] 同年，臺北縣（現新北市）瑞芳水湳洞的在地藝術家們成立社區美術館 —— 山城美館，做為藝術家發表與互相交流的場域，也提供此一歷經礦業興衰的聚落 —— 水金九[16] 的居民一個學習、探索美學的生活空間，更進一步於 2010 年成立臺灣類博物館發展協會，希望透過藝術的力量活絡社區，解決社區問題，讓繁華落盡的黃金山城展現新風貌。另一表演藝術團體 —— 優人神鼓，亦在 2014 年向臺電承租「本山礦場」做為其「本山亙古劇場」之基地，藝術、產業（人文）與自然文化的交融與激盪，成為臺灣產業文化資產保存的特色之一。

---

14 後並陸續進駐高雄橋頭糖廠園區、花蓮文創園區（舊公賣局酒廠）等地。

15 白屋藝術村於 2012 年正式通過行政院環保署 —— 環境教育場所認證，是目前臺灣唯一以「藝術與生態」主題通過認證的場所。

16 水金九，是指位在新北市北海岸的三個地區，即水湳洞、金瓜石與九份。

2008 年，針對臺灣傳統產業升級與轉型，經濟部啟動「觀光工廠計畫」，目標為輔導有潛力有意願的「工廠」發展觀光，協助製造業創新發展，培育其成為「觀光工廠」，透過產業旅遊，讓社會大眾或學校團體的休閒富涵活動體驗及學習，增加產業教育推廣及觀光景點外，帶動地方觀光資源流動性，轉化為開創經濟成長動力，相對增加原產業及廠地、建築物之使用價值。同年，檔案管理局陸續出版臺灣產業經濟檔案系列叢書；而 2010 年高雄勞工博物館的成立，是臺灣唯一以勞工主題的館舍，對應國際間對工業遺產的關照涵蓋勞工生活與常民文化之發展。2012 年是臺灣的產業文化資產保存發展的重要里程碑，第十五屆「國際工業遺產保存委員會（The International Committee for the Conservation of the Industrial Heritage, TICCIH）會員大會暨學術研討會」在臺北舉辦，是 TICCIH 自 1973 年成立以來首次於亞洲舉辦，此四年一度的盛會，除成功促成國際會員間的交流與大會任務外，更深刻地引介臺灣產業文化資產給予國際專業人士，並於會中發表《亞洲工業遺產臺北宣言》，該《宣言》要旨乃在於面對亞洲地區產業文化資產的特殊性，強調其保存維護的必要性與重要原則，並要在國際公約與宣言的基礎上，建立亞洲產業文化資產網絡。該年會活動更以展覽及教案等活動增進臺灣大眾對產業文化資產保存之知性與豐富度的理解，會後並由文資局陸續出版臺灣產業文化資產系列叢書。

2013 年為延續並深化臺灣產業文化資產保存與實踐成果，文化部文資局啟動臺灣產業文化資產體系與價值調查階段計畫（至今已陸續完成菸、茶、糖、煤礦與鐵道等主題）。2011 年的臺北機廠保存事件，源於臺灣鐵路管理局將此車輛維修與改裝基地（舊臺北鐵道工場）遷至桃園市富岡車輛基地，針對舊廠區的存廢的爭議。後於 2015 年臺北機廠正式被指定為國定古蹟，並啟動籌備國家鐵道博物館而底定，是臺灣鐵道文化資產保存史上的新篇章。

❸ 2016 年迄今：再造創生與多元融合期

2016 年文化部為落實「厚植文化力，帶動文化參與」之核心理念，打破過去單點、單棟的、個案式的文化資產保存，提出以「再造歷史現場」為「重大公共建設投資計畫」，透過結合文化資產保存與地方空間治理，整合地方文史、文化科技，並跨域結合各部會發展計畫或各地方政府整體計畫，建立從中央到地方的文化保存整體政策，落實文化保存於民眾生活。目前推動中的再造歷史現場計畫計有 39 案，其中有 13 案與產業文化資產保存息息相關。[17]

為落實臺灣公營事業體亦紛紛體認保存產業文化資產乃一持續性作為，更是企業文化與精神永續的關鍵，緣此，經濟部所屬事業機構諸如臺灣電力公司、中油公司、臺灣自來水公司、臺灣糖業公司等公司亦於 2017 年起陸續招考文化資產專業人員，協助推進歷史悠久的公營事業所屬文化資產進行修復與活化再利用。2012 年 TICCIH 年會與《亞洲工業遺產臺北宣言》之倡議行動，2018 年文化部文資局於臺中文化創意產業園區揭牌成立「亞洲產業文化資產平臺」（Asian Network of Industrial Heritage, ANIH），其目的在於建立亞洲地區產業文化資產團體間的橫向聯繫與合作，並逐步梳理亞洲產業遺產的共同價值與論述，與歐美產業文化資產進行對話。在文化部文資局邀集國內外產業文化資產專家學者與實務工作者組成的指導委員會支持下，「亞洲產業文化資產平臺」的目標願景 [18] 為：

---

17 花蓮市太平洋臨港廊道歷史場景再現計畫、興濱計畫哈瑪星港濱街町再生、烏山頭水庫暨嘉南大圳再造歷史現場中長程計畫、蒜頭糖廠歷史現場再造計畫、從地景到願景 —— 新北市金銅礦業遺產傳承及活化計畫、千帆入港再造鹿港歷史現場、中興紙廠宜蘭興自造、苗栗出磺坑礦業歷史現場活化發展計畫、屏東菸葉廠再造歷史現場計畫、集集樟腦出張所建築群再造歷史現場計畫、嘉義市重現木都再造歷史現場計畫、新竹日本海軍第六燃料廠與科技知識藝術村落歷史現場再造與活化計畫、新竹日本海軍第六燃料廠與眷村聚落歷史現場再造與活化計畫等 13 案。

18 資料來源：ANIH 2020 第一屆指導委員會決議，https://anih.culture.tw/index/zh-tw/1105-1。

(1) **多邊交流**：推動亞太地區產業文化資產價值，促進互動交流。

(2) **資訊共享**：建立亞太地區產業文化資產網站，提供資訊分享。

(3) **跨域協作**：構築亞太地區產業文化資產網絡，連結跨域合作。

　　該平臺的成立，象徵邁出實踐 2012 年 TICCIH《臺北宣言》的一大步，組建一個以亞洲為主體的產業文化資產合作交流網絡與維運平臺，一方面整合國內產業文化資產相關累積的資源和能量，向國際宣揚我們的成果；另方面，具體代表我國與亞洲／歐美等各產業文化資產團體進行交流，建立合作關係。文化部於 2018 年首度辦理的「全國文化資產會議」，在分區論壇與全國大會上亦提及產業文化資產的發展以及政策上的未來挹注支持，臺北機廠的鐵道文化資產發展擘劃尤其受到關注。

　　同年，行政院並宣示隔年 2019 年為「臺灣地方創生元年」，定位地方創生為國家安全戰略層級的國家政策，將以人為本，透過地方創生與新創結合，復興地方產業、創造就業人口，促進人口回流；為與國家地方創生政策接軌，文化部文資局自 2020 年起推動「產業文化資產再創生計畫」，該計畫以協助推動表徵臺灣產業（工業）近代化發展、且具有特定歷史意義與貢獻之產業文化資產（包括產業生產脈絡、產業文化地景、產業科學技術、相關機具文物，以及與產業相關之地方文化、在地記憶等有形及無形文化）之保存與活化再利用為主軸，針對產業文化資產未來之保存及再利用樣態、發展主題及引入青年文化工作者或產業文化（性）資產保存活化相關工作者（團隊），強化產業文化資產運用價值等，鼓勵各界發想願景與規劃構想以進一步地實踐。

　　隨著 2019 年國家鐵道博物館籌備處成立、2020 年國立臺灣博物館鐵道部園區（國定古蹟臺灣總督府鐵道部）開幕，以及 2021 年國家攝影文化中心臺北館（市定古蹟大阪商船株式會社臺北支店）開館，寫下產業文化資產轉型再利用為藝文館舍的新篇章。此外，文化部所提出的「國家文化記憶庫及數位加值應用計畫」，其數位平臺亦於 2020 年上線，加速推動文化

資源的開放利用，促進民眾參與在地知識與記憶的保存，透過系統性和主題性的「盤、收、存、取、用」機制，累積和推廣豐富的臺灣原生文化素材，從教育、產業和生活等不同面向，深化公民文化素養，逐步發展「臺灣文化 DNA（Diversity、Nearby、Advance）」[19]，前述進程為此一階段持續積累、建構我國近代化產業文化資產價值體系，結合社群媒介、科技帶動的公共領域溝通形態與工具，擴大開放近用以連結產業文化與不同世代人民之記憶。

三　臺灣產業文化資產的公共領域開展

（一）文化的公共領域

「公共領域」（public sphere）是由哈伯瑪斯（Jürgen Habermas, 1989）於《公共領域的結構轉型》（*The Transformation of the Public Sphere*）[20] 一書所提出，他將 18 世紀興起於俱樂部、咖啡館、報紙、雜誌等匯集公眾意見的公共論壇稱之為公共領域的體現。哈伯瑪斯最初將公共領域的發展階段分為三個階段：私領域、公共領域與公共權力領域（Sphere of Public Authority），在公共領域尚未成形之前，私人領域自然扮演著相當重要的角色（Habermas, 1989: 28-31），哈伯瑪斯以源於 17 世紀末英國咖啡屋、法國文藝沙龍與德國學者的圓桌社團成為藝術和文學評論場所為例，在這類親密社群的私領域中，藝文評論成為重要的生活景象，而這種習慣也擴及到公共與公開的空間場域中，從最初的文學公共領域（literary

---

19 資料來源：國家文化記憶庫網頁，https://memory.culture.tw/Home/NewsDetail?id=22。

20 尤爾根・哈貝馬斯（著），曹東衛等（譯）（2002）。《公共領域的結構轉型》。臺北：聯經。（原著出版年：1962 年）Habermas, Jürgen (1962 trans. 1989). *The Structural Transformation of the Public Sphere: An Inquiry into a category of Bourgeois Society*.

public sphere），導引出政治（眾人事務）的公共領域。而政治公共領域介於國家和市民社會之間，須透過公共輿論來調節國家（公權力領域）和市民社會（市場經濟）的關係（Habermas, 1989: 30-31）。綜而言之，哈伯瑪斯的公共領域概念是自由主義模型之衍生，他認為資本主義社會結構有私領域與公權力領域之分，私領域是人民生活的市民社會，而公權力領域是掌握國家機器龐大的政治體制；至於公共領域則是介於私領域與公權力領域之間，公共領域的功能在於使人們能聚集，並討論公共事務。

公共領域理論的發展在 1980 年代廣泛被應用於不同學界的研究，一時蔚為顯學（Mah, 2000），也引發諸多學者（Calhoun ed., 1992）對公共領域理論的修正與批評，將哈伯瑪斯的公共領域加以修正以包容更多的社會團體（例如女性與次文化團體等），以讓人們去注意公共領域中不同社會團體的利益與權力衝突，讓不同的社會團體 —— 特別是弱勢／邊緣團體 —— 也能夠進入公共領域的範域，獲得肯定及力量支持（Mah, 2000: 158-164）。哈伯瑪斯亦重新詮釋公共領域論述，轉以發展成熟的溝通行動理論的概念來界定公共領域。因此，公共領域被視為一個透過溝通行動發展而成的社會空間，它並不是制度（institution）、或組織（organization）這一類社會學概念下的社會秩序（social order），而是有一點像系統（system）的溝通結構，透過市民社會的組織網絡深植於生活世界之中（Habermas, 1989: 359-360）。1990 年代以後，傳播媒體與網路迅速發達之社會現狀，使得哈伯瑪斯對於公共領域有更為樂觀、開闊的看法；同時，他也注意到公共領域和私領域界線的模糊並不只是存在危機，公共領域的批判性不會就這樣埋沒，而私領域有機會成為提升公共領域素質的媒介；私領域本身存在的各種課題，也會成為公共領域議論的內容。從公私領域的區別到公私領域關係的模糊化，以及由資產階級形成之公共領域到民主國家的公民社會，公共領域、私領域與公權力領域的依存、對抗、到共融的演化過程，說明三種領域之間的密切以及不可分割之關係，不是絕對的次序或前後的階段關係，而是彼此交錯關聯的三個層次，如下圖 2。

圖 2　Habermas 公共領域的三個層次

資料來源：作者繪製。

　　公共領域與私人領域之間是相對的，在公共領域中所討論的是公共性事務，透過公開辯論與理性的討論，平衡社會發展。從民主化的歷程來說，哈伯瑪斯（1992）認為公共領域不僅是做為被動的議題辨識與釐清場域，更須透過有影響力、有說服力的方式來強化與彰顯議題，進一步提出解決方案與凸顯議題張力，引起公權力的關注與介入；同時，公共領域也具備著傳播議題與議題發酵的功能。18 世紀早期參與公共領域討論的人較少，人們可以面對面的溝通，而至工業革命後，資本家漸漸增多，促使愈來愈多的人想參與公眾事務，而使得公共領域的結構出現轉型的變化，人們參與公眾事物需要依賴大眾傳播媒體來進行溝通，以維持公共領域的功能。

　　哈伯瑪斯對於公共領域結構轉型的預見，挑戰了長期主導西方世界的結構性分化（structural differentiation）觀念 —— 每個社會機制專責司職一項任務或具備單一功能；而此一觀念近年已然翻轉（Urry & Larsen, 2011），公／私領域、精緻藝術與常民文化、文化表現形式，甚至文化資產類型等的區隔都不再壁壘分明，跨領域、各種社會及文化實踐進程的持續交錯且日趨緊密，拜 18 世紀工業革命與 19 世紀文化工業興起之賜，其中之一的翻轉因素是做為符號經濟的「文化」在當前社會結構扮演的角色日益吃重，分化的界線亦日漸模糊，例如文化創意產業以至文化內容產業的概念延展，以及（產業）文化資產的近用擴展。

　　跨境商業活動所帶動的傳統社會制度解體，是促成改變與產生公共領域最主要的角色，更重要的是它也促進都市文化的成長，而文化資產、博物館、會展、演奏廳、歌劇院、報紙、印刷品、酒館、咖啡館與俱樂部等文化產業的蓬勃，強化了時代氣質的成長與傳播。

　　臺灣民主化的進程持續邁進，文化性的公共討論日益受到重視。近年來，隨著文化資產指定登錄數量與保存與否爭議的增加，在辯論當前文化資產的去留之時，已指定登錄的文化資產價值檢驗與管理維護議題也應當被檢視，產業文化資保存歷經國內三十年的發展，以及國際間對於亞洲產業文化資產定位的肯認，亦面臨「價值移轉」的認同挑戰，文化公共領域做為當代社會經驗不可或缺的一環，臺灣產業文化資產的公共領域發展歷程之轉變，亦與臺灣當代社會結構和文化的發展密切相關。

(二) 文資與文創交織的臺灣產業文化資產公共領域

　　回應前述關於臺灣產業文化資產保存歷程的回顧，從文化的公共領域角度觀之，產業文化資產的私領域可以由業餘愛好者、專家學者或民間社團發起之運動或成立之機構，例如文史團體的保存運動或私人館舍；產業文化資產的公共領域則由公共機構所參與營造，例如召開民主審議程序或公開之座談會議、公有產業文化資產再利用的經營活化（文化創意園區）、開放民間參與產業文化資產調查研究或規劃設計／施作、公立館舍進行產業文化相關的推廣活動與展演等；而產業文化資產的公權力領域則是指由政府單位或文化資產主管機關所頒布之政策、法規或施行之專案計畫等。茲將臺灣產業文化資產的公共領域發展歷程對照整理如下表1。

表 1：臺灣產業文化資產保存發展年表

年代／重要事件	產業文化資產的公共領域層次		
	私領域	公共領域	公權力領域
第一階段：1999 年以前的觀念引介與萌芽期			
1981 中油油礦陳列館成立：首座公營事業產業文化館舍		✓	
1983 文建會頒布《文化資產保存法》			✓
1990 成立保護集集鐵路促進委員會：首次民間倡議	✓		
1992 內政部公告竹仔門電廠為三級古蹟（2003 指定為國定古蹟）	✓	✓	✓
1993 教育部自然科學博物館人類文化廳落成（科學與技術主題）		✓	
九份金礦博物館：首座民間產業文資館舍	✓		
1994 內政部臺閩地區近代歷史建築調查：提出工業建築認定	✓	✓	
1995 臺灣火車站保存再生行動聯盟的老車站保存行動	✓	✓	✓
1997 教育部科學工藝博物館落成（中華科技展示廳）		✓	
「金枝演社」私闖閒置之臺北酒廠演出《祭特洛伊》一劇	✓	✓	
文建會推動鐵道藝術網絡計畫：藝術介入閒置空間		✓	✓
第二階段：1999-2015 年的百家爭鳴與國際接軌期			
1999 省政府臺北酒廠保存轉型為華山藝文特區		✓	
2001 文建會閒置空間再利用試辦計畫		✓	
林務局成立林田山林業文化園區		✓	

（接下表）

年代／重要事件	產業文化資產的公共領域層次		
	私領域	公共領域	公權力領域
2002 行政院成立產業文化資產調查小組		✓	✓
行政院舊酒廠／倉庫閒置空間推動五大創意文化園區		✓	✓
文建會世遺 18 潛力點計畫包括 6 處產業文化資產		✓	✓
2004 臺北縣（現新北市）黃金博物館成立：首座產業生態博物館		✓	
科學工藝博物館臺灣產業圖譜展：首次產業文資主題特展		✓	
頒布行政院所屬機關機構學校文化性資產清查作業要點[21]			✓
2005 《文化資產保存法》增訂文化景觀：將工業地景納入文資範疇			✓
2006 文建會啟動產業文化資產再生計畫		✓	
宜蘭烏石港舊址：首座登錄之產業文化景觀		✓	✓
科學工藝博物館之臺灣工業史蹟館設立		✓	
2007 十鼓仁糖文創園區對外開放（原臺灣糖業公司仁德車路墘糖廠）	✓		
2008 經濟部啟動觀光工廠計畫		✓	✓
國家檔案管理局出版臺灣產業經濟檔案系列叢書		✓	
2010 高雄勞工博物館成立：唯一以勞工主題館舍	✓	✓	
2011 臺北機廠完整保留之保存運動開始	✓	✓	✓
松山文化創意園區正式對外開放（市定古蹟松山菸廠）		✓	

（接下表）

---

21 該作業要點已完成階段性任務，並自 2020 年 11 月 5 日起停止適用。

年代／重要事件	產業文化資產的公共領域層次		
	私領域	公共領域	公權力領域
2012 TICCIH 年會首度於亞洲舉辦，發布《亞洲工業遺產臺北宣言》	✓	✓	✓
文化部文資局出版臺灣產業文化資產系列叢書		✓	
2013 文化部文資局啟動臺灣產業文化資產體系與價值調查		✓	
2015 臺北機廠指定為國定古蹟，並啟動建置臺灣鐵道博物館		✓	
第三階段：2016 年迄今的國際協作與深化期			
2016 文化部再造歷史現場計畫，39 案有 13 案產業文化資產相關	✓	✓	✓
2018 行政院宣布 2019 年為「地方創生元年」，文化資產納入創生資源			✓
亞洲產業文化資產平臺於文化部文化資產園區揭牌	✓	✓	✓
全國文化資產會議：產業文化資產的未來政策挹注	✓	✓	✓
2019 國家鐵道博物館籌備處正式成立		✓	
2020 文化部文資局推動產業文化資產創生計畫	✓	✓	✓
2020 國立臺灣博物館鐵道部園區（國定古蹟臺灣總督府鐵道部）開館		✓	
2021 國家攝影文化中心臺北館（市定古蹟大阪商船株式會社臺北支店）開館		✓	

資料來源：作者整理。

　　上表呈現出臺灣產業文化資產發展歷程的三個階段不同程度的公共領域
進程，1999 年以前的產業文化資產概念尚處於萌芽，依賴專家學者個人或
業餘愛好團體的引介與倡議，以「私領域」層次居多數；「公共領域」層次

則多屬個別公家機構部門的調查研究或單一展示；此一時期的「公權力領域」層次有兩個深具意義的事件，分別是 1992 年內政部公告竹仔門電廠為三級古蹟，由臺電員工主動提報，並在樂山文教基金會、專家學者與地方機關的爭取下，由當時的文化資產主管機關內政部公告成為臺灣第一座法定產業文化資產；以及 1995 年臺灣火車站保存再生行動聯盟的老車站保存行動，當時的省政府與臺鐵，尚未意識到鐵道文化資產保存，一度規劃拆除／重建西部幹線各大車站進行全面商業開發，在十二個文史團體組成「推動臺灣火車站保存再生行動聯盟」向總統請願之下，使得以順利保存迄今。此一階段的產業文化資產正由「私領域」逐漸形成「公共領域」。

　　1999-2015 年的第二階段，此一時期的代表事件則集中在「公共領域」層次，「公權力領域」層次的比例亦明顯增加，多數由公部門所發起的調查研究、政策法規、專案計畫，以及產業文化資產空間轉型為館舍或文化創意園區，顯見產業文化資產「公共領域」已然成形。然而，在 2010 年之前的「公共領域」層次更多的關注在空間再利用與文化創意產業推動，「文化資產應用及展演設施產業」做為文創產業範疇之一，儘管文化創意確實對於產業文化資產硬體空間的再利用與活化（商業進駐）有一定程度的發揮，但在文化創意產業園區的營運績效與商業利益掛帥的前提下，儘管有高雄市勞工自治委員會所提案成立的勞工博物館落成，許多產業空間再利用往往忽略前一階段由「私領域」、自下而上的產業文化資產保存核心，未能彰顯文化資產價值優先原則。此一態勢也間接造成許多文創園區或類文創園區的出現高度同質性，儘管坐擁不同產業文化資產場域，卻無法詮釋與發揮產業文化資產附加價值而缺乏特色，致使經營成效不彰；同時，由於多數公立文創園區仰賴促進民間參與公共建設的模式，在無人承攬營運的情形下甚至出現閒置空間再利用的二度閒置；不僅在文化的公共領域，未能實現文化資產永續保存與傳承產業文化精神，在文化經濟上的表現也未符期待。與之對照，2007 年由十鼓擊樂團承租昔日臺灣糖業公司仁德車路墘糖廠，以鼓樂藝術結合糖業文化空間與地景的文創園區，推廣臺灣鼓樂兼有自辦工業遺產論壇，讓閒置糖廠再生成為鼓樂及文創休閒場域。

　　2011 年臺北機廠全區保留的文化資產保存運動，讓私領域的警鐘再次敲響，在文化資產的公共領域與公權力領域兩者間迴盪；尤其隔年國際工業遺產保存委員會（TICCIH）第十五屆大會首度移師亞洲在臺北辦理，由私領域的產業文化資產專家學者、業餘愛好者組成之民間團體與做為公共領域主管機關的文化部文化資產局共同合作促成，該會議亦彰顯國際間對於亞洲地區工業遺產的關注，與會代表通過第一個以亞洲工業遺產為主軸的宣言，以推動該地區工業遺產的保存維護，《亞洲工業遺產臺北宣言》更奠定臺灣在國際產業文化資產保存領域所承擔的關鍵責任。該《宣言》促使再利用產業文化資產為文創園區經營者與決策者，重新檢視其場所精神之延續；《宣言》對於建立亞洲合作網絡重要性的呼籲，亦成為產業文化資產公權力領域的次階段任務。

　　2016 年由文化部所推出的旗艦型計畫──「再造歷史現場」做為第三階段與前期的分野，該計畫期待以「重大公共建設投資計畫」結合文化資產保存與地方空間治理，跨域結合各部會發展計畫或各地方政府整體計畫，試圖建立從中央到地方的文化保存整體政策，落實文化保存於市民社會，達成公共領域三個層次的串聯。該立意良善之舉措，是國內少數以「文化資產」為主體的旗艦型計畫，是以上位政策的資源挹注於根基於地方文化治理實踐的競爭型計畫，另依據文化資產類別分設五區專業輔導團，包含：眷村、古歷聚（南區）、古歷聚（北區）、遺址，以及產業等，可視為後來的產業文化資產創生之前哨；惟政府機關施政績效評估難以擺脫量化指標、達成率與產值之窠臼，文化資產保存之永續非一蹴可及，文化經濟之效益亦非立竿見影，本文將與後續篇幅援引聯合國教科文組織 2030 文化指標之界定進一步評析。本階段的私領域、公共領域與公權力領域三個層次的比例相較前兩個階段，發展較為均衡，誠如哈伯瑪斯所意識到的，自由法治國家朝向社會福利國家方向發展時，一些公共領域和私領域議題在國家與社會的邊界日益模糊（1989: 170），國家力量介入商品交換和社會勞動領域內發揮某些特定的作用，產生所謂的「國家社會化」，上述情況常發生於為了保護弱勢與管控市場經濟的情況，例如早期扶植文創產業與近年對於文化資產的

資源挹注。除將於下一節探討，呼應「地方創生」國家政策所衍生「產業文化資產創生」的公權力領域層次之外，2018 年亞洲產業文化資產平臺的成立，具有將國內產業文化資產公領域與國際工業遺產授「授權式遺產論述」（Authorized Heritage Discourse, AHD; Smith, 2006）接軌的重要意義（李兆翔，2022）；同年召開的全國文化資產會議的全國大會上，文化部承諾推動燈塔、石滬、近代產業文化資產（如眷村、校舍、煉油廠、糖廠、菸廠、紙廠、鐵道等）跨行政區域的文化資產價值體系調查與評估，催生系統性的保存策略。值得注意的是，在每一階段歷程，鐵道文化資產都未缺席，2019 年國家鐵道博物館籌備處揭牌的里程碑，與西方產業文資大國—— 英國相仿，其產業文化資產的躍升亦與鐵道文化資產保存運動密切相關（李兆翔，2016）。

綜合上述，表 1 各年代的產業文化資產關鍵事件代表著：

1. 以歷史實證地顯示出社會真實面貌，在其中看到不同論述團體中，進行許多有關產業文化資產公共議題的討論，這些討論也對公共政策的形成有所影響。

2. 它創造出更多事件的可能性，以保護現實世界中產業文化資產保存體系不致崩解。因此，產業文化資產的公共領域展開，在後資本主義社會中保障了產業文化資產保存的民主化實踐與公民參與。

四 臺灣產業文化資產創生模式初探

（一）臺灣產業文化資產保存現況

目前臺灣產業文化資產大多數為公部門所主管，涵蓋各部會與地方政府，[22] 少部分為私人擁有或民間承租使用，可概分為三大類：

1. 由所屬公部門全權負責經營管理與維護運作。

2. 由所屬公部門委託第三方負責經營管理與維護運作。

3. 由所屬私部門自行負責經營管理與維護運作（或申請公部門補助）。

茲將臺灣公部門之產業文化資產相關主管機關單位整理如下表 2。

表 2：臺灣產業文化資產相關主管機關單位表

	部會	單位	與產業文資相關內容
公部門	文化部	文化資源司	公私立產業博物館主管機關
		文化資產局	產業文化資產指定登錄等
		文創發展司	五大文創園區
		臺北機廠鐵道博物館園區籌備小組	鐵道文化資產保存、展示等
		國立臺灣博物館（南門館、鐵道部館）	樟腦／鐵道產業文資保存、展示等
		國立臺灣歷史博物館	產業文化資產保存、展示等
	教育部	自然科學博物館	中華科學與科技展館
		科學工藝博物館	臺灣產業史蹟館
		海洋科學博物館	為前北部火力發電廠之再利用
		公立大專院校	附屬之產業相關展示館舍等

（接下表）

	部會	單位	與產業文資相關內容
公部門	經濟部	工業局	創意生活產業、觀光工廠等
		公營事業	臺電、臺糖、臺水、中油等
		礦務局	與採礦相關規範與礦區管理[23]
	交通部	觀光局	風景區產業相關館舍（水利、林業）
		鐵路局	鐵道相關建造物、各地展示館舍
	農委會	林務局	林業文化園區、森林鐵路、館舍等
	國發會	檔案局	產業檔案文獻管理等
	中研院	臺灣史研究所	產業檔案文獻研析等
		近代史研究所	產業檔案文獻研析等
	地方政府	新北市政府	金礦、茶業、煤礦等館舍園區等
		臺北市政府	菸廠、瓦斯、倉庫、糖廍等
		基隆市政府	海運碼頭
		桃園市政府	木藝博物館
		新竹市政府	玻璃工藝博物館
		宜蘭縣政府	中興文創園區 —— 紙業
		高雄市政府	駁二藝術特區 —— 海運、糖等
		屏東縣政府	菸廠再利用等
其他	水利會、農會所屬設施；高鐵公司與臺北捷運公司展示館舍；私部門的觀光工廠、產業博物館（例如：新平溪煤礦博物館）、企業博物館、再利用園區與藝術村（例如：高雄 MLD 台鋁生活商場、高雄橋頭糖廠藝術村 - 白屋、臺南十鼓仁糖文創園區）等		

資料來源：作者整理。

---

22 目前（2022 年）地方政府有文化資產專責單位者有：臺中市政府、臺南市政府與高雄市政府；中央機關除文化部文化資產局以外，農委會林務局設有「阿里山林業鐵路及文化資產管理處」。

23 依據礦務局《110 年礦業統計年報》資料，目前臺灣礦區有 139 處，主要集中於花蓮縣（56 處）、宜蘭縣（36 處）、苗栗縣（24 處）的礦石採集。

　　2006 年開始執行的「產業文化資產再生計畫」，2004 年到 2018 年間文資局總共補助了糖、鹽、酒、礦、林、鐵、兵工廠及咖啡等總計三十六個再生點，每年參訪總計超過千萬人次（文資局，2019: 195），其之所以能吸引矚目，與文創園區的出現背景雷同，在後現代主義下的文化典範轉移，新社會階級的崛起，造就新興文化形態的出現，造就臺灣以藝術創作、文創導入做為活化舊有空間的普遍模式，如：松山菸廠、總爺糖廠、蕭壟文化園區、駁二藝文特區、十鼓仁糖文創園區、嘉義鐵道藝術村、臺中鐵道藝術村、臺東鐵道藝術村等。回顧臺灣產業文化資產從私領域過渡到公共領域的過程中，受到文化創意經濟的影響，使產業文化資產公共領域在公權力領域的介入下產生質變，產業文化資產保存的價值意義被創意經濟與產值所取代。

　　布赫迪厄（Pierre Bourdieu, 1984）認為不同的社會階級或社會行動者所握有的權力，不僅是政治、經濟，更是價值象徵，而「文化經濟」這些象徵商品所構成的經濟體系；而不同階級有著不同消費文化的方式，這是階級制度運作的結果，也是階級與社會力量取得優勢之配的機制（Bourdieu, 1984; Devine et al., 2005）。文化經濟領域的文化中介者（cultural intermediary），志在開創流行時尚，追求好玩又瞬息萬變的風格，儘管不見得會獲得知識分子或當權文化人士所接受，卻也創造出各種機會與有利環境的可能，進一步造就出新風格與顛覆現有的文化模式，使得當今文化市場成為雅俗共賞的拼貼物（bricolage）── 風格就是一切，一切都可以成為風格（Martin, 1982: 236-237）。同時，資本社會的特色往往會以浪漫主義的道德觀強調消費的重要性，為公眾養成喜歡嘗鮮的心態提供了穩固的道德基礎（Urry & Larsen, 2011），而產業文化資產成為文化創意園區的仕紳化（gentrification）之後現代景觀，如同諸多藝術文化（文創）導向的都市再生計畫，其設計細節在在地凸顯新興社會階級的文化資本（Zukin, 1991）。

（二）臺灣產業文化資產之可能創生模式

　　隨著時代巨輪的轉動，面對我國總人口減少、人口過度集中大都市，以及城鄉發展失衡等問題，行政院於 2018 年召開「地方創生會報」，宣示 2019 年為臺灣地方創生元年，定位地方創生為國家安全戰略層級的國家政策，將以人為本，透過地方創生與新創結合，復興地方產業、創造就業人口，促進人口回流，並以維持未來總人口數不低於 2,000 萬人為願景，逐步促進島內移民及配合首都圈減壓，達成「均衡臺灣」目標。配合「地方創生國家戰略計畫」，依據地方特色發展地方產業，行政院整合部會創生資源，文化部文資局提出「產業文化資產創生計畫」做為提升城鎮機能的配套計畫之一，在前期在生計畫的基礎上，鼓勵引入青年文化工作者或產業文化（性）資產保存活化相關工作者（含團隊），強化產業文化資產運用價值等提出願景與規劃構想。茲將本文前述整理之核心與延伸產業文化資產，依臺灣縣市地區分布統計，並依據各縣市產業文化資產數量之主題特色羅列如表 3。

　　根據表 3 的各縣市產業文化資產特色分布，除金門、馬祖離島地區的產業文化資產類型分布不明顯或較少之外，各縣市都有一至三項數量較為突出的產業文化資產類別，可做為具地方主體性的產業文化資產敘事發展之參考。除前述 579 案已指定登錄之核心與延伸產業文化資產，以及 131 案附加產業文化資產之外，依臺灣博物館學會[24]名錄，臺灣尚分別有 69 所產業類與 52 所工藝類之公私立博物館舍，以及經濟部工業局評鑑通過之 132 家觀光工廠，[25]皆屬廣義之產業文化資產價值體現之公共場域範疇，象徵不同產業文化的地方性與自明性，或是地方創生[26]與城鄉永續發展可積極思考運用的資源。

---

24 資料來源：博物館學會，http://www.cam.org.tw/museumsintaiwan/。

25 資料來源：經濟部工業局，http://taiwanplace21.org.tw/Factory.php。

26 國發會地方創生資料庫亦有將各縣市文化資產納入統計，https://colab.ngis.org.tw/lflt/index.html。

表 3：2019 年臺灣產業文化資產縣市分布表

區域	總數	縣市	主要產業文資特色
北部	186	臺北市（84）	鐵路、酒
		新北市（46）	採礦、橋梁
		基隆市（16）	海運、鐵路
		桃園市（19）	交通、農業與糧食
		新竹縣（9）市（12）	農業與糧食、鐵路
中部	133	苗栗縣（30）	鐵路、能源
		彰化縣（17）	鐵路
		南投縣（12）	農業與糧食、林業
		臺中市（55）	農業與糧食、鐵路、水利
		雲林縣（19）	糖、鐵路
南部	149	嘉義縣（13）市（17）	鐵道、水利、林業
		臺南市（51）	糖、鹽
		高雄市（37）	鐵路、農業與糧食、水利
		屏東縣（16）	農業與糧食、水利
		澎湖縣（15）	海運、水利
東部	106	宜蘭縣（41）	鐵路、林業
		花蓮縣（42）	林、糖、鐵路
		臺東縣（23）	農業與糧食、橋梁、鐵路
離島	5	金門縣（2）	海運（燈塔）
		連江縣馬祖（3）	

資料來源：作者整理。

　　每一處的產業文化資產之真實性，取決於社會論述與實踐，仰賴保存、建造、設計、修復等工程來打造一景一物該是什麼「樣貌」。這樣一套屬於產業文化資產，系統性且持續性的社會關係體系，必須依靠許多專業人士聯手，結合技術、符號、組織的論述，「建構」出產業文化資產的公共領域。對參觀（產業）文化資產的公眾而言，「身體不只是被輸入或寫上資訊，也不斷以持續重塑的方式書寫自身的意義，以及對空間的感受」（Edsensor, 2001: 100）。參觀、再利用或活化產業文化資產的「消費」，同時也是生產、重新詮釋、重新成形、重新實踐，共同參與產業文化資產的製造，以及解構其符碼的動作（Du Gay et al., 1997; Li, 2017）。產業文化資產的公共領域之參與者，可以透過各種形態、感官、實踐，從不同角度體驗該地的象徵價值與意義，不只是解讀過去的文本，亦藉由與其他人的「交流訊息和觀點」、建築與物件的互動，共同創造新的文本。

　　地方是如何在不同形態的操作模式下，被創生／再創生出來，我們如何能將產業文化資產的生產／再生產，跟人發生緊密連結；創生不僅在產業文化資產場域發生，包括地方自身的創生，甚至是跟別的地方比較／連結以後生成的創生。產業文化資產實體縱使特殊，並不代表就是創生保證，需要透過設計，把實體環境化作公共空間、社交場域、歸屬認同、社群連結與文化記憶。當資源、人力、物件、符號、資訊以網絡的形式串聯、流動，產業文化資產實體才有機會形成經濟、政治、文化上的意義，產業文化資產創生才會成形。茲將產業文化資產創生與地方創生之關聯整理如圖 3。

　　圖 3 顯示，地方創生（regional revitalization）旨在達成「均衡臺灣」之國家發展願景，以振興地方經濟，再造地方生機，吸引地方青年回流，促進城鄉均衡發展為目標，根據 TESAS 地方創生資料庫（Taiwan Economic Society Analysis System, TESAS）[27] 盤點，鼓勵農山漁村、

---

27 由行政院國家發展委員會所建立的地方創生資料庫（https://colab.ngis.org.tw/）透過匯整各主管機關的相關統計資料為依據，協助相關工作推動時需配合經濟產業發展思維，以及結合地方 DNA 與科技導入，促進跨領域協同合作，創造出嶄新價值與服務，並帶動人口的成長、青年返鄉及發展地方特色產業，形塑幸福城鄉的均衡發展面貌。

中介城鎮與原鄉優先提案，透過策略推動場域活化，實現地方創生；產業文化資產創生（industrial heritage making），則基於文化資產價值優先與加值運用原則，針對經盤整後的產業文化（性）資產標的，將保存及再利用的創生樣態，導入青年培力與促進青年就業，以完善臺灣產業文資體系，創造經濟加乘效益，實踐環境永續發展。進一步比較產業文化資產創生與地方創生兩者異同如表4。

圖3　產業文化資產創生與地方創生關聯圖

資料來原：作者繪製。

表 4：產業文化資產創生與地方創生比較表

		產業文化資產創生	地方創生
異	推動機關	文化部文化資產局	行政院國家發展委員會
	推動依據	《文化資產保存法》	行政院地方創生會報
	計畫實施	歷史與文化資產維護發展（第四期）計畫【產業文化資產創生計畫】	地方創生國家戰略計畫
	對象標的	產業文化（性）資產	鄉鎮市區
	操作策略	以產業文資保存及再利用為主體，促進公民參與和空間樣態的多元發展	以地方創生目標為導向而自主形成或政策引導的主題，推動鄉鎮創生事業
	使命願景	臺灣產業文資共創平臺	國家城鄉均衡發展
同	核心價值	1. 以「人的參與」做為場域活化與資源盤整的培力核心 2. 以「場所精神」結合產業敘事與空間紋理的新創模式 3. 以「跨域整合」實踐文化生態與循環經濟的永續發展	

資料來源：作者整理。

　　就產業文化資產創生的概念而言，澳洲國際文化紀念物與歷史場所委員會的《布拉憲章》[28] 根據其所積累之專業知識與實務經驗，提供了具有文化重大意義的文化資產場址，在維護與經營管理上的指引。該《憲章》強調文化資產維護是具有文化重大意義地方經營管理的一部分，並且是一項持續進行的責任。而文化資產之於「地方」（place），是包括場所、地區、土地、景觀、建築物、建築群及其相當的作品、元素、內容、空間等，而維護一處產業歷史場所的地方文化重大意義即是產業文化資產創生應追求的公共領域目標。表 4 所梳理產業文化資產價值認定與創生模式脈絡，與張崑振（2013）、李光中等人（2015）所提出的臺灣產業文化資產價值體系概念，包括「產業文化的動態有機性」與「產業生產設施、生活聚落及相關聯環境

---

28 資料來源：澳洲 ICOMOS 國家委員會，https://australia.icomos.org/publications/burra-charter-practice-notes/。

等場域的關聯性」大致契合；目前產業文化資產創生的概念與實踐尚處於起步階段，應善用其公共領域三個層次（圖2）的議題擴展性，結合基於《布拉憲章》所衍生的文化資產設計流程概念（如下圖4），由個別的私領域針對產業文化資產主題分別去探索可能性、整合與發展想法，隨著公共領域的形成，逐漸界定議題、衍生解決方案與進行研究，最終在公權力領域的賦權下，產出原型、試行評估與具體落實，凸顯其對於市民社會的實質與精神上的價值與意義。

探索可能性、整合、發展想法

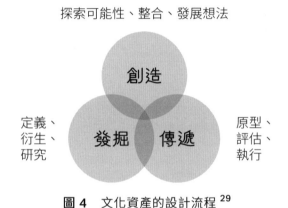

圖4　文化資產的設計流程[29]

此外，2019年聯合國教科文組織「文化部長國際論壇 —— 永續發展的文化與公共政策」發布「2030文化指標」[30]，首項指標便是「文化資產投入」，其關鍵在於「投入」的多少，而不是「產出」，這是產業文化資產公共領域應當深刻體認的觀念，如果一味的追求再利用、活化與創生的「產值」，文化資產的價值與意義並沒有被積累而是消耗，僅剩空殼的「蚊子館」是我們無論如何都不願走上的回頭路。因此，筆者建議產業文化資產創生應

---

29 資料來源：

　澳洲新南威爾斯州政府，https://www.governmentarchitect.nsw.gov.au/guidance/heritage。

30 資料來源：

　聯合國教科文組織世界遺產中心，https://whc.unesco.org/en/culture2030indicators/。

導入目標與關鍵成果（Objectives and Key Results, OKR）管理，透過每一組目標（objectives）搭配數個關鍵成果（key results），讓創生團隊瞭解「要做什麼」及「如何做」，以「由下至上」的方式，使團隊訂定每個人都願意執行的目標；這些要求目標要有挑戰性（例如 2030 文化指標的四大構面共計 22 項指標，如圖 5），不同於傳統績效評估的量化導向，這些目標與關鍵成果需要有充足的驅動力以及充分的認同感為前提。

圖 5　聯合國教科文組織 2030 文化指標 [31]

---

31 同註 30。

五　結語

　　當前工業遺產發展的主要論述，是奠基於 1950 年代西方國家工業考古學（industrial archaeology）的興起，歷經 1960 年代從英國、歐陸以至北美的傳播，至 1970 年代在國際／區域工業遺產保存組織（如 TICCIH、AIA[32]）的推動與世界遺產觀念的推廣下，波蘭維利奇卡和博赫尼亞皇家鹽礦（Wieliczka and Bochnia Royal Salt Mines）於 1978 年成為第一座列入世界遺產名錄的工業遺產，工業遺產保存觀念亦在亞洲地區萌芽；[33] 1980 年代，工業遺產管理逐漸由產業考古學門，獨立為一專業領域，1986 年登錄世界遺產的英國鐵橋谷可視為工業遺產管理的典範之一。公共領域的溝通結構是以非專業人員（或業餘愛好者）為主要對象，所以屬於領域分化的程度會有所降低，而溝通的意見與責任相分離；這樣的溝通結構使公眾免於擔負決策的責任，Habermas 傾向於把決策交予決策的組織去執行。不同於大部分的國際工業遺產案例，臺灣缺乏如英國產業考古協會或日本產業遺產學會等的穩定產業文化資產社群（私領域），由產業考古與保存工作開始，逐步推衍而轉向經營管理實踐，大部分臺灣產業文化資產是由公共管理政策考量（公權力領域）、各級產業結構轉型與當代社會文化興起等（公共領域）地彼此交會互動下的結果。

　　以英國古蹟／博物館私有化的發展為例，帶動其境內產業文化資產再利用的興盛，這些私人經營者往往能跳脫窠臼，嘗試用新穎的方式去再現歷史，結合地方文化工作者與熱心人士，以前所未有的形式把工業技術史包裝成商品。休維森（Hewison, 1987）以「英國不再製造商品，而在製造古蹟」來批判，並舉英國 Beamish 杜倫郡比米什露天博物館（Beamish Museum）為例，絡繹不絕的工業博物館群，對照著陸續倒閉的地方鋼鐵

---

[32] 英國產業考古協會（Association for Industrial Archaeology），1973 年成立於英國工業革命發源地——鐵橋谷。

[33] 日本產業考古學會成立於 1977 年。

廠，對昨日輝煌的保護正粉飾著今日緊逼的衰敗。類似的情形也在臺灣上演，產業文化資產保存在某些程度上，可能隱蔽了社會不公、掩蓋空間差異，把重商主義和消費主義過度美化，反而忽略了保留產業建築、遺構所追求的價值與初衷。然而，無論國內外，產業文化資產的推進腳步，絕對與強大的民意基礎有關係，臺灣近年鐵道文化資產的開花結果，絕非一步登天，早在 1995 年臺灣西部老火車站的保存運動埋下種子；新平溪與侯硐煤礦文化資產的原貌保存也是老礦工與礦場經營者的堅守下，爭取到當局的重視與挹注。文化資產能激起歷史傳承與使命的強烈情感，扮演賦予認同感的角色。

　　儘管國情與時代背景不同，臺灣大部分產業文化資產皆屬公有的情況下，使得產業文化資產再利用缺乏持續性地創新與長期性地規劃，發展近程的斷層或斷片屢見不鮮，也形成閒置空間再利用之後的二度閒置情形（姚瑞中等，2019）。在產業文化資產公共領議題的持續發酵，以及文化公民參與賦權的趨勢下，公營事業與公部門逐漸能以更開放的態度，接納（受）民間不同的意見與委託廠商的創意，減少單向上位決策過程而忽略在地聲音的情形，儘管蚊子館的議論仍時有所聞，卻已讓公部門兢兢業業、引以為鑑。

　　觀察臺灣自 1980 年代發展迄今的產業文化資產保存與經營活化，大致可歸納為：文化資產認定與博物館化、文創經濟導向與文化觀光發展等三個面向（Li, 2017）。承前段所述，臺灣產業文化資產是從經營管理與績效表現的目的出發，基於當代社會意義的重視，面對過去 —— 重新發掘產業歷史文化，朝向未來 —— 企圖實踐產業精神永續；而上述文化資產認定與博物館化、文創經濟導向與文化觀光發展等三個面向，彼此並不是各自的階段性接續，而是共同的持續性進程。1980 年代臺灣產業文化資產開始有文化資產認定與博物館化，1990 年代末已有文創經濟導向的跡象，2000 年後產業文化資產的觀光發展日益蓬勃，同時產業文化相關的文化資產指定、博物館籌備以及結合文創的經營模式等，亦持續推進著臺灣產業文化資產發展。臺灣產業文化資產保存的多元化與多樣性，以及跨領域的參與協作，持續地

進行可適性再利用（adaptive reuse）的實踐與活化，對應 2011 年國際文化紀念物與歷史場所委員會（ICOMOS）《巴黎宣言》所揭示「文化資產做為發展驅動力」之理念，不但形塑了臺灣產業文化資產的保存與治理架構，更引領臺灣文化資產保存的發展進程。

臺灣產業文化資產發展逐漸從公部門主導轉進民間參與，為地方創生實踐的提供新場域與新契機。臺灣的產業文化資產呈現著各種不同的管理與治理方式，並沒有單一模式可一體適用，如何確保資金持續運轉、跨域整合實踐與文化資產價值傳遞的永續經營模組，是需要進一步的實踐與探索。臺灣產業文化資產已成為多元的中介平臺／場域，是一個對政策實踐、商業經濟、社會文化與科技媒體等公共議題領域開放的載體，不僅涉及閒置空間的基礎建設活化，也觸及工業社群的失業問題與其正在改變的社會結構，以及環境地景的再造。針對臺灣的過去歷史，當代意義和未來願景提供各種價值加成與轉化的可能性，產業文化資產有必要積極面向地方創生議題的整合，如何讓產業文化資產公共領域的三個層次均衡發揮，將是次階段「創生」的一大挑戰課題。

參考文獻

文化建設委員會（2004）。《產業文化資產清查操作參考手冊》。臺北：行政院文化建設委員會。

文化部文資局（2019）。《2018 年全國文化資產會議實錄》。臺中：文化部文資局。

王玉豐（1998）。〈運用時空因素發展科學工藝博物館之展示策略〉。《科技博物》2(1): 21-35。

尤爾根・哈貝馬斯（著），童世駿（譯）（2003）。《事實與格式》。臺北：臺灣商務。

李光中、劉鎮輝、陳勤忠、張朝勝、許玲玉、王鑫（2015）。《臺灣產業文化資產體系與價值：臺灣煤礦、臺灣閃玉篇》。臺中：文化部文化資產局。

李兆翔（2016）。〈訪古以開創未來：英國鐵道遺產之路〉。《文化資產保存學刊》35: 92-107。

李兆翔（2022）。〈工業遺產國際建制之研究：以亞洲產業文化資產平臺為例〉。收錄於劉俊裕、魏君穎（主編），《臺灣的國際文化關係：文化作為方法》（頁 149-192）。高雄：巨流。

李乾朗（1994）。《臺閩地區近代歷史建築調查》。臺北：內政部。

林崇熙（1995）。《科技文物典藏研究的歷史參考架構》。高雄：科學工藝博物館。

林曉薇（2014）。〈產業文化資產保存推展在臺灣的實踐與影響〉。《臺灣建築學會雜誌》76: 33-39。

林曉薇（2021）。《覓徑：臺灣產業文化路徑序曲》。臺中：文化部文化資產局。

姚瑞中、LSD 等（2019）。《海市蜃樓 VII：臺灣閒置公共設施抽樣踏查》。臺北：田園城市。

徐彥婷（2019）。〈我國場域活化到地方創生之路〉。《臺灣經濟研究月刊》42(5): 104-111。

張譽騰（1996）。〈生態博物館的規劃理念與個案之解析〉。《博物館學季刊》10(1): 7-18。

張崑振（2013）。《臺灣產業文化資產體系與價值：菸、茶、糖篇》。臺中：文化部文化資產局。

楊凱成、王新衡、李兆翔、黃儒柏（2017）。臺灣產業文化系譜調查與全球連結計畫（第一期）委託研究，文化部文化資產局。

Bourdieu, P. (1984). *Distinction*. London: Routledge and Kegan Paul.

Calhoun, C. (ed.)(1992). *Habermas and the Public Sphere*. Cambridge: the MIT Press.

Devine, F., Savage, M., Crompton, R., & Scott, J. (eds.) (2005). *Rethinking Class: Identities, Cultures and Lifestyles*. London: Palgrave.

Edsensor, T. (2001). Performing Tourism, Staging Tourism: (Re)Producing Tourist Space and Practice. *Tourist Studies* 1:59-81.

Hewison, R. (1987). *The Heritage Industry*. London: Methuen.

Li, C.S. (2017). *Industrial Heritage Production in Taiwan: A Creative Economy Approach*. Ph. D. thesis[D]. Birmingham: Univ. of Birmingham.

Mah, H. (2000). Phantasies of the Public Sphere: Rethinking the Habermas of Historians. *The Journal of Modern History* 72: 153-182.

Martin, B. (1982). *A Sociology of Contemporary Popular Culture*. Oxford: Blackwell.

Smith, L. (2006). *Uses of Heritage*. London and New York: Routledge.

Urry, J. & Larsen, J. (2011). *The Tourist Gaze 3.0*. London, Sage.

Zukin, S. (1991). *Landscapes of Power*. Berkeley, CA: University of California Press.

10

CHAPTER

數位時代下的新公共廣電服務：臺灣《公視+》的發展策略初探 *、**

── 林玉鵬 ──
國立聯合大學臺灣語文與傳播學系助理教授

── 蔡蕙如 ──
國立臺灣大學新聞研究所助理教授

---

*　本文為第一作者科技部研究計畫《串流媒體時代下的公共電視之研究：批判傳播政治經濟學的觀點分析》初步研究成果（計畫編號 111- 2410-H-239-001 -）。也感謝兩位匿名審查委員提供寶貴建議。

**　本文原稿首先發表在《傳播、文化與政治》第 15 期《數位時代下的新公共廣電服務：以台灣《公視+》串流平台為例》（頁 1-28），經期刊與作者授權後，修改部分內容於本書刊出。

一 前言

全球公共媒體服務都面臨平臺化時代的新挑戰，當大多數的觀眾都在少數幾個平臺（例如 Google、臉書與 YouTube）進行各種日常活動、接收資訊與娛樂。而巨型娛樂串流平臺的興起帶來新的收視情境，閱聽人的收視習慣已大幅改變。「看電視」這件事，不只是坐在電視機前面隨機或等待節目播出，越來越多人選擇隨時隨地透過各種載具與平臺 App，以更多元方式收看各種影視內容。然而，平臺化世代的新收視習慣，更對公共媒體產生新影響，公共媒體將思考如何透過創新平臺公共服務，重回大眾閱聽人的視野。

2021 年 4 月立法院第十屆第三會期教育及文化委員會第十一次全體委員會議針對「公共媒體法推動進度與我國公廣集團面對全球數位化之發展規劃」進行報告與質詢（2021 年 4 月 14 日）。其中《公視＋》成為質詢重點之一。會議上針對平臺使用率、內容多元性與操作使用度進行討論。文化部是否提出積極政策，媒合更多優質內容上架《公視＋》也成為議題核心。公視串流影音平臺《公視＋》的推出因應數位潮流，面對的公眾不再僅限於電視機前的觀眾，而是擴大至這些使用「非傳統媒體」的新觀眾。進一步來說，公共廣電服務正轉型為公共服務媒體（public service media），這裡指的「媒體」意謂著不只是原本單向的傳輸內容至觀眾，還有在串流平臺時代的雙向互動。公共媒體可以透過閱聽眾的數位行為（點擊次數、停留時間）理解公眾的需求，並做為往後收視評量的指標，也可以藉此思考多元的內容，以策展式內容連結，達到更多元性的目標。

這樣的轉變呼應了公共媒體中一個很重要的公共價值 —— 普及性（universality），相較於傳統定義的地理覆蓋普及，和節目設計上的普及，串流平臺的推出正可以更能服膺於此公共價值，透過各種不同管道觸及最大的公眾，以及不限於線性安排、更能展現彈性的多元節目，重新創造新的普及公共價值，這些都是公共電視在推出串流平臺後的關注焦點。

　　公視長期培養人才、持續產製優質影視內容節目，但面對平臺時代下的國際影音市場競爭，以及數位時代下公共媒體的新的公共服務策略，也面臨國際串流平臺 Netflix 與 Disney ＋在臺灣的新挑戰。串流媒體平臺已造成全球風潮，但少被注意的是其對於各國影視產業體制所造成的影響。例如，臺灣公共電視與串流與隨選視訊平臺合作，播送流通與合資合製，開創臺劇產製的新機會。無論是《你的孩子不是你的孩子》、《通靈少女2》或是《我們與惡的距離》早已是討論度極高並且收視率不錯的電視劇，幾乎都是近年的成功案例，並適度地增加臺灣影視產品的國際與國內能見度。也就是說，公視除了在發展《公視＋》成為一個新的串流服務新品牌外，也積極地與國際串流平臺合作，尤其是在播送流通的合作，更已成常態。然而，在這類合作上，公共服務、普及性、內容多樣性、本國自製比例、平等的國際影視內容交流等議題上，已逐漸浮出各種討論的聲音，如何兼顧以上公共價值與原則，並且創造平臺化時代下的新公共服務，實為公共電視所面臨的新課題，同時也是本文關注的焦點。

　　因此，本研究將以數位時代下的公共媒體的影音串流媒體平臺為出發點，並進一步分析解釋，公共廣電服務除了扮演產製優質「電視」節目之外，如何在影音串流平臺發展數位時代下的公廣服務。本文先回顧相關文獻釐清各國公共廣電服務在數位時代下的轉型策略，再以下列兩個面向探究《公視＋》在 OTT 時代下的挑戰與如何維持公共價值（特別是普及性原則）：（一）《公視＋》串流平臺的發展方向，試著從《公視＋》和公眾連結的機制和內容編排方式討論；（二）臺灣公視於國內外串流平臺合作發行播映節目策略。思考在與跨國串流媒體平臺合作影視內容創作與播映之外，《公視＋》的定位和發展的模式會有何種可能？

二　文獻回顧

　　串流影音媒體平臺化這幾年迅速發展，加上這兩年疫情影響，使得串流媒體的市場幾乎取代電視和電影的地位。特別是 Netflix 的成功，帶動了其他串流媒體平臺產業，在學術上的相關研究也幾乎以 Netflix 為主軸（Hallian & Striphas, 2014; Jenner, 2018; Lobato , 2019; Wayne, 2018），主要聚焦於 Netflix 本身的運作，或是對各國影視產業發展的影響（Lobato, 2017; Lotz, 2020; Rios & Scarlata, 2018）等，或是針對閱聽人行為和理論的反思（蔡蕙如，2020；Jenner, 2017）。進一步而言，這波學術研究風潮，還有串流媒體抽象層次的探討，例如整理串流媒體研究的「類型」（Spilker & Colbjørnsen, 2020），或是「概念化」流通經濟等較為理論層次的研究（Colbjørnsen, 2020）。

　　公共廣電的數位轉型一直是重要的議題。大型的公共廣電媒體如英國廣播公司（British Broadcasting Corporation, BBC），很早就發展類似的數位平臺 BBC iplayer，已成公共廣電媒體數位轉型的典範，但在面對這波串流平臺大戰時，仍無法輕忽，並積極調整策略，近來甚至和 ITV、Channel 4 聯手組成「OTT 國家隊」（Over-the-top media services，意指直接透過網際網路給觀眾的串流媒體服務）和 Netflix 對抗（Waterson, 2019 November 6）。近期的英國通訊管理局（Office of Communications, Ofcom）（2019, 2020）報告也提出類似的觀點和提醒。[1] 目前有關串流平臺相關研究的面向，反映學術社群較關注在串流媒體時代下所帶來的創新趨勢，包括其新的產製流程、新的閱聽人體驗與新的消費模式等議題，然而較少討論回應串流平臺所帶來影響，以公共廣電為例，受到串流平臺趨勢影響甚鉅，針對如何在串流平臺時代維護其公共服務、普及性、多元性、民主等功能並且創新加值，仍需更多關注與研究

1　今年（2022），BBC 更宣示要將 BBC 4、CBBC 和 Radio 4 Extra 轉至線上，並且要縮編 500 人，全力發展成為數位優先的公共廣電媒體（Waterson, 2022.5.26）。

（d'Arma, Raats & Steemers, 2021）。以下針對公共服務媒體在平臺時代下的創新策略進行兩個面向的文獻回顧與反思：（一）數位時代下的公共媒體策略：普及性 vs. 個人化；（二）公共媒體的平臺化的新策略。

（一）普及性原則 vs. 個人化策略

普及性原則一直是公共廣電服務中重要的價值之一，這是公共廣電對於社會中的每個人都能提供內容與資訊的職責，不論時地，讓公眾能近用公共資訊進而參與民主社會。普及性可分為內容和近用兩個層面：1. 內容：公共廣電必須提供和服膺各式品味和多元利益的群體；2. 近用：公眾是否皆能近用公廣媒體內容，不會因為年紀、性別或非主流而受到歧視無法近用（Van den Bulck & Moe, 2018）。然而，隨著數位科技和串流影音平臺的影響，公共廣電的普及性原則受到挑戰，在平臺化媒體的時代，最常運用的演算法以達到「個人化」的內容，公共媒體能否運用，又是否因此違反普及性原則？這是近年研究公共媒體的重要課題，也以普及性做為主要框架，試討論在平臺化時代，公共媒體如何調整或因應這個變局。

Hilde Van den Bulck 與 Hallvard Moe（2018）的研究，討論以演算法為基礎的媒體個人化，如何影響普世性。並以挪威公共廣播媒體 Norsk rikskringkasting（以下簡稱 NRK）和比利時佛拉蒙區公共廣播媒體 Vlaamse Radio- en Televisieomroeporganisatie（以下簡稱 VRT）做為個案分析，從三方面——推薦系統、登錄系統、隱私和安全性，討論個人化策略和普及性原則的關係。研究指出，NRK 認為演算法和編輯團隊的結合，是可以為觀眾帶來好的推薦方式。甚至希望公共媒體平臺的登錄系統也能全部整合（使用同一組使用者名稱和密碼登錄），以方便節目的推薦系統更有效地推行，然而，對於隱私權的問題，NRK 會堅守不將使用者資料商業處理的原則。至於 VRT，雖然不至於完全反對個人化策略，但仍有所保留，指出演算法的運用是否會導致多元性的傷害（只給觀眾看想看的節目）？再者，無論觀眾是否註冊登錄系統，都會提供同樣好的服務，不因此

有所差別。至於隱私權的問題，因為這涉及公眾的信任和安全性，VRT 認為這必須要非常的謹慎小心處理，同時也是對普及性最大的障礙。因此，總結來說，NRK 於數位時代的個人化策略，帶點科技決定論、樂觀的態度，肯定有助於普及性原則；而 VRT 則是有科技焦慮感，雖然這些個人化策略能幫助和改善公共廣電服務的目標和觀眾需求，但潛在的資安、同溫層問題仍待解決。最後指出，其實大部分的公共服務媒體，在面對新興的個人化策略，都以新的方式詮釋普及性原則，也漸漸將個人化服務整合進組織的新政策。研究者認為公共廣電媒體需要的是「公共服務」演算法，應該更能兼容普及性和公共服務責任。

Erik Nikolaus Martin 的研究（2021）則是針對公共媒體如何與「矽谷」科技公司（新媒體平臺）競爭。研究中提到普及性和演算法之間的問題是重要的討論面向。英國和美國的公共媒體提出了對演算法的以下幾個論點，BBC 平臺所採取的演算法仍是以公共服務為主，而且即便使用演算法，也不代表要捨棄人工編輯過程，應採取「混合式」的策略，追求演算法策展和人工策展的平衡。而美國的公共媒體（Public Broadcasting Service, PBS）和國家公共電臺（National Public Radio, NTR）則認為必須思考個人化之於公共媒體的意義，公共媒體要創造公眾的熱情和興趣，並成為一個受信賴的來源，成為強而有力、有別於商業平臺的公共媒體平臺，然而這些目標，觀眾的洞察力和數據是非常重要的資料。再者也主張，若能將現行的公共電視和公共廣播，能整合為同一登錄系統，如此就可以這些資料，轉化成理解公眾對公共媒體的興趣和改進公共媒體、個人化體驗等的依據。

整體而言，多數研究對於演算法的態度，仍期待公共媒體能以公共價值發展、並有別於商業媒體的「公共服務演算法」。公共媒體運用演算法，推薦觀眾節目（或相關節目），目的並非方便廣告的使用，而是為了促成主題和觀點的多元性，也能以其平臺擴大服務更多的公眾，以促成健康的民主社會。相較於前面兩個研究提出「公共服務演算法」的概念，臺灣公共電視

全媒體中心負責人李羏（2018）則以實務經驗的角度，討論臺灣公共電視的普及性和串流媒體平臺間的關係。將《公視＋》的經營模式納入「商業模式」，從公視本身較為少見的「付費制」，討論《你的孩子不是你的孩子》的發行策略。就普及性原則的觀點來說，付費制反倒成為新興的商業模式，除了在公視本頻道播出外，在 LINE TV 和 Netflix、《公視＋》三個平臺播出。在前兩者平臺上的表現亮眼，也成為該劇主要的收入來源。研究指出，公共電視的普及性可從多平臺管道發行達成。這個研究將普及性原則更往前推進，除了公共廣電媒體本身對於個人化（演算法）和普及性的矛盾外，對外則可思考和商業串流媒體平臺的關係和可能性會是什麼？《公視＋》做為公共廣電服務的串流媒體，普及性原則的實務經驗，也會關係著本研究的另一重要提問：公視的發行播映策略。

(二) 平臺化的流通策略

本節聚焦公共廣電服務的節目發行（流通）策略如何改變的相關研究與理論回顧。主要為比較型研究，大部分較集中在北歐、比利時這類較小市場的公共廣電的發展，這對於臺灣而言也較有重要的參考價值。也可以此對應目前《公視＋》的發行播映策略。除了在策略上可供參考，同時再思考串流媒體時代下公共廣電服務的普及性原則。

學者 Karen Donders（2019）的研究以公共廣電服務在轉型至公共服務媒體（Public Service Media，以下簡稱 PSM）時，參照公共服務媒體的特性，面對串流媒體平臺時代競爭下的流通策略。公共服務媒體中的「媒體」（media）代表了「不限於」廣播和電視、而又具公共價值的媒體形式，並且更加強調公民的角色。Donders 指出 PSM 的特性有：

1. 超越傳統線性廣播電視的多平臺策略。

2. 在國際集團或是傳統電視發行公司所掌控的媒體環境下，仍可以提供所有公民公共服務。

3. 在內容和流通策略上仍堅守公共價值。

4. 內部組織的重整以適應新的環境。

　　Donders 以此四個面向比較公廣媒體：英國的 BBC、荷蘭國家電視臺（Nederland 1, NPO）、愛爾蘭的國家廣播公司（Irish broadcaster Raidió Teilifís Éireann, RTE）和前述的比利時佛拉蒙區的 VRT，研究它們如何在日趨國際化的市場所採取的流通策略。研究指出，這些公廣媒體的節目發行和流通策略已經明顯地產生變化，也勢必會向多平臺的方向發展。競爭環境的複雜、預算壓力和組織結構等都會影響政策的發展。和商業平臺合作（例如 Netflix）可能會影響普及性原則，但並不代表公共媒體受到經濟趨力的影響。在研究者所蒐集的資料顯示，反而是更顯示了強烈的公共意識，但仍代表著公共精神和預算間的不斷摩擦。雖然目前這些公共媒體面對平臺化競爭環境的定位仍不甚明確，部門協調度也不足，不過這些情況在現今複雜多變的媒體環境，都尚屬正常，所有媒體公司都要不斷地調整戰略以適應多變的環境。

　　Alessandro d'Arma、Tim Raats 與 Jeantte Steemers（2021）則從 Philip Napoli 的框架討論公共廣電服務在串流媒體時代的回應。同樣也是比較研究，以 BBC、VRT 和義大利的公共廣播機構（Radiotelevisione Italiana, RAI）三個公廣媒體為主要案例分析，從 Philip Napoli 所提出的媒體組織在面對新科技時的媒體演化反應的四個模式：

1. **自信（complaceny）**：不在乎新科技所帶來的競爭威脅。

2. **抵抗（resistance）**：會以各種方式（遊說、拒絕版權銷售）維持自身的地位。

3. **差異化（differenctation）**：轉型為與競爭者有明顯差異的定位。

4. **多元化／模仿（diversification／mimicry）**：活動擴展至多平臺，並開始會採用新（威脅）科技的核心特色。

　　除了這四種模式外，亦提出了「合作」（collaboration）的可能，有二種可能的合作式，第一個是將節目的版權直接賣給串流媒體平臺（例如 Netflix 和 Amazon Prime 等），第二種則是採用合製播出的模式。

　　研究分析指出，雖然案例顯示或多或少都有經歷過上述四個階段，但注意的是並非是呈現線性歷程，基本上還是取決於各國公共廣電媒體的政府政策（支持程度和規範）、文化因素、定位和市場規模。例如英國節目的內容有語言優勢（英語）而有國際合製的優勢，比利時荷語區的 VRT 雖然 Netflix 會購買其高品質的戲劇，但則可能因語言、市場規模等，很難受到 Netflix 合製的青睞。多元性的內容和服務則仰賴政府或政策的特別支持，例如英國因為有提供串流媒體製作的賦稅減免。研究也指出，公共廣電服務對於隨選視訊串流平臺發展的回應，漸漸從短期的排斥到較務實的態度，不過合作的形式亦有可能使公共廣電邊緣化。然而公共廣電服務的轉型雖然持續地致力於和商業媒體區隔，但許多問題仍待解決，例如政策、資金和觀眾問題。

　　歐洲廣播聯盟（European Broadcasting Union，以下簡稱 EBU）於 2021 年所出的產業報告中，也提到歐洲公共廣電在串流媒體時代所面臨的難題，將焦點放在戲劇。EBU 報告指出，戲劇同時具備公共價值、市場價值，前者代表了多元文化、生活經驗，後者意謂著觀眾也期待能在其他國際 OTT 平臺上看到公共電視的戲劇。進一步來說，公共廣電媒體除了建置自身的串流平臺外，更必須思考如何讓自己的戲劇作品出現在國際串流平臺（李彣，2021）。然而，「小市場」的公共服務廣電的電視戲劇產製，串流媒體、平臺化的轉變帶來不小的壓力，這類小市場的國家的特質是：競爭者少、市場高度集中化、以及公共廣電很大程度仰賴公共資金，但該機制長年也維特高品質的戲劇產能。

　　Raats 與 Jensen（2020）指出數位化和匯流時代已改變了媒體產業的經營模式，傳統媒體一方面要面對來自原本傳統媒體間的競爭，另一方面則

是來自新興國際 OTT 平臺的壓力，因此對於小市場的戲劇產製，有四項主要的變化：

1. 觀眾的收視習慣從線性變為非線性，例如訂閱制。

2. 這些新興的 OTT 不僅改變舊有的觀看模式，也會投資原創內容，不過目前 Netflix 對於大市場國家的投資興趣，遠比小市場高。

3. 廣告往這些新興媒體平臺移動，例如臉書、谷歌等，根據歐洲視聽觀察報告指出，2018 年的線上廣告就有 56% 流向臉書和 YouTube。

4. 歐洲公共廣電的財政支援逐年下降，例如 2018 年就下滑 2.8%（Raats & Jensen, 2020）。

以比利時荷語區的 VRT 和丹麥公共電視臺（Danmarks Radio, DR）為例，在面對來勢洶洶的全球競爭和既有市場的挑戰，這類小市場所仰賴公共資金的公共媒體究竟如何維持電視戲劇的產能。Raats 與 Jensen（2020）研究指出，VRT 和 DR 雖仍是該區主要電視產製的中心，但面對國際化的市場仍採取不同的策略。VRT 仰賴國內的公共財政支持，重心也放在國內市場。事實上，比利時佛拉蒙區的整體電視市場，有意識到 Netflix 或「外國」（主要是美國）內容為共同的競爭對手，也萌生合作的想法，但目前為止尚未形成確實的合作。雖曾一度提出公私媒體共組 Flemish Netflix 的構想，不過由於利益交織和成本問題難以落實（Raats & Donders, 2020）。而 DR 則相對而言較重視國際市場，積極出售國際播映權。不過 VRT 和 DR 的策略並非截然二分，兩者模式近年也互有重疊。Raats 與 Jensen 在文末指出，國際 OTT 的興起，對於公共廣電的戲劇產製帶來了三方面挑戰，第一個是公共服務廣電應和這些 OTT 有一定程度的合作，但又必須冒著品牌認同被傷害，以及侵蝕自身的節目和串流平臺服務的風險；再者則是關乎公廣服務投入付費平臺機制的程度，雖然可能獲得更多的高品質戲劇製作預算財源，這又會牽涉公廣角色（近用性）的問題，第三則是和 DR 較有關係，究竟公共廣電服務如何能在革新之餘，仍能保持

其獨特性，又能立足國際，實為重要課題。公視資深研究員何國華在 2019 年〈合作與協作讓線性廣電得以永續〉一文中亦提出北歐公共廣電的思考，他指出，對於北歐這些小市場的廣電媒體，在資源有限的情況下，能提出合作、協作，並擴大內容聚合夥伴關係。因此，在戲劇的產製和流通上，小市場的公共廣電媒體勢必會碰到國際影音串流平臺的競合問題。

三　案例分析：《公視＋》串流平臺公共服務

以廣義的串流媒體形式來看，臺灣公共電視的串流媒體服務可以追溯至公視於 2007 年所成立的 PeoPo 平臺，是鼓勵公民製作「公民新聞」並上傳至此平臺，為一種使用者生產內容（user generates content）的平臺，另外會精選一些內容在主頻道播出，搭配客座編輯，算是串流媒體形式在公視播出的「基礎原型」。

公共電視在 2016 年推出《公視＋7》的影音串流平臺，配合當日傳統電視排播，隔日播出，可以回看 7 天的服務。事實上，臺灣的 OTT 市場在 2016 年已漸熱絡，2016 年甚至稱之為 OTT 元年（顏理謙，2016）；2017 年時，已有十五家 OTT 平臺業者，主要的訂閱者以年輕人為主（CASBAA, 2017）相較於這個趨勢，2017 年的尼爾森收視調顯示，公視的觀眾群年紀始終偏高，大概在 55 歲（Yang, 2018; Lee, 2018）。因此，一方面公視希望能因應年輕觀眾新的（網路）收視習慣，另一方面也因為市場的緣故《公視＋7》於 2017 年轉型升級為《公視＋》OTT 的服務，不限 7 天的收看期限，也加入過往節目，充實《公視＋》的網站內容，強調「地表最強串流影音服務和超過 800 小時影音」。另外除了能收看市場原有的標準（SD）與高畫質（HD）節目外，更支援超高畫質（4K）播映。接下來即針對《公視＋》進行兩個主要面向分析：（一）串流平臺的發展方向；（二）發行播映節目策略策略。

（一）註冊會員制度和策展式內容的流通策略

《公視＋》的觀看方式主要為註冊會員制，無論是從《公視＋》平臺，或是透過 App，都需要先註冊為會員才能觀看《公視＋》所提供的節目，在部分節目採收費制外，其他節目都是免費收看，由於節目版權的關係，國外的觀眾無法註冊。2019 年 1 月《公視＋》網站改版並同時推出 Android 版 App，以更貼近數位時代下的觀眾觀影需求，同年 3 月由於新影集《我們與惡的距離》開播，甚至一度吸引超過 11 萬人登記註冊使用，6 月的會員人數已達到 46 萬人。《公視＋》後臺所檢視的收視指標有三：「節目點擊次數」、「桌機／ PC 累積觀看分鐘數」與「Android App 累積觀看分鐘數」，2019 年前半的統計顯示這三項指標都穩定成長（李彣，2019）。未來這些數據資料都將納入公視節目收視評量指標，藉以衡量並發揮公視串流影音服務的多元價值。

如前所述，在 Van de Bluck 與 Moe（2018）談及公共廣電、演算法和普及性的關係時，登錄服務（log-in Service）是其個人化服務核心之一，用於「節目推薦」和「理解公眾樣貌」兩個目的。《公視＋》的機制，必須要先註冊成會員才能在平臺觀看節目，藉以能將觀眾的樣貌和觀看行為，更能清楚地記錄下來，例如常看的節目是哪一類型？是否會看到一半就不看？又常會在哪裡停住不看等。再者，透過觀眾登錄裝置的分析，也能瞭解觀眾多螢幕（手機、平板電腦和電腦）的收看方式比例，這個部分可以對公視的串流平臺發展政策和節目內容行銷有很大的幫助，前面可以往加強基礎建設的方向，後者則是節目文本增加多媒體敘事的可能性。因此，登錄系統的機制看似限制公眾的文化近用，但實則不然，因為得到的資訊會以公共服務的原則和價值，更能精確地理解公眾對於公共電視的需求和興趣，公共電視也能以此調整至數位串流平臺時代的多元內容。然而，在目前《公視＋》的發展，還未充分運用演算法的階段，而是以「人工策展」為主的節目編排，以主題策展方式，擴大公眾對於節目「參與」的形式。

　　策展一詞本源自博物館研究用語，近年因為數位內容資訊龐大，將這類能將數位內容分類、選擇再組織進而呈現的過程稱之為「數位內容策展」，而判斷最終呈現的結果是依據人工方式判斷，而非依照所謂的人工智慧、演算法、大數據等工具（Rosenbaum, 2012; 黃貝玲譯）。《公視＋》平臺即有針對節目內容主題式選取的編排，也如同「策展」一樣，希望將在主題下的相關內容賦予意義，以符合主題的價值。《公視＋》的內容策展主要分為二種形式，第一種為一般「策展主題」的推廣，另一種則是較以時效性為主的內容策展。例如《公視＋》曾以「人為什麼要爬山」為主題，以正在播映的群山之島紀錄片為主軸，搭配其他相關且曾經播出的紀錄片或節目，如2019 年柯金源導演的《神殿》紀錄片，或是同樣於 2019 年播出的臺灣國家公園紀錄片，這些「舊節目」不見得在主頻道（電視頻道）有隨時播放的機會，但在這類策展式的安排下，會讓觀眾和收視群更能清楚《公視＋》策展的邏輯。至於後者，會因應「時事」（例如議題、得獎回顧或是和外部影展合作）而做出立即性策展，例如每年總是在金鐘獎能獲得眾多獎項的戲劇節目，在金鐘獎隔天後即會安排所有得獎相關節目上線。

　　在前面的文獻提到「公共服務」演算法的概念，會強調公共廣電媒體的一大特色就是會維持人工編輯，而不會將全部的編排交給演算法，即便是全由演算法排序，仍必須以公共價值為主。《公視＋》一方面發展出線上主題的策展編排（人工節目編輯），從節目主題發散其他相關的節目連結，如此亦可強化過往節目的公共性，同時發揮串流平臺媒體的特性，與電視頻道節目的線性邏輯不同。線上策展可將舊節目的公共效益最大化，也能透過節目的彼此連結，讓公眾對於文化內容的想像和詮釋擴大。

　　因此，相較於一般 OTT 較常採用的「圖書館」、「資料庫」策略和介面（片量愈多愈好），在國際串流平臺更為明顯，《公視＋》採取了另一條的新路線 —— 內容策展路線，提供觀眾對於 OTT 平臺的另類想像，透過這類內容策展安排，不是由演算法決定觀眾看什麼，而是透過文化連結和想像重新編排，提供公眾更多的文化節目，可以是新時代下的普及性原則重新界定

《公視＋》的內容策展屬性。雖然《公視＋》平臺介面仍有許多不足之處，也因為平臺系統問題，暫時並未很能精確地使用大數據和演算法等數據，若未來能搭配適合的演算法，節目的流量和數據，也許更能強化公共服務和普及性的精神。

（二）《公視＋》的發行策略

公視在面對平臺化媒體時代，戲劇的發行流通，基本上和其他小市場公共廣電媒體的處境類似，也採取了和商業媒體競合的方式。表 1 整理了自《公視＋》開播以來所運用此合作策略的公視戲劇，可以看出公視自 2018 年開始逐漸展開與其他線上平臺合作播映的模式。由於國際知名串流平臺的效應（例如 HBO 和 Netflix），讓更多觀眾透過新聞報導與相關平臺效應，除了原先在國際平臺收視的觀眾之外，也因為戲劇品質優良口碑極佳，讓更多觀眾回到《公視＋》收看，並且因此進一步使用其他的平臺服務。而這種公共電視與商業串流平臺合製／合播的方式，有機會促進民眾對於公共電視的認識與戲劇品牌的忠誠度。公視與其他串流平臺有不同的合作模式，例如：1. 與公視主頻道同時播出；2. 同一天稍後播出；3. 隔日之後播出等模式。2021 年 8 月底推出的影集《斯卡羅》則是近期表現極佳的主頻道與商業串流平臺合播的成功案例，相關報導（鍾智凱，2021 年 8 月 16 日；吳維書，2021 年 8 月 17 日）指出《斯卡羅》刷新了公視開臺二十一年來首播收視紀錄，首播收視率也是當日全部頻道戲劇類節目第一名，合作播映的平臺，例如在這些影音平臺 LINE TV、MyVideo、MOD 也都拿下收視第一名。這顯示公視製作優質節目與串流平臺的合作有了初步的成果。

這個策略一方面擴大內容能見度，同時也拓展近用公共服務的可能性。公視在面對影音串流平臺化環境新挑戰，除了主頻道收視頻道和《公視＋》，也思考平臺化媒體的整體策略。這裡的「平臺」，並不僅限於自身的公共平臺服務，也擴及於公共內容於商業平臺露出，因此甚至能增加國內外的知名度。

公視選擇和任何具有聲譽且創新商業影音串流平臺合作，都可使公共電視產製的高品質戲劇，在數位時代下擴大觀眾的收視，突破傳統受地理限制的普及性原則。另一方面也透過版權販售增加收入，這是公共廣電媒體和商業串流媒體平臺合作的收益之一。公視總經理徐秋華也指出「公視的迷你劇因製作成本高，過去往往無法完全回收成本，但如今透過 OTT 平臺積極購買版權合作，已經有三部作品達標 100% 回收率：《我們與惡的距離》、《麻醉風暴 2》，以及年底（2011）才上映的電視劇翻拍版《返校》」（文化內容策進院，2021）。不過值得注意的是，過往的經驗研究較少提到「播映時間」的合作。從表 1 的播映時間來看，播映時間的落差可做為公共電視和商業電視的區別。公視主頻擁有首播的權利，其他商業平臺可能稍晚數小時，或是晚一天播出，這個區別策略，很大的基礎是建立在公視首創的付費制度。

表 1：《公視＋》上線以來所推出的付費戲劇

主頻道 播出時間	劇集	同步播出的平臺	稍後上架	
2018/7/7 每週六 21:00	你的孩子不是你的孩子	Netflix	公視＋ Line TV	每週六 22:00
			MyVideo	8/5 全集上架
2019/10/6 每週六 21:00	通靈少女 2	HBO HBO GO 和 HBO 隨選視訊服（HBO on Demand）全亞洲同步首播	公視＋	每週一 22:00
2019/2/16 每週六 21:00	魂囚西門	×	Netflix 公視＋ Hami Video	每週六 22:00
2019/3/24 每週日 21:00	我們與惡的距離	CATCHPLAY＋ HBO Asia	×	×

（接下表）

主頻道 播出時間	劇集	同步播出的平臺	稍後上架	
2019/6/8 每週六 21:00	噬罪者	Netflix 公視＋ 愛奇藝臺灣站 FriDay 影音 LINE TV	KKTV MyVideo	隔週五 12:00 上架
2019/11/16 每週六 21:00	糖糖 Online	Netflix 公視＋	✕	✕
2020/5/16 每週六 21:00	路 ~ 台灣 Express~	公視＋	CATCHPLAY＋ friDay 影音	每週六 22:00
			中華電信 MOD Hami Video MyVideo	全劇播畢 後上架
2020/ 12/5 每週六 21:00	返校	Netflix	公視＋	每週日
2021/1/2 每週六 21:00	大債時代	Netflix	公視＋ 中華電信 MOD CATCHPLAY＋ LINE TV	每週六 23:00
			MyVideo	每週日 20:00
2021/2/20 每週六 21:00	天橋上的魔術師	MyVideo	公視＋ Netflix	每週六 22:00
2021/5/1 每週六 21:00	火神的眼淚	MyVideo	公視＋ Netflix	每週六 22:00
2021/8/14 每週六 21:00	斯卡羅		公視＋ LINE TV	每週六 22:00
			Netflix MyVideo	8/15 起每週 日晚間 18:00
			中華電信 MOD Hami Video	8/22 起每週 日晚間 18:00

資料來源：本研究整理。

　　《公視＋》在戲劇的收視上，2018 年 6 月大膽啟用付費制的方式，首推《你的孩子不是你的孩子》，以 99 元隨選觀看兩個月的付費方式，這類新的商業模式對於公共廣電媒體是很大的挑戰，一方面初期使用者的公視影音平臺經驗並非完善，且缺乏「獨家」才有的節目，因此內部評估有很大的失敗風險，再者面臨法源的挑戰，公視徵詢文化部的意見，指出《公視法》第 28 條同意公視可以從公共電視文化基金會相關的商業活動或其他來源取得收入，因此文化部同意這個新商業模式（Lee, 2018）。以結果來說，這個試水溫的新制度表現不俗，在自家的《公視＋》和商業平臺都有不錯的表現。例如在 LINE TV，《你的孩子不是你的孩子》是自開播後截至 2018 年 9 月，平臺流量排名前三的劇集節目，單一集的瀏覽量已破 130 萬（唐子晴，2018）。這個成功模式繼續延續到《我們與惡的距離》，這次合作的對象是臺灣本土 OTT 影音平臺 CATCHPLAY＋，亦有投資該劇。同樣在《公視＋》採取付費的方式，採用三個月付費 130 元的方式，可以觀看系列全集，由於該劇造成極大迴響，公視的收入破 400 萬，CATCHPLAY＋的會員更在一個月增加 22 萬新會員，付費會員也增長了一倍（唐子晴，2019）。在原本公視的市佔率就比較小的情況下，選用戲劇做為付費模式的試金石，也同時嘗試和商業影音平臺合作，藉此增加公共影視內容的曝光度與額外影視產製的收益。《公視＋》以公共價值為基礎的新商業合作模式，是讓在臺灣公共電視資源不足與平臺化閱聽人的時代下，一種可持續觀察的創新合作方式。

　　不過在過往的討論中，很容易沉浸在「成功經驗」裡，往往會忽略成功模式下的缺失，在此也一併提出幾個思考方向。在這波戲劇合作發行的策略裡，較為嚴重的問題首推《公視＋》本身的基礎建設是否能跟上「最大化觀眾」的策略。以最受歡迎的《我們與惡的距離》，在《公視＋》的播出就因承受不了過多的觀眾同時上線因而當機，或許之後推出的戲劇未再出現類似的情況，這仍涉及普及服務原則（蔡蕙如、林玉鵬，2019 年 4 月 22 日）。也可以進一步去觀察《公視＋》在整體公共廣電的定位，包括預算和資源等，也就是前面所提及的政策工具，都會影響《公視＋》的發展。

第二個問題，則是即便合作策略成功、也在多串流影音平臺播出，誠如d'Arma、Raats 與 Steemers（2021）指出，公共廣電媒體在評估整體利大於弊的情況下，若販售播放權給平臺業者，或是和這些平臺業者合作，可以提升製作成本和能見度，但相對而言，也可能會有失去品牌和主導權的可能性。這個問題在 Netflix 原創（Netflix original）這個「品牌」日趨強大，因而忽略真正的製作單位（公視）必須注意。如同在前述文獻的討論，較為小市場的公廣媒體，在面對國際影音平臺的合作時，就會有邊緣化的問題（Raats & Jensen, 2020）。

《公視＋》因為新的商業模式，更能掌握付費會員的資訊。如前所述，更有助於節目的規劃；付費會員制也強調收視數據精準的預測。然而以上兩種數據應用的方式，是否能符合數位時代下公共服務精神，則值得進一步觀察。例如，如何服務數位時代下的未付費的線上觀眾需求？以及「精準收視數據」是否真能提供又優質且符合多元公共價值的節目設計，也必須進一步討論。此外，選擇使用付費機制的戲劇標準為何？是否有可能會因宣傳資源、演員陣容等而造成不同的效益？在串流媒體時代下，公共服務媒體的新挑戰不只服膺數位時代下的收視趨勢，也審視創新服務與公平性和普及性的原則，特別是以臺灣為小公視小市場的特殊脈絡，如何掌握與國際影視平臺之間的競合關係，並且擴大公視的數位公共服務優勢，以達公共廣電服務真正的意義。

除了受重視的戲劇類型外，最後提出在《公視＋》，仍有一些新的「自製」節目嘗試，自《公視＋》2017 年成立以來，共計有三部：《博恩在脫口秀的前一天爆炸》、《百年未來》、《懂了也沒用的台灣史》，共有特點都是以短影音節目，同時適應串流平臺和網路形態。《百年未來》另有搭配 360 度全景技術的《未來百年》網站，讓公眾參與總統府的歷史。這類新媒體科技的運用，也出現於《返校》、《你的孩子不是你的孩子》的行銷策略（公視全媒體專案中心，2021）。換言之，《公視＋》也可視為是臺灣公共媒體平臺公共服務的創新實踐。

　　這個公共實踐擴大「觀眾」的傳統想像，也改變「線性」觀看的模式。《公視＋》透過新媒體科技，將所謂前述的 PSM 中的媒體特性發揮，前面提到的迷你影集《你的孩子不是你的孩子》，另外開發線上遊戲《KIDZ 孩子》，更因此得到 2018 年新加坡亞洲電視學院獎之最佳電玩獎。臺灣公視除了思考戲劇內容貼合社會親子議題與時事脈動，更透過多元內容與介面，親近不同世代的閱聽人，特別是該影集觸及親少年生活與升學相關議題，而透過線上遊戲設計的形式，某個程度上也拉近了「網路原生代」的青少年們。

　　另一個創新的案例是公視《返校》影集，原本《返校》已是解謎式恐怖冒險類線上遊戲（2017），並於 2019 年被改編為電影。2020 年公視不僅改編成電視劇，更同時利用跨媒體敘事策略進行宣傳。原本電影和電玩的名氣就已具知名度，公視推出《返校》影集時，利用新媒體和影音平臺的特性，採用另類實境遊戲（alternative reality game）[2] 的行銷和推廣方式，採用了跨媒體敘事的行銷方式，運用平臺包括臉書、LINE、BBS 和《公視＋》等，利用《返校》故事，串起各社群媒體平臺間的互動、新觀眾的加入（公視全媒體專案中心，2021）。公視新媒體部對於未來的公視影音內容的公共服務策略時，更投入開發觀眾、貼近更多不同類型的數位時代下的網路使用者，嘗試以創新的社群媒體節目宣傳、互動式體驗遊戲與跨平臺合作放映形式，服務更多觀眾。

　　因此，就公共廣電媒體在串流媒體時代的發展，如何能在競爭激烈的 OTT 市場中明確定位，為未來的重要課題，策展型內容導向和新媒體試驗是目前較清楚和可行的方向；再者，串流時代下的普及性原則也需要再思考，如何妥善運用串流平臺時代的數據化和個人化功能，發展出不同於商業串流影音平臺的可能；然而，公共廣電服務與商業串流的競合關係會更加複雜，公共和商業也很難再涇渭分明，誠如公視前執行副理謝翠玉在公視《開

---

2 「另類實境遊戲」（Alternate Reality Game, ARG）以跨媒介敘事（transmedia storytelling）技術，串聯真實世界場景與互動式劇情的數位遊戲體驗。

鏡》週刊表示，《公視＋》在未來不只服務公視，只要政策許可，亦可服務其他業者甚至進行版權處理或者商業營運（公共電視，2019）。然而，合作關係是否讓公共廣電的品牌受到影響，也是未來值得觀察的方向。

四 結論

本研究觀察當代的公共串流媒體平臺的公共服務的發展趨勢，以及其所面臨的困境，探究公共廣電服務，從扮演優質內容提供者的角度，如何在串流時代下，掌握平臺通道，強化數位時代的公共媒體服務效能。

公共電視季刊《開鏡》於 2017 年 7 月創刊後，可見公視內部對於國際串流趨勢的關注與反思，瞭解公視對於串流平臺公共服務的想像、設置與發展。例如多篇文章探討公共廣電與國際串流平臺之間的競合關係。有關國際平臺對公共廣電的威脅，不同的公共媒體採取不同的策略，但無論處於大或小市場的公共媒體，都仍備感威脅，而成為數位變革策略的契機之一，無論是針對公共媒體本身的策略，或是對於該國影視政策的改革。公視研究員王菲菲（2017：113）曾指出澳洲保護本土影視產製政策，面臨國際串流平臺來襲，應重新調整政策內容的問題。例如前面提到的 BBC 例子，Netflix 對於 BBC 的威脅，來自於付費隨選收視所呈現的爆炸式成長。Netflix 於 2012 年落地英國，即扮演起線上收視的驅動者角色，目前全英已有超過 500 萬家戶訂購 Netflix，此一成長趨勢仍快速推升中，BBC iPlayer 必須未雨綢繆（開鏡，2017, no.2, 頁 55）。公視副研究員王如蘭對於臺灣公視的串流發展也指出：

> 雖然如 Netflix 與 HBO 多已經開始製作所謂的臺灣本土內容，但是終究是純粹的利益考量，委製內容數量與時數均不多，臺灣業者是否只是一個代工的角色？能有多少自身的創作理念與臺灣價值

在其中？建議政府應積極鼓勵業界整合一有頻寬、技術與內容力的國家隊，提供以臺灣原創內容為主的 OTT 服務。並依羅世宏教授建議，政府可以借鏡德國、法國以及加拿大等國的立法行動，對境外 OTT TV 平臺課徵特別稅，用以挹注並扶植本國優質自製影視內容。避免臺灣在全球眼球競爭大戰中逐步消失產業競爭力與文化主體性（開鏡，2019, no.8, 頁 127）。

公共廣電在激烈競爭的串流媒體市場中的新策略，透過國際的公共廣電在不同市場類型中的競爭策略，並且回應當前串流平臺研究社群缺乏有關公共廣電的回應策略與創新，並從普及性、多元性、近用性思考數位時代的公媒責任，與創新策略如何因應商業平臺的競爭與合作，同時不失去公共價值。《公視＋》目前的發展仍屬初步階段，資源仍不足。另一方面，《公視＋》維持原本的節目規劃，創新利用平臺化媒體的特性，公共服務媒體對於數位時代下的文化的參與形式，不僅只限於「線性觀看具有公共意涵的文本」，而是透過更多元平臺服務與連結、創新內容策展體驗，增強數位時代下文化公共加值服務。臺灣公視推出《公視＋》之後，在數位時代下開創新的平臺服務，更貼近了閱聽人的新收視與體驗資訊的習慣，也達成公共服務媒體的普及性原則。公共模式的改變，回應前述的《公視＋》相關系統設計，例如：登錄系統、付費模式等，則回到以公共服務為前提的資料收集與公開說明的方式，以更清楚、多元、公共的方式展現「公共服務演算法」，或許能突破既有的「公共」想像，而有更多創新的數位平臺公共服務。再者，在內容的編排上，透過編輯主題策展，結合公共議題與時事，讓平臺閱聽人可以以更迅速的方式接收資訊，這種內容策展方式改善原先在網路平臺上各種以商業或私利為目的雜亂的資訊洪流，透過結構化與系統化的主題策展，讓網路使用者可以更有效的方式近用資訊。《公視＋》在創新和數位公共服務的平臺策展與設計，重新定位公共服務媒體創新服務，也帶給平臺閱聽人新的新內容與新的參與。

參考文獻

文化內容策進院（2021）。〈當串流文化轉型已成趨勢，面對韓流侵襲、Netflix 等國際巨頭…本土業者該如何因應？ - OTT 產業諮詢交流會〉。取自 https://taicca.tw/article/851f68e5

王如蘭（2019）。〈Disney+ 將展開全球眼球攻霸戰〉。《開鏡》8: 127。

公共電視（2019）。〈公視準備好了！〉。《開鏡》9: 102。

公視全媒體專案中心（2021）。〈返校影集｜行銷與 ARG 結合時〉。取自 https://ptsplus-tv.medium.com/%E8%BF%94%E6%A0%A1%E5%BD%B1%E9%9B%86-%E7%95%B6%E8%A1%8C%E9%8A%B7%E8%88%87arg%E7%B5%90%E5%90%88%E6%99%82-48b5d243f3da

王菲菲（2017）。〈澳大利亞主張「說自己的故事」〉。《開鏡》1: 113。

何國華（2019）。〈合作與協作讓線性廣電得以永續〉。《開鏡》8: 128。

李羏（2019）。〈打造公共串流媒體《公視＋》收穫滿滿〉。《開鏡》8。

李羏（2021）。〈因應串流時代，歐洲公共媒體建立戲劇合製新局〉。岩花館，取自 https://rnd.pts.org.tw/Home/Article/FL20210330135718

吳書維 (2021)。〈【《斯卡羅》首播打破公視紀錄】這個人現身創最高收視　卻無人認出她是昔日話題女星〉。《上報》，取自 https://www.upmedia.mg/news_info.php?Type=196&SerialNo=121779

唐子晴（2018）。〈《你的孩子不是你的孩子》爆紅後，LINE TV 加倍購買版權，揭露流量勝出兩關鍵〉。《數位時代》，取自 https://www.bnext.com.tw/article/50742/line-tv-ott

唐子晴（2019）。〈打敗 Netflix 奪下《我們與惡的距離》版權，CatchPlay 讓「台劇之光」躍上國際〉。《數位時代》，取自 https://www.bnext.com.tw/article/53576/the-world-between-us-and-catchplay

蔡蕙如（2020）。〈串流媒體時代下的閱聽人商品觀點再檢視：以傳播政治經濟學觀點分析 Netflix 追劇勞動〉。《中華傳播學刊》37: 83-112。doi: 10.3966/172635812020060037003

蔡蕙如、林玉鵬（2019）。〈蘋論：《與惡》風光結局「公視＋」須創新局〉。《蘋果日報》，取自 https://tw.appledaily.com/forum/20190422/7R2T4C4S56S4R7M3GOQA6OOKL4/

顏理謙（2016）。〈內容決勝負！台灣 OTT 百家爭鳴〉。《數位時代》，取自 https://www.bnext.com.tw/article/41346/taiwan-ott

鍾智凱（2021）。〈《斯卡羅》首播奪冠！收視破公視開台 21 年紀錄〉。《自由時報》，取自 https://ent.ltn.com.tw/news/breakingnews/3640078

Colbjørnsen T. (2020). The Streaming Network: Conceptualizing Distribution Economy, Technology, and Power in Streaming Media Services. *Convergence.* doi:10.1177/1354856520966911

d'Arma A, Raats T, Steemers J. (2021). Public Service Media in the Age of SVoDs: A Comparative Study of PSM Strategic Responses in Flanders, Italy and the UK. *Media, Culture & Society.* doi:10.1177/0163443720972909

Donders K. (2019). Public Service Media beyond the Digital Hype: Distribution Strategies in a Platform Era. *Media, Culture & Society* 41(7):1011-1028. doi:10.1177/0163443719857616

Hallinan B. & Striphas T. (2016). Recommended for You: The Netflix Prize and the Production of Algorithmic Culture. *New Media & Society* 18(1):117-137. doi:10.1177/1461444814538646

Jenner, M. (2018). *Netflix and the Re-Invention of Television*. London, UK: Palgrave Macmillan.

Jenner, M. (2017). Binge-Watching: Video-on-Demand, Quality TV and Mainstreaming Fandom. *International Journal of Cultural Studies* 20(3): 304-320.

Lee, Y. (2018). Public Service Online Video Achieve Universalism? An Overview and Discussion on Taiwan PTS+ and its Business Model. Presented at Revisionary Interpretations of the Public Enterprise in Media (RIPE, 2018). Retrieved from https://info.pts.org.tw/open/paper/2018/doc2018/2018_021.pdf

Li, N. (2021). Netflix Has Invested $700 Million USD in Upcoming Korean Content. *Hyperbeat.* Retrieved from https://hypebeast.com/2021/1/netflix-700-million-usd-korean-content-investment-info

Lobato, R. (2017). Rethinking international TV flows research in the age ofNetflix. *Television & New Media* 19(3): 241-256.

Lobato, R. (2019). *Netflix Nations: The Geography of Digital Distribution.* NY: New York University.

Lotz AD. (2021). In between the Global and the Local: Mapping the Geographies of Netflix as a Multinational Service. *International Journal of Cultural Studies* 24(2):195-215. doi:10.1177/1367877920953166

Ofcom. (2019). *Media Nations.* UK: Ofcom. Retrieved from https://www.ofcom.org.uk/research-and-data/tv-radio-and-on-demand/media-nations-reports/media-nations-2019

Ofcom. (2020). *Small Screen: Big Debate Consultation- The Future of Public Service Media.* UK: Ofcom. Retrieved from https://www.smallscreenbigdebate.co.uk/consultation

Martin, E. M. (2021). Can Public Service Broadcasting Survive Silicon Valley? Synthesizing Leadership Perspectives at the BBC, PBS, NPR, CPB and Local U.S. Stations. *Technology in Society* 64. doi.org/10.1016/j.techsoc.2020.101451

Raats, T. & Donders, K.(2020) Television Distribution in Flanders: Who Takes the Leadand Is Content Always King? In Petr Szczepanik, Pavel Zahrádka, Jakub Macek, Paul Stepan (eds.), *Digital Peripheries- The Online Circulation of Audiovisual Content from the Small Market Perspective* (pp.125-144.125-144). New York: Springer Publishing

Raats T, Jensen PM. (2020). The Role of Public Service Media in Sustaining TV Drama in Small Markets. *Television & New Media.* doi:10.1177/1527476420913398

Rios S, Scarlata A. (2018). Locating SVOD in Australia and Mexico: Stan and Blim contend with Netflix. *Critical Studies in Television* 13(4):475-490. doi:10.1177/1749602018798158

Spilker HS, Colbjørnsen T. (2020). The Dimensions of Streaming: Toward a Typology of an Evolving Concept. *Media, Culture & Society* 42(7-8):1210-1225. doi:10.1177/0163443720904587

Van den Bulck H, Moe H. (2018). Public Service Media, Universality and Personalisation through Algorithms: Mapping Strategies and Exploring Dilemmas. *Media, Culture & Society* 40(6):875-892. doi:10.1177/0163443717734407

Wayne, M. (2018). Netflix, Amazon, and Branded Television Content / insubscription Video on-Demand Portals. *Media, Culture & Society* 40(5): 725-741.

Waterson, J. (2019, Nov 6). Channel 4 to Join New UK Streaming Platform BritBox. *The Guardian.* Retrieved from https://www.theguardian.com/tv-and-radio/2019/nov/06/channel-4-to-join-new-uk-streaming-platform-britbox

Waterson, J. (2022, May 26). BBC announces raft of closures with CBBC and BBC Four to be online only. *The Guardian*. Retrieved from https://www.theguardian.com/media/2022/may/26/bbc-announces-raft-of-closures-cbbc-four-online-only

11
CHAPTER

在傳統和數位之間擺盪：
臺灣公視的全媒體轉型 *

—— 羅慧雯 ——
世新大學傳播管理系助理教授

* 本章論文曾於《傳播文化與政治》第 15 期（2022 年 6 月）刊登。頁 29-65。感謝《傳播文化與政治》授權刊登。

一　前言

公共廣電制度出現已近百年，近四十年來，隨著媒體環境變化，公共廣電存在的必要性屢屢受到挑戰。公共廣電在過去被認為是民主社會的重要基石，提供公眾資訊、促進公共事務討論、實踐公共領域、滿足教育文化等多元需求。如今網路提供更多資訊和更多討論空間，是否還需要公共廣電來達成公共領域？在使用者紛紛轉向網路、行動載具的趨勢中，公共廣電該如何轉型以因應使用者行為的變化？成為許多國家公共廣電的重要課題。

臺灣公視從 1980 年時任行政院院長孫運璿倡議公共電視算起，歷經十八年艱辛的建臺歷程。1992 年 9 月行政院始將《公共電視法》草案送至立法院審查，耗時四年多後，終於在 1997 年三讀通過。立法階段的主要爭議在於如何透過制度的設計來維持公視獨立性，例如董監事選任須達審查委員四分之三同意的高門檻、經費來源的公共性[1] 等等。為防止政府干預新聞，立法院還通過附帶決議，明定 2002 年 7 月之前公視不可製作每日新聞。然而媒體做為公共領域最基本的功能就是提供資訊，這樣的決議導致公視在最關鍵的品牌形象建立時刻與每日新聞脫鉤，使得公視不提供每日新聞的印象深植人心，後來即使公視推出每日新聞，表現也較不受外界注意。加上公視新聞部採製作人制，[2] 也導致新聞部較難產生整合性策略來回應變

1　當時立法院曾討論過經費應來自三家無線電視臺營業額或稅後盈餘的一定比例，因無線電視臺反對，公視經費才改為由政府捐贈。公視建臺歷程之崎嶇，參見魏玓、林麗雲（2012）。

2　公視自開臺起，每屆總經理都和公視新聞部簽訂《新聞製播公約》，公約中明訂「公視新聞部採製作人制，製作人在新聞部編輯方針指導下，為其製作節目的決策者，對節目內容負全責」。《製播公約》中也規定「董事會、總經理、經理等主管，不得以任何有違新聞專業精神的理由，干預新聞專業和自律空間」（《公視新聞製播公約》：https://info.pts.org.tw/open/data/prg/2004news_produce_rule.pdf）。製作人制旨在維護公視新聞和新聞性節目的專業自主，但在實際運作中卻被過分強調，導致新聞部經理從指揮官的角色淪為行政。最典型的例子是早中晚三節新聞各有一個製作人，新聞部經理並不介入統合三節新聞的調性。

化中的社會需求。此外，戲劇或藝文等其他類型的節目也無法跟上使用者閱聽行為的劇烈變化，因為法定預算僅有 9 億元，資源多集中在電視製作，導致公視拓展新媒體或多媒體平臺的能量不足。在這樣特殊的歷史背景與組織文化下，臺灣公視仍在 2017 年宣布全媒體轉型，不僅成立「全媒體專案中心」和《公視＋》線上影音平臺，2018 年新聞部還成立「P# 新聞實驗室」，不定期推出數位專題策展。這樣大幅度的轉變顯然不同於公視過去較保守的新媒體策略，為何公視會出現全媒體轉型？公視管理階層如何認知轉型的意義？如何轉型？轉型是否成功？是本研究最初的問題意識。

策略管理學者認為管理階層對環境變化的感知能力、管理階層的思維是組織變革或轉型成功與否的關鍵。本研究以意義建構理論、主導邏輯概念，和深度訪談法、次級資料分析法，探討公視管理階層如何認知全媒體轉型的意義，及如何透過轉型來實踐公共電視的理念；也分析公視目前的全媒體轉型策略和主導邏輯，最後檢討轉型的困境，期使研究成果對臺灣公共媒體未來發展有所助益。

二 文獻檢閱

（一）從公共廣電（PSB）到公共媒體（PSM）

世界最早的公共廣電機構是英國的 BBC，其第一任總經理 John Reith 擘劃「告知、教育、娛樂」三大任務，為 BBC 的發展奠下良好基礎，其理念也影響世界各國公共廣電。公共領域也是公共廣電正當性的理論依據，哈伯瑪斯是最早清楚論述媒體和公共領域關係的學者，雖然哈伯瑪斯並未直接論述過公共廣電和公共領域的關係，但有許多學者引用哈伯瑪斯的公共領域概念來探討公共廣電，Garnham 是其中的代表性人物（1986, 1992, 2003）。他主張自由民主社會必須有公共領域，由於公共廣電實踐平等、正

義等普世價值，和哈伯瑪斯提出的公共領域的理想非常接近，因此他支持公共廣電。後續也有許多傳播政治經濟學者（例如 Curran, 2002; Murdock & Golding, 1989），也都指出公共廣電（Public Service Broadcasting，簡稱 PSB）是最能體現公共領域的媒體制度，公共廣電讓所有人平等地獲得廣泛且多樣的資訊、娛樂、文化服務，這是民主社會中重要的公民權利。

1980 年代後，公共廣電的正當性逐漸受到挑戰。首先是衛星和有線電視的興起，瓦解了頻道稀有性的神話，因為商業性質的新興頻道也提供豐富的新聞資訊和多元節目，財源來自國家或公眾的公共廣電，其存在之正當性遂受到質疑。進入數位時代後，網路提供更多資訊和更多討論空間，是否還需要公共廣電來達成公共領域、促進民主？也成為重要議題。如今是觀眾碎片化的時代，觀眾可在各種數位平臺上消費隨選視訊，內容豐富多元，公共廣電的必要性更成為各國傳播政策論辯之主題（Larsen, 2014）。

進入 2000 年後，國外陸續有許多專家學者呼籲將公共廣電 PSB 轉型為公共服務媒體 PSM，提供多平臺服務，並與閱聽人有更多的互動與溝通。這樣的呼籲與媒體環境丕變有關，Coleman（2004）以三個特徵來描述當時公共廣電所面對的環境變化，從傳輸到互動（from transmission to interaction）、從地方到空間（from place to space）、從距離到審議（from distance to deliberation）。強調數位時代的公共媒體除了服務範圍擴大之外，還有更深的民主意涵。Bardoel 與 Lowe（2007）則主張公共媒體必須從「供給導向的公共廣電文化」轉型為「需求導向的公共服務媒體文化」。另外也有許多學者聚焦在「公共」，主張公共服務媒體的責任就是將閱聽人視為公民，鼓勵閱聽人互動參與，以閱聽人為中心（Walvaart, 2019）。

倡導公共媒體的歐洲理事會（Council of Europe），於 2007 年的建議案中正式採用「公共服務媒體」（Public Service Media，簡稱 PSM）此一用語，強調公共服務媒體依循科技中立原則，應在不同平臺提供不同的服務（Aslama, 2008）。此外，每兩年舉辦一次研討會的 RIPE 網絡，旨在

推動學界與實務界討論公共媒體的重要議題，亦自 2008 年開始皆以公共服務媒體為主題，取代以往所使用的公共服務廣電（胡元輝，2020）。

　　但從公共廣電到公共服務媒體，價值理念並沒有太大的差異。根據世界廣播與電視理事會（World Radio and Television Council）2001 年所出版的《公共廣電：為何？如何？》（*Public broadcasting: why? how?*），公共廣電應具備四項原則：首先是「普及」（universality），讓公眾得以接近使用，不受階級或收入影響。再者是「多元」（diversity），公共廣電應達成節目類型、閱聽眾類型、討論議題等三面向的多樣呈現。第三是「獨立」（independence），公共廣電是意見自由表達的場所，促成各種資訊、想法與批評的自由流通，不受特定群體或力量的干涉。第四是「獨特性」（distinctness），公共廣電的獨特性能使大眾區分其服務和其他業者的不同，公共廣電必須產製其他業者不感興趣的節目，也必須服務被其他業者忽略的閱聽人。公共廣電應勇於創新、創造新節目、新類型，以帶動整個產業。

　　至於公共服務媒體的核心價值，根據歐洲廣電聯盟（European Broadcasting Union, 2012）[3] 公布的文件（Empowering Society: A Declaration on the Core Values of Public Service Media），PSM 的核心價值簡述如下：

1.　**普及（universality）：** 提供內容至社會的各個角落，不排除任何人、任何地方。強調觀點和意見多元的重要性，我們創造一個公共領域，公民可在這公共領域中形成他們自己的意見和想法。我們的目標是凝聚社會。我們是多媒體平臺，以各種形式分享我們的內容，也讓每個人都能接近使用，我們啟發閱聽眾參與民主社會。

2.　**獨立（independence）：** 我們不偏不倚，不受政治、商業和其他因素或意識形態影響。在節目製播、編輯決策、人事等方面都保持獨立自主。

3　「歐洲廣電聯盟」（European Broadcasting Union，簡稱 EBU）是世界上最主要的公共廣電聯盟。

3. **卓越（excellence）**：節目專業且成為業界標竿。我們賦權和啟發觀眾、豐富他們的生活。觀眾參與我們的活動，觀眾也是新聞和節目的協力者。

4. **多元（diversity）**：致力提供多樣和多元的節目給不同的世代、不同文化、不同宗教、主流或弱勢。促成一個包容的、較少分裂的社會。

5. **問責（accountability）**：開放並傾聽閱聽人，持續進行有意義的辯論。公開編輯準則，解釋並修正錯誤。報告我們的方針、預算、編輯選擇。資訊透明並誠心面對公眾的檢驗，期待閱聽眾瞭解公共服務媒體的運作。也依據良善治理的原則有效經營。

6. **創新（innovation）**：豐富媒體環境，成為創新與創意的驅動力，發展新的節目形式、新技術、連結閱聽眾的新方式。訓練員工一起形塑數位的未來，服務公眾。

比較上述兩份資料得知，無論環境和科技如何變化，普及、多元、獨立、獨特和創新，都是公共廣電和公共服務媒體的核心價值，但公共服務媒體更強調問責，也更強調利用多媒體平臺和公眾互動、和公眾之間的連結、鼓勵公眾的協力或參與。就如 Bardoel 與 Lowe（2007）所指出的，多媒體時代中，PSM 必須超越既有的服務和營運模式，提供更多服務給公眾，不僅如此，更重要的是，公眾不應是目標（target）而是伙伴（partner）。Clark 與 Aufderheide（2009）也主張參與式公眾（engaged publics）是新型公共媒體的核心。學者 Jakubowicz（2010）將 PSM 的概念定義為「PSB ＋所有相關的平臺＋ Web 2.0」，意指公共廣電必須朝向多媒體（multimediality）發展，並於多媒體平臺提供服務。

PSM 利用多平臺提供服務、讓公眾有更多的參與，除了發展自身的多媒體平臺（例如網站、App、OTT）之外，利用第三方平臺也是方法之一。根據牛津大學路透新聞學研究所研究員 Sehl 等人的研究，許多歐洲國家的公共媒體都利用社群媒體平臺（例如 Google、Facebook、Twitter、

YouTube），觸及年輕閱聽眾及潛在閱聽眾。這樣的策略雖然可擴大公共媒體的影響力，但也有很多風險。一來是社群媒體的運作並不透明，也無法預測，將 PSM 的數位策略依附在其他平臺上，會有受制於人的風險。再者，社群媒體使內容和閱聽人都碎片化，容易形成過濾泡泡（filter bubble）或同溫層現象（echo chamber），難以達成公共媒體藉由多元內容促進溝通的使命。更重要的是，閱聽人若藉由社群媒體接觸公共媒體的內容，可能無法辨識出內容是由公共媒體所提供，影響到閱聽人對公共媒體的品牌認知。因此實務上，各國公共媒體大多採取多管齊下的策略，既發展自己的網站和 App，也利用第三方平臺觸及年輕閱聽眾（Sehl et al., 2016: 32-37）。

（二）全媒體轉型

「全媒體」一詞在臺灣學術研究中並不常見，陳順孝（2018）提出「全媒體」的定義，他認為「公共服務媒體」（PSM）是「全媒體」在公共廣電領域的說法，而「全媒體」是新媒體的最高境界，代表在內容開發（主要指的是內容不受固定篇幅或時段限制）、敘事形式（利用多樣媒材敘事，超連結、相互混搭、開放互動）、傳送模式、用戶關係、營運創收等五個面向都有創新。陳順孝也強調新舊媒體並不是截然二分，而是光譜的概念，越能開發新內容、發展新敘事形式、跨平臺傳送訊息、與用戶共舞、拓展新營收模式的媒體越新，反之則越舊。

游梓翔（2017）也說明「全媒體」的意義，他說「今日的新媒體，未來必將變舊」，因此「新媒體」一詞並不適當，「全媒體」最適合來描述目前的現象。他指出，「全媒體」包含兩個意義，第一是科技帶來媒體的融合或匯流，導致單一媒體包羅萬象的現象。例如報紙有影音連結，電視也有文字平臺，所有媒體都有互動成分。第二個意義是閱聽眾也能參與內容產製，使用者成了「產用者」（produser），這些產用者又藉由「群媒」相連，這種共寫共創共享的現象，無論稱為用戶生成內容（UGC）或是同儕共創

（peer production），都是「全媒體」。由此可見，游梓翔所說的「全媒體」是一種包括媒體、閱聽人、內容變化的社會現象，而陳順孝所說的「全媒體」主要是著重在媒體端五個面向的變化。

觀察近年來臺灣公共電視公開資料（例如年度報告、公視《開鏡》季刊），「全媒體」一詞約出現於 2017 年之後，2017 年 3 月 16 日第六屆第八次董事會通過的三年計畫中包括有「完成公視全媒體產製流程修訂」（公共電視文化事業基金會，2018: 5）。從脈絡來看，相當於國外所稱之「公共服務媒體」，如陳順孝所指出的，「公共服務媒體」是「全媒體」在公共廣電領域的說法。由於公視對外與對內文件，都使用「全媒體」而非「公共服務媒體」，因此本研究題目也使用「全媒體」，但並不探討游梓翔所說的全媒體現象，而是聚焦於媒體端的變化。

國外學者探討公共廣電的轉型，主要聚焦於多平臺發展策略的探討。例如 Klein-Shagrir 與 Keinonen（2014）比較芬蘭和以色列兩國的公共電視如何發展多平臺（multi-platform）。研究發現，兩國的公共電視都試圖在科技變遷的環境中，維持公共媒體的正當性、公共媒體與人的連結。兩個公視也都將多平臺視為可使 PSB 的內容觸及更廣的機會和必要手段，也都認定多媒體會成為人們媒體消費的新習慣。另一方面也都擔憂利用數位平臺和商業服務（例如 Facebook 和 YouTube）雖可觸及更多年輕閱聽人，卻可能因此無法貫徹普及服務的使命，甚至可能因此受制於其他平臺而影響公共媒體的獨立自主。研究也發現芬蘭的公共電視 Yle 較以色列的公共電視 IBA 積極，Yle 強調改革、活化組織，也積極和閱聽人互動。而互動的意涵廣泛，Yle 鼓勵觀眾利用手機參與現場節目的投票活動，觀眾建議節目主題或來賓名單、甚至提供節目點子，都算是互動。

Sehl 等人（2016）研究六個歐洲國家（芬蘭、法國、義大利、英國等國）的 PSM 如何在數位環境中提供新聞服務，研究發現英國的 BBC 和芬

蘭的 Yle 這兩家公共媒體的數位轉型最為成功。該研究指出 BBC 與 Yle 的成功主要表現在三方面：持續的組織變革、對行動裝置的服務進行投資、重視社群媒體策略。該研究也指出 BBC 和 Yle 的成功有外部和內部因素。外部因素有四個，首先是它們都處於網路和智慧型手機普及的環境中；其次是財源也較為充裕；第三、組織管理的特色是跨媒體平臺的整合且集中式的管理；第四、較不被政治力干涉，免於頻繁應付政府和國會，得以進行較長期的公共服務規劃。內部因素主要指的是「接納數位化」的組織文化，管理階層清楚的公開強調，必須進行改革來因應數位環境，即使必須裁員或砍掉舊服務的經費（Sehl et al., 2016: 39）。

有關臺灣公共電視轉型的研究並不多，陳雅萱（2012）以英國 BBC 的轉型經驗來反思臺灣的公共電視，指出臺灣的公共媒體政策消極，政府補助預算不足，最重要的是董監事選任的高門檻，導致董監事難以選出，延任的董事會也就難有突破性的發展，影響到公視的轉型。

徐福德（2017）的研究主要是透過對臺灣公視（PTS）核心管理階層與部門員工的深度訪談、以及公共電視年度報告等次級資料的分析，探討臺灣公視在邁向公共服務媒體（PSM）過程中主導邏輯之演進。該研究指出 2017 年的主導邏輯是「凝聚內部整合，推動新媒體研發與實驗基礎」，由於成文時間的關係，尚未探討 2017 年至今的轉型過程。

綜上所述，公共廣電的全媒體轉型，並不只是將內容從廣電媒體延伸至其他媒體、讓閱聽人在新興數位平臺上也看得到公共廣電的內容而已，而是連組織、管理思維、內容敘事、閱聽人關係都有所轉變。本研究參考上述英國 BBC 和芬蘭 Yle 的成功經驗，以及陳順孝（2018）提出的全媒體定義，歸納公共廣電的全媒體轉型至少要包含以下三個重要面向：組織改造、發展多媒體平臺、社群媒體策略，本研究主要從這三個面向來探討臺灣公視的全媒體轉型。

（三）意義建構與主導邏輯

組織變革或組織轉型都是非常複雜的過程，牽涉到很多不同層級的行動者，策略學者最關注的是管理者的角色（Walsh, 1995; Augier & Teece, 2009; Kaplan, 2011）。因為管理者是策略的主要發動者（initiator）與執行者（carrier），也是外部環境和外來資訊的最終詮釋者，其感知與詮釋的能力至關重要，關係著整個組織變革順利與否，也關係著競爭力的維持（Gioia & Chittipeddi, 1991; Kaplan, 2011; Maijanen, 2015a）。

意義建構（sense-making theory）和主導邏輯（dominant logic）是許多策略管理學者探討組織轉型時經常使用的概念，其聚焦於管理者的感知詮釋能力和管理者思維，以下簡述這兩個概念的意義與應用。

1 意義建構（sense-making theory）

當組織成員遭遇動盪不安或不確定性狀況時，會藉由萃取或詮釋環境中的線索，以釐清究竟發生什麼事，並使用理由來建立秩序，對發生的事情「建構出意義」，如此才能安身立命，組織管理學者稱上述的過程為「意義建構」（Weick, 1995）。

「意義建構理論」強調人們所建構的意義是一種行動、選擇和解釋的持續過程，包含認知、情緒、行動等面向。意義建構也有強加秩序、抵抗偏差、簡化和連結等四種功能（Weick, 1995: 82）。

以 Weick 為首的組織管理學者提出意義建構過程具有七種特性，分述如下：

(1) 以認同建構為基礎

Weick 引用 Mead 的理論，指出人們透過與他人的互動，建構出不同的自我或認同；在與他人互動中，持續重新定義和調整自我，而組織也有相同的特性（Weick, 1995: 22）。組織認同被視為組織的基礎，它描述出

組織的特色，「我們是誰」的想法決定了人們如何行動和詮釋，也影響別人如何看我們（形象）、如何回應我們，這些都會威脅或確認我們的認同（Weick, 1995）。

(2)　具有回顧的特性

Weick 引用 Schulz「有意義的生活經驗」的概念，主張意義建構具有回顧性。我們能觀察到的所有事情都已成歷史，即使它短暫出現，在我們意識到之前它已成為我們記憶中的一部分。過去的事件提供人們發掘現今發生事件的意義，過去的事件在現今回顧時被重新解釋，雖然過去的事件和現今事件不一定相同，但人們可能有相同的感受（Weick, 1995: 23-25）。

(3)　行動者開創所察覺的環境

意義建構是一種行動與認知的結合，當人們創造環境，也是在理解自己所處的環境，就是在做意義建構。透過和其他意義建構者共同建構的過程，個人也成為環境的一部分。這就是為什麼意義建構不僅是詮釋、或理解文本，也包含創造文本（Weick, 1995: 31）。

(4)　意義建構並不只是一種個人的活動，也是社會性的活動

我們的想法、感情和行為往往會視別人而決定，雖然不必然要他們實際出現才能建構意義，僅是對他人的想像就會對我們的行動和詮釋造成影響。Blumer 指出符號互動是一種發生於內在的社會性互動，他人實際上並不存在。意義建構從來不會發生在與他人隔離的狀態，聽眾總是存在的，即使唱獨角戲（Weick, 1995: 76）。

(5)　具有持續進行的特性

意義建構是一個持續的過程，沒有清楚的起點或終點。但當我們注意或只標出期間的某些片段，就像是有一個清楚的起點與終點。我們能從中萃取特定的線索，並且創造出意義（Weick, 1995: 42-43）。

(6) 具有聚焦和萃取線索的特性

雖然意義建構是一個無所不在的過程，但它經常快速到我們無法目擊到意義建構的過程，而僅能看到結果。要瞭解更多的意義建構，Weick 建議觀察那些意義建構過程延伸的狀況，例如兩難困境或矛盾。包括人們如何注意、萃取線索、美化他們所萃取的，都特別重要。人們認為他們所萃取的線索相當於獲得這些線索的情境。再者，這些線索也凸顯出原始材料中的特定意涵（Weick, 1995: 49-50）。

(7) 意義建構偏重合理性而非正確性

人們從事意義建構時只要言之成理，即使不正確也無所謂，因為不可能掌握所有的事實（Weick, 1995: 56）。

Lowe 與 Maijanen（2019）指出，如今是媒體環境動盪的時代，以意義建構理論來瞭解策略管理者的工作，此其時矣。特別是傳統媒體要面對全球競爭和閱聽人偏好的反覆無常、使用者行為的碎片化，管理者的工作更具挑戰性。意義建構理論最適用於探討組織策略的變革，Gioia 與 Chittipeddi（1991）就曾以意義建構理論研究公立大學的策略變化；Maitlis（2005）探討英國交響樂團的意義建構模式；Lüscher 與 Lewis（2008）做丹麥樂高的研究（轉引自 Lowe & Maijanen, 2019）。Lowe 與 Maijanen（2019）也強調認同建構的必要性，媒體策略管理者必須持續更新「我們是誰」的說法，以回應變遷中的市場需求和客戶。特別是以公共服務為使命的公共媒體，更需要認同建構。

2 主導邏輯（dominant logic）

Prahalad 與 Bettis（1986）最早提出主導邏輯的概念，將其定義為「管理者概念化經營的方式，以此決定技術、產品開發、流通、廣告或人力資源管理上關鍵資源配置之決策」。也可說是「管理者的思維與世界觀」，透過其經營與管理工具所概念化而成，以實現其經營目標與經營決策。在管

理認知研究領域中，「主導邏輯」被視為是群體層次的心智模型知識結構，或高層管理團隊的認知地圖，其作用在於將複雜的實存簡化為普遍化的模式（Prahalad & Bettis, 1986; Bettis & Prahalad, 1995; Walsh, 1995）。

Daft 與 Weick（1984: 285-86）將組織定義為一種詮釋系統，「高層」的管理者為這個系統蒐集和詮釋資訊。雖然組織的其他部分或層級也處理資訊，但管理者終究是組織中最終詮釋資訊的人。Daft 與 Weick 定義此處的「詮釋」為，「說明事件並在高層管理者中發展出共識和概念結構的過程」。這是源於行為理論的說法，因組織或決策者資訊處理能力有限，因此他們需要簡化才能更好的因應複雜的世界和資訊。

Kor 與 Mesko（2013: 235）指出主導邏輯的重要性，「主導邏輯代表管理者對經營環境的世界觀，也代表應該做什麼事情」。主導邏輯中最重要的是對核心價值和信仰的共識，因為它們建立組織的正當性（Bettis & Wong, 2003; Eggers & Kaplan, 2013）。主導邏輯是組織本來就具有的成分，根深蒂固在組織的結構與過程和常規中，就像是其他常規行為一樣，是一種很深的路徑依賴（path-dependent），很難改變（Nelson & Winter, 1982）。但主導邏輯並不是不會改變，特別是組織在經歷巨大改變時，既有的主導邏輯就容易被挑戰、被質疑，從而組織認同和組織目的也變得不穩定。這是一個充滿辯證的過程，源於變革和延續現狀這兩種壓力間存在著緊張關係（Balogun, 2007; Bartunek, 1984）。現行的主導邏輯會妨礙新邏輯的學習，因此管理者和組織會傾向以舊的策略框架機制繼續去形塑和解決問題（Bettis & Wong, 2003）。

出身於芬蘭公共媒體 Yle 的學者 Päivi Maijanen 多年來以組織、策略管理等理論研究歐洲公共媒體和組織變革。她曾使用主導邏輯的概念和內容分析研究法，分析芬蘭公共電視 Yle 歷年的年報，探討 1976 年至 2012 年這四十多年來 Yle 的管理思維和主導邏輯之變化（Maijanen, 2015b）。Maijanen 將主導邏輯分為五類，分別為 Yle 的使命、科技、競爭者、閱聽

人關係、內容。並依主導邏輯的變化將上述的研究期間區分為五個階段：道德監控期（1976-1980）、防禦期（1981-1984）、反擊期（1986-1993）、科技承諾期（1994-2004）、開放期（2005-2012）。主導邏輯在「防禦期到反擊期」以及「科技承諾期到開放期」這兩個期間出現轉振點。以後者為例，此時管理者認為與其他組織或企業的合作，可提供 Yle 更多發展機會與策略選項，並且在內容與服務方面，管理者強調 Yle 必須以閱聽人為導向，增進與閱聽眾之間的關係。Maijanen 認為無論在哪個時期，管理者的共同認知都是公共服務的使命，這也是 Yle 主導邏輯中最重要且穩定的成分，但不同時期「公共服務」被以不同的方式強調和詮釋，例如早期 Yle 的使命是維護芬蘭文化，現在則是創造芬蘭文化。

Maijanen 也曾和 Lowe 合作，以主導邏輯與意義建構兩個理論探討歐洲四個公共廣電媒體（PSB）如何轉型為公共服務媒體（PSM）（Lowe & Maijanen, 2019）。研究對象是芬蘭的 Yle、德國的 NDR 和 RB、瑞典的 SVT 這四個公共媒體。作者對這四個媒體裡的高階管理者做深度訪談，探討媒體組織如何面對市場競爭和年輕閱聽眾流失的兩大挑戰，並釐清傳統公共廣電媒體的公共服務使命（public service mission）如何在轉型過程中被重新定義。研究結論為傳統公共媒體的公共服務理念雖然被認為是有用的，但要落實普及服務使命卻是個難題。再者，在轉型過程中，傳統廣電的主導邏輯與數位傳播邏輯在管理階層的工作中被認為同等重要，管理者必須在改變和延續的兩種壓力下取得平衡。

胡元輝（2020）也應用主導邏輯的概念比較日本公共廣電 NHK 與美國芝加哥公視的 WTTW、聖保羅－明尼亞波利斯雙子城的 TPT，研究發現日本 NHK 現階段的主導邏輯仍相當程度停留在傳統的廣電邏輯。相對的，美國 TPT 與 WTTW 的組織變革則顯得積極，主管們對於邁向公共服務媒體的轉型都有高度認知，並願意透過組織變革來引導轉型。

綜合上述文獻檢閱結果，本研究以意義建構和主導邏輯兩個概念探討臺灣公視的全媒體轉型，提出以下三個研究問題，並在結論中總結轉型的困境。

(1)　公視的管理階層如何認知全媒體轉型？

(2)　採取什麼樣的轉型策略？

(3)　轉型過程中的主導邏輯為何？

三　研究方法

本研究主要採取深度訪談法，輔以次級資料分析法，分析的次級資料有，公視董事會會議紀錄、[4] 出版品（《公視之友》、《開鏡》）、網站、YouTube 頻道、粉絲專頁。

深度訪談對象主要是和內容產製決策相關的管理階層，包括前任總經理曹文傑、[5] 節目部經理於蓓華、新聞部經理蘇啟禎、全媒體專案中心召集人李羏、P# 新聞實驗室負責人卓冠齊。全媒體專案中心、P# 新聞實驗室是公視因應轉型所設立的兩個組織，兩位小主管如何建構轉型的意義、做出轉型的策略，也關係著轉型成功與否，因此列為受訪者。訪談採用半結構式訪綱，由於研究旨在探討公視管理階層如何建構「全媒體轉型」的意義，並分析組織的主導邏輯是否轉變，因此訪談過程中提示受訪者意義建構理論，引導受訪者申論公視全媒體轉型的意義，並分析轉型策略，最後請受訪者歸納公視的主導邏輯。

4　也參考〈公視基金會新媒體諮詢委員會工作備忘錄〉。公視新媒體諮詢委員會由陳順孝董事於 2017 年 3 月召集成立，旨在推動公視的全媒體轉型，該委員會在 2019 年原定董事會換屆日期前即完成備忘錄，於 2019 年 10 月 17 日第六屆第三十九次董事會提出。備忘錄記錄公視所有參與全媒體轉型的節目或專案，目的在將經驗傳承給下一屆董事。本研究參考這份備忘錄做轉型策略之分析，備忘錄是董事會會議附件資料，公眾都可調閱。

5　總經理曹文傑於 2020 年 7 月 29 日因文化部委託公視國際影音平臺前導計畫程序問題而辭職，總經理一職由企劃部經理徐秋華代理。由於本文寫作期間，公視仍未遴選新任總經理，職是之故，本研究訪談對象為前任總經理。

訪談日期和進行方式如下表：

表 1：深度訪談名單

受訪者代號	職稱	訪談日期	訪談方式
A	總經理（前任）	2021 年 6 月 1 日	因疫情因素改以電話訪問。
B	節目部經理	2021 年 6 月 28 日	因疫情因素改以電話訪問。
C	新聞部經理	2021 年 2 月 23 日	因疫情因素改以電話訪問。
D	全媒體專案中心召集人	2020 年 12 月 17 日，2021 年 7 月 4 日	第一次於公共電視會議室中面訪，第二次電訪。
E	P# 新聞實驗室負責人	2021 年 1 月 21 日，2021 年 7 月 3 日	第一次於公共電視會議室中面訪，第二次電訪。

四 研究發現與討論

（一）為因應使用者行為變化和實踐公共服務理念而轉型

　　公視為何進行全媒體轉型？公視管理階層如何認知全媒體轉型？對公視管理階層而言，全媒體轉型的意義為何？受訪者大多從環境中萃取線索來回應這些問題，主張是因為「使用者行為發生變化」，所以必須轉型，也強調基於對公視的組織認同，促使他們採取轉型策略來做好公共服務。受訪者對於意義建構理論的其他特性，例如回顧性、持續性等等，較少提及，因此以下主要運用意義建構理論中的「萃取線索」和「組織認同」這兩個特性，分析公視管理階層對全媒體轉型的意義建構。

　　受訪者主要從個人經驗或調查資料來申論使用者行為的變化，受訪者A、D偏向個人的經驗與觀察，受訪者B除了個人經驗外，也因為出國交流，看到國外公共媒體的轉型經驗和作品，更感受到轉型的急迫性。受訪者C、E則是以調查資料來佐證。

　　受訪者B提到幾次出國參與INPUT（International Public Television Screening Conference，世界公視大展）[6] 帶給她的震撼。她說許多國家的公共媒體都在INPUT會議中提出觀眾已離開電視的警告，並說明他們的電視是拿來宣傳其他平臺用的，在電視上告知觀眾到YouTube、Facebook、或Twitter上收看節目首播。B說，這樣的改變等於是宣告「主戰場都在新媒體上」。B強調，看到國外經驗，再加上周遭許多人（包括公視員工）都已經是新媒體的重度使用者，感覺新媒體的轉型非常急迫。《青春發言人》就在這樣的背景下於2016年誕生，這是公視第一個在FB上首播的節目，也是受訪者B認定的第一個做數位轉型的節目。該節目受到INPUT會議中德國公視二臺的「社群優先、電視第二」策略啟發，一推出就是「網路先播電視再播」的策略。所有影音先於《青春發言人》Facebook粉絲專頁和YouTube專頻播放，再集結精華於電視播出。[7]

　　受訪者A、D則以自己的經驗來說明使用者行為的改變。

　　「我們必須轉型，是因為觀眾收視行為已經改變，連我自己都不看電視，我來公視工作後才刻意看公共電視的電視頻道。現在人都很少看電視，生活文化的變化很大，看電視也不按照節目表看。我們（公共電視）若能提供給人隨時隨地都能看到的內容，不是很好嗎？」（受訪者A）

6　INPUT成立於1977年，1978年開始在不同國家舉辦年度世界公視大展，大展中放映世界各國的優秀節目，鼓勵公共電視的發展。

7　《青春發言人》是一個以13至18歲青少年為目標觀眾的節目，為了配合行動裝置的播出形態，每則影音不超過10分鐘，電視則每集播出15分鐘。製作單位也利用Facebook、YouTube，以圖文互動工具和觀眾溝通，讓公眾透過社群媒體加入討論。

「我看到大家都到網路上，不看電視，所以我認知我的工作就是去服務那群在網路上的人。」（受訪者 D）受訪者 C 則根據收視率調查的資料指出，「公共電視的主頻（CH13）是 44 歲或 60 歲以上的觀眾在收看，現在年輕人都使用網路而不看電視，公視一定要藉由網路轉型來擴大公共服務，要服務到年輕族群」。C 也提到各國公共媒體的做法，「不僅發展出更多網路服務，也將內容『一源多用』（同一套內容放在不同平臺上），讓既有的資源發揮更大的影響力」。

受訪者 E 則提到因為公視的一份內部報告，讓她意識到閱聽人的媒體使用行為已經出現天翻地覆的變化。這份報告是公視於 2018 年所出版的《新媒體收視使用行為研究報告》，報告中指出多數人使用手機瀏覽公視新聞網，公視新聞網是公視子網域中最多人跨網域造訪的地方。E 說，這份報告讓她進一步思考使用手機造訪公視網站方便嗎？公視新聞網對網路使用者友善嗎？新聞網的內容足以應付使用者需求嗎？

由上述的訪談得知，公視管理階層從環境變化中萃取出公視應該轉型的線索主要是「使用者行為的變化」，意義建構的內容則是主張公視要配合使用者的習慣，提供適合網路或社群媒體、其他平臺的內容或服務。也如同意義建構理論指出的，意義建構包括有「行動者開創所察覺的環境」、「社會性」等特性，受訪者也藉由對其他人的觀察與互動，共同建構意義，使其產生公視應該要轉型的想法，創造出「意義的文本」。

下面以受訪者 D、E 的說法為例，看其如何說明全媒體轉型的合理性。「所謂全媒體轉型，我認為不只是電視規格變成網路規格而已，而是一種內容上的轉型，包括文章、迷因、梗圖、影音……。我們現在也做《觀點同不同》的網站，這是個和《公視＋》連動的網站，我們在那裡設定議題、PO 文章、放公視的節目。我們希望能引領公眾討論，發揮公視的影響力」。

受訪者 E 也強調，現在的使用者都習慣看整理過的「懶人包」、看網路直播，但公共電視提供的仍是傳統電視規格的內容，公視再不轉型，使用者會嚴重流失。

由此可知，受訪者對轉型意義建構的合理性，還包括製作「符合使用者習慣閱聽的內容」，因此除了將內容放到其他平臺之外，公視也必須做內容的轉型。

各個受訪者不僅描述感知到使用者行為變化之外，也都強調公視必須進行全媒體轉型，才能服務更多閱聽人。由此可見，服務公眾是公視管理階層的共同理念。然而，「服務公眾」的意涵是什麼？誰是「公眾」？受訪者普遍提到公視的價值是《公視法》中所明定的「彌補商業之不足」。也就是說，商業媒體基於利潤考量，不做沒有收視率或點擊率的內容；但公視經費主要來自國家，不依賴廣告收入，可服務更多對象，包括弱勢、少數族群。

受訪者 B 說：

「我最認同《公視法》的部分就是《公視法》第 1 條的『彌補商業臺之不足』，這是公視很重要的功能。舉例而言，《誰來晚餐》每一季都有同志的故事，每次播這樣的故事收視率就會掉，我們很清楚這是商業臺不會做的題目，所以我們一定要做。商業臺也不做身心障礙者的節目，我們也做。」

受訪者 A 主要從多元性來論述公視的價值。

「我認為公視的主要價值就是做全民的媒體，為公共服務。例如同志議題，公視只要播出這議題都會被罵，但我認為就是該做，堅持要做。又例如《藝術很有事》，這是個藝文節目，雖然只有少數人在看，但我很鼓勵。我們做商業臺不重視的藝文類型，就是在彰顯公共價值。我很同意《公共電視法》中說的『補商業之不足』，但覺得可以講得更好，是『照顧別人照顧不到的』、『服務別人服務不到的』。」

受訪者 B 藉由疫情嚴峻時期公視在節目方面的應變，說明在人心不安時給予公眾情感上的支持、正確的知識、即時的新聞，也是公共媒體的價值。

「公視的價值在這一波疫情中更顯現出來。公視受公眾所託付，服務公眾是我們的職責所在。尤其當社會有急難、人心不安時，更需要媒體提供新聞、資訊、知識，或心理衛教、娛樂、故事或不同角度的觀點。

中央流行疫情指揮中心今年（2021 年）5 月多一發布第三級警戒，我就給公視的製作人、編導寫信，要大家想想公共媒體可以為臺灣社會多做點什麼？身為公媒的內容產製者，可以為臺灣社會、為公共、為他者，多做點什麼？

我建議大家的攝影機要打開來，去記錄現在。我們的器材都是納稅人給的，要有責任感。只要有適當的點子，我們（管理階層）就可以想辦法提供防疫設備和資源去完成。」（受訪者 B）

在這樣的理念下，《誰來晚餐》關心三級警戒下的偏鄉孩子能否順利遠距學習，做出了《撐五百萬大雨傘遠端上課！台灣三仙台的好學男孩》影片，這是節目企劃打了四百多通電話才找到的故事。講述一位臺東三仙國小的學生，每天必須由媽媽騎機車載到三仙台隧道附近的高台，才能收到網路訊號，連上學校的遠距課程。該影片上傳到 YouTube 後，反應非常好，觀看次數很快就到數萬次。

三級警戒中公視發揮安定人心功能的節目還有《我又在市場待了一整天》（《我在市場待了一整天》的第二季），該粉專也在疫情中發揮安定人心的作用，邀請上過節目的市場工作人員，以疫情對市場工作的影響、他們在疫情中的心情為題，自拍影片上傳。

從這些節目單位對疫情的即時反應，可以看到各製作人對公視的組織認同，以及公視如何在疫情時期利用社群媒體實踐公視理念。

綜上所述，公視管理階層認知使用者行為發生大幅變化，因而主張公視必須以轉型來因應，而轉型的最終目的是為了能持續貫徹公視服務公眾的價值理念。本文文獻檢閱中提及芬蘭 Yle、德國 NDR 和 RB、瑞典 SVT 等四

個公共媒體，其管理階層認知的環境變化主要是市場競爭和年輕閱聽眾流失，與之相較，臺灣公視管理階層對環境變化的認知主要是使用者行為的變化，雖然也包括年輕閱聽眾不看電視，但公視管理階層並不特別重視市場競爭的問題。究其原因，在於臺灣公視的定位主要在補商業之不足而非與商業媒體競爭，這樣的定位也導致公視對市場較不敏感，影響轉型策略。

（二）轉型策略

本研究將全媒體轉型分為三個面向來觀察，分別是組織改造、發展多媒體平臺、社群媒體經營。在組織改造方面，公視目前僅新設全媒體專案中心、P# 新聞實驗室兩個組織來因應全媒體轉型。多媒體平臺方面主要是發展公視自己的 OTT 影音平臺《公視＋》，由全媒體專案中心負責營運。社群媒體經營策略則由各節目製作單位各自經營，並沒有專責組織負責，沒有一致的策略。

1 組織改造：成立創新團隊

公視具體規劃全媒體轉型是在第六屆董事會上任後（根據受訪者 A、受訪者 B）），2017 年 3 月 14 日公視董監事暨主管策略會議決議，公廣集團願景為「建立公共服務媒體平臺，看見臺灣更美好的未來」，使命包括「1. 以創用者為導向，進行多平臺傳播」、「2. 以實驗創新精神，帶動影視音產業」，三年目標包括「4. 完成公視全媒體產製流程修訂」，具體策略也包括「5. 成立新媒體諮詢委員會，廣納各方人才凝聚智慧及人脈」[8]。此決議經 2017 年 3 月 16 日第六屆第八次董事會確認通過，該會議中也通過新媒

---

8 該會議決議全文公布在公視網站的「公開資訊」。

體諮詢委員會名單，[9] 此後新媒體諮詢委員會針對公視新媒體業務之規劃與營運現況提供專業意見（新媒體諮詢委員會，2019）。

在董事會和新媒體諮詢委員會的積極運作下，公視有了初步的組織改造，但幅度並不大，僅在新媒體部 [10] 之下成立全媒體專案中心，新聞部之下成立 P# 新聞實驗室。以性質來說，這兩個組織屬於創新團隊，類似英國 BBC 的 News Lab、芬蘭 Yle 的 Kioski，但規模卻遠遠不及。以下分析這兩個組織的定位與功能。

(1) 全媒體專案中心的定位與功能

2017 年 6 月 15 日，公視董事會決議成立全媒體專案中心，規劃由全媒體專案中心發揮編輯平臺兼示範中心的功能，以使用者體驗為導向，發想並實驗各類專案。全媒體專案中心總監由執行副總經理謝翠玉擔任，新媒體部李羏擔任召集人，共有六個工作人員，其編制在新媒體部之下的互動媒體組，[11] 組織圖詳見圖 1（新媒體諮詢委員會，2019）。

9　公視諮詢委員會制度源於《公共電視法》第 15 條第 10 項，「董事會可設置各類諮詢委員會，以制度化方式進行社會溝通，做為營運參考」。第六屆新媒體諮詢委員會名單如下：公視董事有陳順孝（召集人）、馮小非、張天立（2019 年初請辭董事）、張玉佩、舒米恩魯畢；外部委員有，資料視覺化領域與網頁技術專家吳泰輝、社群經營專家李全興、時任 Yahoo 奇摩媒體資訊事業部資深製作經理李怡志、作家黃哲斌、關鍵評論網內容總監楊士範、《鏡週刊》READr 團隊總編輯簡信昌、PanSci 泛科學總編輯鄭國威、曾任公視紀錄片導演王瓊文（歿）。

10　新媒體部的前身為資訊部，其定位為後勤單位，目前共有 58 人，除了「互動媒體組」之外，都是負責資訊管理與網頁設計、網頁維護業務的人員，並不能獨立產製數位內容，也不具備數據分析能力。

11　互動媒體組之下除了全媒體專案中心，還設有公民新聞平臺，負責 PeoPo 公民新聞的營運。互動媒體組編制人數共有 33 人。

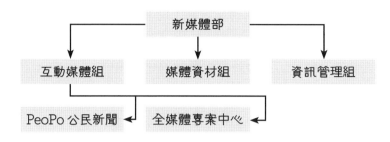

圖 1　新媒體部組織架構圖

資料來源：全媒體專案中心提供。

全媒體專案中心第一年的運作方式是和各部門或製作單位互相接洽並討論可行的合作專案，各部門亦自行規劃執行專案。但專案中心成立第二年起，就無法發揮原定的「編輯平臺兼示範中心」的功能，主因是全媒體專案中心在公視的組織架構中的位階太低，以及節目部和新聞部都各有內容專業，不容易溝通，尤其是新聞部，因恪遵新聞專業與獨立自主，並未與全媒體專案中心合作，僅有經驗的分享與交流（受訪者 D）。因此公視的全媒體轉型，就從原定的「全媒體專案中心主導」，轉為各部門各自經營的方式（新媒體諮詢委員會，2019）。

全媒體專案中心完成的著名專案有《博恩在脫口秀的前一天爆炸》、《你的孩子不是你的孩子》的電玩遊戲、《返校 ARG 線上解謎》。這些創新都使公視原本的內容或新製內容得到更多的關注。此外，全媒體專案中心也經營《公視＋》、《觀點同不同》網站、《劇夠》網站。

(2)　P# 新聞實驗室的定位與功能

依 2018 年 9 月 20 日第六屆第二十六次公視董事會之決議，新聞部規劃「臺灣公廣新聞網建置三年計畫」，並於當年 12 月成立「公廣新聞網全媒體實驗平臺」（簡稱「全媒體實驗平臺」），2019 年 5 月，全媒體實驗平臺正式定名為「P# 新聞實驗室」，專網也同時上線，[12] 以專題策展式新聞網

---

12 專網網址為：https://newslab.pts.org.tw

站，提供每日新聞策展及數位敘事專輯，也經營社群媒體。「P# 新聞實驗室」（以下簡稱實驗室）在官網上說明「#」的意義（如圖 2），「#」代表多元，也代表關鍵、數位，這些就是實驗室的工作內容。「以聚合公廣集團新聞資源為目標，採全媒體形式於多平臺實驗，提供新一代的新聞資訊服務，啟動視網整合新聞數位轉型。」（受訪者 E）

實驗室的具體發展方向是在新聞諮詢委員會 [13] 中由外部專家和新聞部人員一起腦力激盪後才確定的。實驗室初期設定的目標有三個，第一是將既有的影音加值，第二是數位專題策展，第三是做最小可行性產品（受訪者 C）。

在實驗室成立之前，新聞部針對網路使用者所提供的服務，僅有公視新聞網和「PNN 公視新聞議題中心」[14]。《我們的島》、《獨立特派員》、《有話好說》等個別節目雖然各自成立 YouTube 專頻和 Facebook 粉絲專頁，但公視新聞整體而言並沒有整合性思考，直到 2017 年新聞諮詢委員會成立後，才有公視新聞部全媒體轉型的具體方向（受訪者 C）。

實驗室成立之初為 7 人編制，包括製作人、數位編輯、社群企劃、視覺編導、美術編輯、前端工程師、以及 3 位實習生。2020 年 3 月和「公視新聞網」整併後人力編列為 14 人，同步進行「公視新聞網」改版，但技術創新團隊資源仍有限，例如編制內的前端工程師僅 1 人。從團隊編制來看，明

---

13 根據 2017 年 4 月 20 日第六屆第九次董事會的會議紀錄，新聞諮詢委員會成立的目的為，「引進外部專家智慧，協調資源分配，在既有基礎上強化公視新聞的質量，並積極拓展多元新聞內容與平臺、服務國內各族群閱聽眾、擴大社會影響力，以落實公視做為一公共服務媒體（public service media, PSM）的重要使命」。諮詢委員會由兩位董事擔任召集人，邱家宜與羅慧雯，外部委員有國立中正大學傳播系教授羅世宏、國立政治大學新聞系教授劉昌德、國立臺灣大學新聞所教授林麗雲、《風傳媒》副總編輯閻紀宇、《天下雜誌》資深研發長兼編輯部總主筆蕭富元。新聞諮詢委員會也曾就教中央廣播電臺的經驗，促成公視東南亞語新聞的製播。

14 「PNN 新聞議題中心」網站主要關注司法與人權新聞，在網路上提供有別於電視新聞的網路原生報導。

P#新聞實驗室——創新 x 溝通 x 對話
取徑科技、書寫新聞，回應公眾對可信任度媒體的支持，探索多元議題、實驗創新敘事，實踐公眾新聞服務的想像。

# = + ⁴ 多元	**# = Hashtag 關鍵**	**# = 數位**
聚焦公眾在意的議題，圖解新聞資訊(+1)，多元觀點發聲(+2)，喚起注意力(+3)，重建公眾討論場域(+4)。	透過標註關鍵字，搜索到有意義的內容，創造互動情境，透過共感自發分享，擴散報導影響力。	「#」也讀作「sharp」(/ʃɑːp/)，從基礎新聞語言出發，聆聽使用者經驗，推動數位內容創新，升級新聞產品價值。

創新，改變下一個世代讀者的未來。分享，解真假資訊難辨的憂慮。眾聲相遇，拾起與人對話的可能。

圖 2　P# 新聞實驗室的工作內容

資料來源：https://newslab.pts.org.tw/about

顯與傳統電視製播的職務分類不同，「數位編輯、美術編輯、視覺編導、前端工程師」等職務顯現數位敘事、專案策展已打破傳統的新聞編採觀念（受訪者 E）。

　　打響 P# 新聞實驗室知名度的是 2019 年 5 月起在 YouTube 專頻上架的《記者真心話》系列影片，該系列主要探討臺灣媒體問題，第一集主題是「臺灣媒體是怎麼爛掉的？」，甫推出就創下近百萬觀看次數的紀錄；第二集也是一推出觀看次數就破百萬，並且因為主題是「紅色滲透」，還遭片中指涉的紙媒以頭版來大張旗鼓的批評。《記者真心話》系列由臺大新聞所研究生方君竹和實驗室合作完成，敘事風格與影片長度都類似時下的 YouTuber，節奏、語言、幽默感都貼近現在的年輕人，有別於嚴肅的電視新聞專題。但新聞部內部也有批判聲，「有記者認為這樣的呈現違反公視原本客觀中立的原則，公視怎麼能走網紅路線？但不能否認的是，這樣的方式引發更多人來關心以媒體識讀為主題的公共議題。」（受訪者 C）

② 發展多媒體平臺：《公視＋》的成立

公視於 1998 年開播，開播後就有網站服務，2007 年為落實公民近用媒體權，推出「PeoPo 公民新聞平臺」，提供公民記者新聞報導的平臺。2007 年起公視也在 YouTube 影音平臺上建立公視的專頻。2010 年，公視新聞部建置「PNN 公視新聞議題中心」的部落格網站，提供民眾即時新聞資訊，有影音與文字，並與 Facebook 等社群網站連結，增加與閱聽人的互動。2015 年推出公視新聞網，也因應智慧型手機的普及，推出公視 APP（受訪者 C、受訪者 D）。

近年來公視在多媒體平臺方面最大的進展是成立《公視＋》。《公視＋》的前身是《公視＋7》，成立於 2016 年，主要服務對象是錯過公視節目的網路使用者，其作法是配合公視電視節目表安排隔日跟播，並提供網路限時回看 7 天的串流服務。2017 年 10 月，公視正式推出 OTT 影音平臺《公視＋》，提供更多電視節目表之外的內容。除了原有跟播公視電視頻道上的新製節目外，也將過去公視經典節目轉檔上傳供使用者隨選，包括戲劇、紀錄片、兒少、生活、藝文等類型。2019 年 1 月，《公視＋》也推出 Android 行動 App，2019 年 10 月推出 iOS 的 App，服務更多不同族群。APP 的操作介面中有「觀看紀錄」、「節目收藏」與「螢幕投放」等功能。根據《公視＋》提供的資料，公共電視的服務已穩定觸達網路世代，《公視＋》的使用者也年輕化，主要集中在 25-34 歲，其次為 35-44 歲與 18-24 歲之觀眾。《公視＋》的內容以免費為主，只有少數高人氣戲劇採用「單部付費」，例如《我們與惡的距離》。《公視＋》2020 年總會員數突破 61 萬，2021 年 8 月會員數已超過 70 萬（受訪者 D）。

③ 社群媒體策略

許多國家的公共媒體都利用社群媒體（例如 Facebook、YouTube、Twitter）與閱聽人互動，鼓勵閱聽人參與（Sehl et al., 2016），臺灣公視主要也是利用 Facebook、Instagram 和 YouTube 等第三方平臺經營社

群，但並沒有整體的社群經營策略，由節目單位各自經營，負責經營社群媒體的「小編」之間也少有交流。

公視主要發展社群媒體的節目有節目部的《青春發言人》、《誰來晚餐》、《藝術很有事》，新聞部的《我們的島》、《獨立特派員》、《有話好說》。新聞部還有 P# 新聞實驗室開發具互動性的數位內容專案，實驗室本身也有 FB 粉絲專頁（受訪者 B、受訪者 C）。全媒體專案中心除了有《觀點同不同》、《劇夠》網站之外，也經營 FB 粉絲專頁「公視影音網」（受訪者 D）。

社群的經營策略也包括和外部的積極合作，一方面是借重外部人員的經驗和專業，一方面也可藉此擴大觸及率，發揮品牌加乘效果。

「在既有資源的限制之下，我們鼓勵各節目和外部合作，電視人需要數位原住民來幫忙。例如《青春發言人》就和《台灣吧》合作，講置入性行銷（業配文）的那一集就是用台灣吧的方式來講，這樣也可利用台灣吧的名氣和人氣，把觀眾吸引過來。另外也和「視網膜」、《法律白話文運動》合作過。」（受訪者 B）

「做為電視臺，必須要和 KOL（關鍵意見領袖）做跨平臺的合作，《誰來晚餐》和很多 YouTuber 合作，它的內容二創也會和 YouTuber 討論。此外，因為人力不足，也用外面的社群小編（以承攬契約），《公視表演廳》、《誰來晚餐》都是用外面的社群小編。」（受訪者 B）

新聞部中最積極進行轉型的是《我們的島》，該節目探討環境議題，以數位敘事和經營社群媒體兩種方式來進行轉型。該節目最著名的例子是 2017 年 12 月 26 日於粉絲專頁發表即時現場「澳洲聖誕島海龜困在垃圾堆」[15] 的短片，震撼畫面在臉書發表後立即在網路發酵，高達 3 萬多次分享，這則影片後來被 BBC 重新製作，擴散至全球。

---

15 影片記錄的是澳洲聖誕島小海龜在塑膠垃圾海灘中誕生的過程，由臺灣生態學者劉烘昌在澳洲聖誕島進行陸蟹研究時意外拍下的。

在內部缺乏社群媒體相關規範與訓練之狀況下，公視的社群媒體經營偶發爭議。2019 年公視臺語臺粉絲專頁的臺語教學，將「番薯粉」發音標明「韓極混」，遭網友指責此舉在嘲諷國民黨總統候選人韓國瑜，有違公視客觀中立的立場。

2020 年 9 月公視新聞網的粉絲專頁中，小編貼了一則公視新聞報導，講述中共製作以新疆為題的大外宣紀錄片，貼文中引用中共大外宣紀錄片的說法，維吾爾人烏蘭「在南京電子廠一個月賺取 5,000 多元人民幣，她說寄錢回老家，旁人會羨慕」。貼文搭配的圖片則是該部央視紀錄片《我們來自新疆》裡四個維吾爾人笑容滿面的截圖。小編這樣的處理被眾人批評僅引用中共大外宣說法，卻沒說明維吾爾人被中共迫害的真相。

2021 年 3 月《主題之夜 SHOW》粉絲專頁貼了梗圖，引用紀錄片《藥命俱樂部》中主角說的「一顆要價 1,000 元的藥丸實際成本不到 50 分錢……，每年仍有近 40 萬人持續死於 C 型肝炎」，這張梗圖導致臺灣醫藥界一片譁然，認為公視立場偏頗，無視開發新藥的成本，也把病人不治的責任歸咎於藥價太高。

上述社群經營的案例都顯示公視對於社群媒體生態的掌握不足，社群媒體中的人們耐心很有限，快速滑手機的習慣往往導致閱聽人只看圖片、或小編評註與標題，不點擊貼文所附的新聞連結，因此對小編的圖片與文字就產生難以抹滅的第一印象，導致更加斷章取義。公視在這些事件後也重修節目製播準則，並在準則中加上社群媒體專章，其中也包含社群小編的相關規範。

（三）變化中的主導邏輯

芬蘭學者 Maijanen 將主導邏輯分為科技、競爭者、閱聽人關係、內容、公共媒體的使命等五類，本研究則從訪談資料中歸納出臺灣公視的主導邏輯主要是科技、閱聽人關係、公共媒體的使命。目前臺灣公視還在數位科

技、閱聽人關係，和傳統電視邏輯中擺盪，但如前所述，公視管理階層具有很強的組織認同，「公共媒體使命」的主導邏輯維持不變，仍佔優勢。

受訪者 A 以對外徵案方式的改變來說明公視與閱聽人關係正在改變中。

「過去徵案是用類型來訂主題，我來之後就不訂題目，因為我認為創作者有他們本身關心的東西，公視如果訂題目，不見得是創作者正在做的。……只有百花齊放的情況下才會有漂亮的景色。這也是公視與閱聽人關係的改變，讓我們的劇和內容都更貼近閱聽人。」

受訪者 B 以疫情時期的公視應變來說明如何加強觀眾的參與感，強化與閱聽人的關係。

「《公視表演廳》將表演者、表演團體的自拍畫面後製包裝後放在臉書上，他們因疫情無法演出，我們用這樣的方式連結觀眾和表演者。《藝術很有事》則是呼籲因疫情不得不待在家的小朋友多創作投稿給節目單位。這些節目都發揮節目品牌原本的優勢，讓觀眾來參與，給大家互相加油打氣，這是我們公共電視發揮公共責任的時刻。」

在科技方面，公視的主導邏輯已有從傳統電視思維轉向數位邏輯的傾向。例如受訪者 B 要求製作人提新節目企劃案時，都必須附上新媒體的設計，其中也要包含如何和觀眾對話與互動。但受訪者 B 也強調並不認同公視現在的轉型策略，她主張公視的首要之務是做全媒體內容，而非《公視＋》線上影音平臺。

「當然做了《公視＋》還是不錯，因為公視本身有豐富的影音資料庫，但我預期的是內容的轉型，西班牙、義大利等國家，兒少、戲劇都有全媒體內容了，公視目前都只有單點經營，轉型尚未全面開始」。

「其實現在製作人都知道，你必須在新媒體上才會被看見。但公視的問題和其他組織一樣，都有本位主義，我們不是有新媒體部嗎？轉型是他們要做的吧？或說，臉書是用來宣傳的，宣傳不就是公行部（公服暨行銷部）應

該做的事情嗎？這就是本位主義。多數人的想法是，我的專長是影像和電視，新媒體並不是我的專長。」

「我認為轉型是非常困難的，大家對頻道的認知還很傳統，有些員工是要資源才肯做，有些是需要教育訓練。轉型也需要人才，我們部門的人都40多歲了，要引進新血才行。」（受訪者B）

受訪者A同樣提到本位主義的問題，「我們要在《公視＋》放節目，傳統電視人是很排斥的，怕影響到電視的收視率，後來看到對收視率有幫助，才願意接受」。

受訪者A卻認為公視的全媒體轉型算是成功的，「要全面大翻轉是好幾個世代以後的事，目前這樣算成功的」。她提到公視轉型面臨的主要問題是「組織的老化」。

「全媒體的轉型也有技術上的升級要克服。公視組織的老化是主因，我們有很多攝影師、剪接師都已經50多歲了，他們連HD要轉4K，都很困難，年齡會造成學習新技術的能力問題。但這樣的員工我們也要讓他們在組織內能發揮所長。」

受訪者D說，其實公視並非所有部門主管都是數位邏輯，以電視為中心的思維還是存在。

「我認為公視最主要的問題還是電視思維，因為公視主要在賣的還是節目，所以很多決策是繞著能不能讓節目賣出去，其他的價值都是次要。這也是我做新媒體的挑戰，要能和電視人溝通。電視思維是看劇本、製作、電視的美感，網路的價值觀是不同的，網路是要能激起討論。比如我想在《觀點同不同》討論《斯卡羅》裡的李先得有沒有賣臺，但電視人說不喜歡，他們認為要正面行銷這個劇，不要太碰觸衝突的議題。」

　　如同芬蘭的 Yle、德國的 NDR 和 RB、瑞典的 SVT 等四個公共媒體的個案，其公共服務使命（public service mission）在轉型過程中被重新定義，臺灣公視的公共服務使命也被重新解釋為擴大原本的電視服務至其他平臺的使用者。管理者所認知的不變的使命則是補商業之不足，以及提供多元的內容。考量既有人力和資源，臺灣公視管理階層將傳統廣電主導邏輯與數位傳播邏輯並列同樣的重要，此外，管理者在變化的環境中，提出加強閱聽人關係的策略。

五 結論與建議

　　本研究從意義建構和主導邏輯兩個概念來探討臺灣公視的全媒體轉型。研究發現，公視受訪的管理階層都認知到轉型的必要性與急迫性，也都有強烈的組織認同，都認同必須轉型才能持續落實公共服務的理念。但從轉型成果來看，無論是組織改造、多媒體平臺、社群媒體等面向，公視都尚未走向全面的全媒體轉型。特別是參與轉型的節目也只是少數，整體的資源分配仍是電視架構下的決策，因此臺灣公視的主導邏輯仍是以電視為中心但帶有數位邏輯的管理思維。

　　組織管理學認為管理者對環境變化的感知能力以及對轉型意義的認知，是組織轉型能否成功的重要關鍵。本研究經過深度訪談得知公視管理階層的轉型認知雖然強烈，但主導邏輯卻尚未完全轉為數位邏輯，為何會出現這樣的矛盾？本研究分析主要是以下兩個原因造成公視全媒體轉型的困境：

（一）法定預算過低，經費不足

根據《公共電視法》，政府每年捐贈給公視的經費僅有 9 億元，又根據公視管理階層表示，公視人事支出就高達 7 億多元，因此每年都需要另外靠政府專案補助，[16] 才能達到 25 億元左右的營運規模，製作出優質豐富的節目並提供公共服務。以 2020 年為例，公視年度支出總計約為 25 億 5 千 9 百多萬元，年度收入總計為 23 億 5 千 6 百萬，其中來自政府每年固定的補助除了依《公視法》編列捐贈之 9 億元之外，還有來自有線廣播電視事業發展基金捐贈的 9 千 9 百多萬。[17] 這兩筆金額合計 9 億 9 千 9 百多萬，占公視 2020 年收入的 42.4%。而 2020 年政府的專案補助金額就有 11 億 2 千 7 百多萬，占比 47.87%（公共電視文化事業基金會，2021: 41-42）。由此可見，來自政府專案的補助比政府每年固定的捐贈還多，但專案補助的金額卻不穩定，因此公視的財務體質可說是極為脆弱。在這種情況下，要投入更多經費與人力在全媒體轉型上，有相當大的難度。如前所述，英國 BBC 和芬蘭的 Yle 能成功轉型最重要的因素之一是經費充足且穩定，臺灣公視要解決轉型困境的首要之務就是修法增加政府每年捐贈給公視的經費。

（二）核心能力轉換不易

公共電視本業是電視臺，其資源和人力都以電視節目製作為主，全媒體轉型需要的是大量的資訊工程人力資源，公視原本這方面的人力就很少。第六屆董事會決議朝向全媒體轉型後，陸續招募人力，但因公視的薪資不如業界，人才招募不易，又有組織老化的問題，最終核心能力仍不足以應付轉

---

16 例如 2019 年廣受好評的公視戲劇《我們與惡的距離》就是由「前瞻基礎建設計畫」補助 4 千 300 萬元。

17 依《有線廣播電視法》第 45 條規定，系統經營者應每年按當年營業額百分之一之金額，提繳至中央主管機關成立之特種基金，基金中的百分之三十捐贈給公共電視。2020 年有線廣播電視事業發展基金捐贈 9,908 萬 5,944 元。

型。資源都集中在電視製作，就意味著資料分析能力尚未進化到全媒體時代。公視多數網站雖有 Google Analytics 追蹤碼設定，蒐集使用者的基本瀏覽資料（如性別、年齡、登入時間），但因人力與能力限制，並無法深入探討更深層的使用者轉換行為，也就難以制定更好的策略來服務使用者。

回到本研究在理論方面的意涵，意義建構與主導邏輯理論都主張管理者思維是轉型成功的關鍵，但臺灣公視個案反映的是轉型成敗維繫在更大的結構，以及組織內部的本位主義或資源問題，這是理論本身的侷限性。此外，要讓管理者思維能在組織內部落實，加強員工對轉型的認同、優化管理工具和獎懲制度，誠屬必要。若能有更全面的研究，釐清以上問題，方能解決臺灣公視全媒體轉型的困境。

參考文獻

公共電視文化事業基金會（2018）。《2017 公視基金會年度報告》。臺北：公共電視文化事業基金會。

公共電視文化事業基金會（2021）。《2020 公視基金會年度報告》。臺北：公共電視文化事業基金會

李彣（2018）。〈公視＋迎接時代挑戰：公視新媒體部沿革與現況〉。《開鏡》3: 12-17。

徐福德（2017）。《台灣公共電視邁向公共服務媒體的組織認知研究》。國立中正大學電訊傳播所碩士論文。

卓冠齊（2019）。〈為何此刻做新聞還需要實驗？公視公廣新聞網全媒體實驗平台〉。《開鏡》7: 68-69。

胡元輝（2020）。〈公共服務媒體的建構與挑戰 —— 以日本、美國公視的組織變革為例〉。《中華傳播學刊》37:227-258。

游梓翔（2017）。〈「愛慕你，梅地亞」，全媒體是什麼東東〉。取自 https://forum.ettoday.net/news/892780（檢索日期：2021 年 6 月 28 日）

陳雅萱（2012）。《向數位轉！從公共服務廣電（PSB）到公共服務媒體（PSM）：英國廣播協會（BBC）與台灣公共電視（PTS）之比較研究》。國立中正大學電訊傳播研究所碩士論文。

陳順孝（2018）。〈公視前進「全媒體」。從「新媒體」的五個創新談起〉。《公視開鏡季刊》3: 8-11。

張錦華（1997）。《公共領域、多文化主義與傳播研究》。臺北：正中書局。

Habermas, Jurgen（著），曹衛東等（譯）（2002）。《公共領域的結構轉型》。臺北：聯經。

新媒體諮詢委員會（2019）。《公視基金會新媒體諮詢委員會工作備忘錄》。公共電視文化事業基金會。

魏玓、林麗雲（2012）。〈三十年崎嶇路：我國公視的演進、困境與前進〉。收錄於媒改社、劉昌德（主編），《豐盛中的匱乏：傳播政策的反思與重構》（頁 1-30）。高雄：巨流。

Aslama, M. (2008). Policies of Inertia or Innovation? European Public Service in Transition from PSB to PSM. (McGannon Center Working Paper Series. Paper 23). Retrieved from http://fordham.bepress.com/cgi/viewcontent.cgi?article=1022&context=mcgannon_working_papers

Augier, M. & Teece, D.J. (2009). Dynamic Capabilities and the Role of Managers in Business Strategy and Economic Performance. *Organization Science* 20(2): 410-421.

Balogun, J. (2007). The Practice of Organizational Restructuring: From Design to Reality. *European Management Journal* 25(2): 81-91.

Bardoel, J. & Lowe, G. F. (2007). From Public Service Broadcasting to Public Service Media: The Core Challenge. In G. F. Lowe & J. Bardoel (eds.), *From Public Service Broadcasting to Public Service Media* (pp. 9-26). Göteborg, Sweden: Nordicom.

Bartunek, J. M. (1984). Changing Interpretive Schemes and Organizational Restructuring: The Example of a Religious Order. *Administrative Science Quarterly* 29(3): 355-372.

Bettis, R. A. & Prahalad, C. K. (1995). The Dominant Logic: Retrospective and Extension. *Strategic Management Journal* 16(1): 5-14.

Bettis, R. A. & Wong, S. (2003). Dominant Logic, Knowledge Creation, and Managerial Choice. In M. Easterby-Smith & M. A. Lyles (eds.), *Handbook of Organizational Learning and Knowledge Management* (pp. 343-355). Oxford: Blackwell Publishers.

Bulck, H. V. d., Donders, K., & Lowe, G. F. (2018). Public Service Media in the Networked Society: What Society? What Network? What Role? In G. F. Lowe, H. V. d. Bulck, & K. Donders (eds.), *Public Service Media in the Networked Society* (pp. 11-26). Göteborg, SE: Nordicom.

Clark, J. & Aufderheide, P. (2009). *Public Media 2.0: Dynamic, Engaged Publics*. Retrieved from http://archive.cmsimpact.org/sites/default/files/documents/pages/publicmedia2.0.pdf

Coleman, S. (2004). From Service to Commons: Re-Inventing a Space for Public Communication. In D. Tambini & J. Cowling (eds.), *From Public Service Broadcasting to Public Service Communications* (pp. 88-98). London, UK: The Institute for Public Policy Research.

Collins, R. (2007). Public Value and the BBC: A Report Prepared for the Work Foundation's Public Value Consortium. Retrieved from http://www.theworkfoundation.com/assets/docs/publications/174_publicvalue_bbc.pdf

Curran., J. (2002). *Media and Power*. London: Routledge.

Daft, R. L. & Weick, K. E. (1984). Toward a Model of Organizations as Interpretation Systems. *Academy of Management Review* 9(2): 284-295.

Eggers, J. P. & Kaplan, S. (2013). Cognition and Capabilities: A multi-Level Perspective. *The Academy of Management Annals* 7(1): 295-340.

Ericson, T. (2001). Sensemaking in Organizations-Towards a Conceptual Framework For Understanding Strategic Change. *Scandinavian Journal of Management* 17(1): 109-131.

European Broadcasting Union (2012). Empowering Society: A Declaration on the Core Values of Public Service Media. Retrieved from https://www.ebu.ch/files/live/sites/ebu/files/Publications/EBU-Empowering-Society_EN.pdf

Garnham, N. (1986). The Media and the Public Sphere. In Golding, P. Murdock, G. & Schlesinger, P. (eds.), *Communicating Politics – Mass Communication and the Political Process*. Leicester: Leicester University Press.

Garnham, N. (1992). The Media and the Public Sphere. In Calhoun, C. (ed.), *Habermas and the Public Sphere*. Cambridge: The MIT Press.

Garnham, N. (2003). A Response to Elizabeth Jacka's 'Democracy as Defeat'. *Television and New Media* 4(2): 193-200.

Gioia, D. A. & Chittipeddi, K. (1991). Sensemaking and Sensegiving in Strategic Change Initiation. *Strategic Management Journal* 12(6): 433-448.

Habermas, J. (1984). *The Theory of Communicative Action. Vol. 1: Reason and the Rationalization of Society.* Boston: Beacon Press.

Habermas, J. (1989 [1962]). *The Structural Transformation of the Public Sphere: An Inquiry into a Category of Bourgeois Society*. Translated by T. Burger, Polity Press, Cambridge.

Jakubowicz, K. (2010). PSB 3.0: Reinventing European PSB. In P. Iosifidis (ed.), *Reinventing Public Service Communication: European Broadcasters and Beyond* (pp. 9-22). Basingstoke, UK: PalgraveMacmillan.

Kaplan, S. (2011). Research in Cognition and Strategy: Reflections on Two Decades of Progress and a Look to the Future. *Journal of Management Studies* 48(3): 665-695.

Klein-Shagrir, O. & Keinonen, H. (2014). Public Service Television in a Multi-Platform Environment. *VIEW Journal of European Television History & Culture* 3(6): 14-23.

Kor, Y. Y. & Mesko, A. (2013). Dynamic Managerial Capabilities: Configuration and Orchestration of Top Executives' Capabilities and the Firm's Dominant logic. *Strategic Management Journal* 34(2): 233-244.

Larsen, H. (2014). The Legitimacy of Public Service Broadcasting in the 21st Century: The Case of Scandinavia. *Nordicom Review 35*(2): 65-76.

Lowe, G. F. & Maijanen, P. (2019). Making Sense of the Public Service Mission in Media: Youth Audiences, Competition, and Strategic Management. *Journal of Media Business Studies* 16(1): 1-18.

Lüscher, L. S. & Lewis, M. W. (2008). Organizational Change and Managerial Sensemaking:Working through Paradox. *Academy of Management Journal* 51(2): 221-240.

Maijanen, P. (2015a). Cognition as a Driver and Barrier of Strategic Renewal: Case of the Finnish Broadcasting Company. *International Journal of Business Innovation and Research 9*(3): 351-374.

Maijanen, P. (2015b). The Evolution of Dominant Logic: 40 Years of Strategic Framing in the Finnish Broadcasting Company. *Journal of Media Business Studies* 12(3): 168-184.

Maijanen, P. & Lowe, G. F. (2016). Manager Perceptions of the Public Service Mission in the Emerging Networked Society. Paper presented at the RIPE@2016 conference, Antwerpen, BE.

Maitlis, S. (2005). The Social Processes of Organizational Sensemaking. *Academy of Management Journal* 48(1): 21-49.

Murdock, G. & Golding. P. (1989). Information Poverty and Political Inequality: Citizen in the Age of Privatized Communication. *Journal of Communication* 39(3): 180-195.

Nelson, R. R. & Winter, S. G. (1982). *An Evolutionary Theory of Economic Change*. Cambridge, MA: The Belknap Press of Harvard University Press.

Prahalad, C. K. & Bettis, R. A. (1986). The Dominant Logic: A New Linkage between Diversity and Performance. *Strategic Management Journal* 7(6): 485-501.

Sehl, A., Cornia, A. & Nielsen, R. K. (2016). *Public Service News and Digital Media*. Oxford: Reuters Institute for the Study of Journalism.

Sehl, A., Cornia, A. & Nielsen, R. K. (2017). *Developing Digital News in Public Service News*. Oxford: Reuters Institute for the Study of Journalism.

Valerie Belair-Gagnon, Jacob L. Nelson & Seth C. Lewis (2019). Audience Engagement, Reciprocity, and the Pursuit of Community Connectedness in Public Media Journalism. *Journalism Practice* 13(5): 558-575.

Vanhaeght, A-S. (2019). Audience Participation in PSM from a Media-centric to a Society-centric Approach: The Monitor as a Best Practice of the Dutch Public Broadcaster NPO. *VIEW Journal of European Television History & Culture* 8(16): 45-58.

Walsh, J. P. (1995). Managerial and Organizational Cognition: Notes from a Trip down Memory Lane. *Organization Science* 6(3): 280-321.

Walvaart, M.te (2019). Translating PSM Policy into Production Practices: Studying Newsroom Management Strategies towards Audience Engagement. *VIEW Journal of European Television History and Culture* 8(16): 88-97.

Weick, K. E. (1995). *Sensemaking in Organizations*. Thousand Oaks, CA: SAGE Publications.

Wilson, S.-A. (2020). Public Service Media, an Overview: Reflecting on News and Trends. *Interactions: Studies in Communication & Culture* 11(2): 253-259.

World Radio and Television Council (2001). Public Broadcasting: Why? How? Retrieved from http://web.pts.org.tw/~web01/input2006/Documents/WRTVPSBWhyhow.pdf

Diverse Inclusion: Passages in the Public Sphere of Taiwanese Culture

Li-Jung Wang (Editor-in-Chief)

Li-Jung Wang, Wei-Chi Chang, Chuan-An Hu, GuoTing Lin, Chun-Yen Chang, Chia-Sui Sun, Shu-Shiun Ku, Wen-Ling Lin, Chao-Shiang Li, Yu-Peng Lin, Hui-Ju Tsai, Huei-Wen Lo

Abstract

Taiwan's democracy has achieved rewarding results and is recognized by the international communities. However, we have also observed several drawbacks, such as a lack of integration in the public sphere, conflicts over national identities, mobilization of ethnic politics, inability to discuss extremist opinions rationally, and deterioration of the media. The public cultural sphere, such as the folk song movements, magazine forums and publications, or local literature, plays a critical role in Taiwan's democratization process. But the nationalism-position differences are tearing the Taiwanese society apart. Many important public policy discussions often quickly regress into national-stance disputes and become ignoredunder ideological labels.

The thesis in this book focuses on the diverse cultural public sphere expressions and practical experiences in Taiwan and is divided into two parts. The first part involves "the diversity differences and the public cultural sphere." This part explores how ethnic and gender differences construct new public sphere discourses by examining indigenous people, new residents, and grandma comforting case examples. How is the dialogue mechanism formed? What is the relationship between interest groups and how public power operates? The second part focuses on "the practices of diversity and the public cultural sphere." The goal is to explore innovative practice models for conducting case studies on the public cultural sphere, rational communication, and deliberative democracy in Taiwan's current society. The investigation areas include cultural citizenship forums, museums, cultural asset creations, and public televisions.

The authors of this book believe that the only possible method to improve the public cultural sphere and protect cultural rights is through continual assertions, dialogues, communications, and advocations on the various social issues at different levels. The parties participating in the dialogues must include both the public sector and government organizations, but civil society should not be neglected. Therefore, Weaim to gather more individual case standpoints, theoretical verifications, and policy evaluations by soliciting public cultural domain-related papers and work together to strengthen the diversity of Taiwan's cultural public sphere. Our objective is to construct a democratic, equal, inclusive, pluralistic, and well-functioning civil society in Taiwan by strengthening the public sphere, rational communication, and deliberative democracy for sociology, communication, museology, history, and other fields.

Keywords: Cultural Public Sphere, Inclusive Culture, Indigenous Studies, Arts Management, Cultural Policy, Public Media

Contents

Foreword

Cultural Public Sphere: from Poor Reality to Rich Vision / Chang-De Liu

Preface

Good Writings can Change Society / Li-Jung Wang

Unit 1
The Diversity Differences and the Public Cultural Sphere

Chapter 1

Co-Construction of Diverse Public Sphere in Taiwanese Culture / Li-Jung Wang

Chapter 2

Challenges of the Publicizing of Edible Wild Herb Knowledge: a Case Study of Indigenous Amis in Eastern Taiwan / Wei-Chi Chang

Chapter 3

The Return of Taiwanese Aboriginal Skulls and the Aboriginal Policy / Chuan-An Hu

Chapter 4

The Influence of "Community Music Festival" as a Public Sphere on Indigenous Cultural Inheritance / GuoTing Lin

Chapter 5

Southeast Asian Ethnic Landscape and Media Representation in Taiwan / Chun-Yen Chang

Unit 2
The Practices of Diversity and the Public Cultural Sphere

Chapter 6
Gender Cultural Spaces, Documentary Film and Publicity: The Comfort Women Museum and Cultural Products / Chia-Sui Sun

Chapter 7
Public Participation and the Civil Cultural Forum in Pingtung / Shu-Shiun Ku

Chapter 8
Exploring the Practice of Deliberative Decision-Making Mechanism: A Case Study on Participatory Budgeting at the Gold Museum / Wen-Ling Lin

Chapter 9
Preliminary Exploration on the Placemaking of Industrial Heritage: the Public Sphere of Placemaking and Industrial Cultural Space / Chao-Shiang Li

Chapter 10
New public broadcasting services in the digital age: A Preliminary Study on the Development Strategy of Taiwan's PTS+ / Yu-Peng Lin, Hui-Ju Tsai

Chapter 11
A Swing Between Traditional and Digital Paradigm: The Digital Transformation of Taiwan Public Television Service / Huei-Wen Lo